엑셀마왕의

엑셀

이럴 땐,
이렇게!

엑셀마왕(임규범) 지음

길벗

엑셀. 이럴 땐, 이렇게!

Excel. In this case, like this!

초판 발행 · 2024년 3월 20일
초판 3쇄 발행 · 2024년 5월 23일

지은이 임규범
발행인 이종원
발행처 ㈜도서출판 길벗
출판사 등록일 1990년 12월 24일
주소 서울시 마포구 월드컵로 10길 56(서교동)
대표 전화 02)332-0931 | **팩스** 02)322-0586
홈페이지 www.gilbut.co.kr | **이메일** gilbut@gilbut.co.kr

기획 및 편집 최동원(cdw8282@gilbut.co.kr) | **디자인** 박상희
제작 이준호, 손일순, 이진혁 | **영업마케팅** 전선하, 차명환, 박민영
유통혁신 한준희 | **영업관리** 김명자 | **독자지원** 윤정아

교정교열 안혜희 | **전산편집** 김정미 | **CTP 출력 및 인쇄** 영림인쇄 | **제본** 영림제본

ISBN 979-11-407-0889-5 03000
(길벗 도서코드 007180)

정가 20,000원

독자의 1초를 아껴주는 정성 길벗출판사

길벗 · IT교육서, IT단행본, 경제경영서, 어학&실용서, 인문교양서, 자녀교육서 ‣ www.gilbut.co.kr
길벗스쿨 · 국어학습, 수학학습, 어린이교양, 주니어 어학학습, 학습단행본 ‣ www.gilbutschool.co.kr

페이스북 ‣ www.facebook.com/gilbutzigy
네이버 포스트 ‣ post.naver.com/gilbutzigy

책을 집필하기 시작했을 때부터 제일 신경 쓴 것은 누구나 엑셀을 쉽게 사용할 수 있도록 돕는 것이었습니다. 특히 실무에서 맞닥뜨릴 수 있는 문제에 해답을 제시하기 위해 노력했죠. 인스타그램의 '엑셀마왕' 채널에 엑셀 콘텐츠를 공유하며 제일 많이 받은 질문은 '이런 상황에서는 어떻게 해야 할까요?'입니다. 이런 질문 덕분에 엑셀 사용자가 무엇을 어려워하는지 알 수 있었고, 질문을 바탕으로 목차를 만들고 집필을 시작할 수 있었습니다. 많은 팔로워 여러분의 질문 덕분에 책의 내용이 더욱 풍성해졌습니다. '엑셀마왕' 채널의 팔로워 여러분, 정말 고맙습니다. 그리고 이 책을 기다려 준 모든 분에게 큰 감사를 드립니다.

마지막으로 집필을 제안해 준 길벗출판사 IT실용팀의 박슬기 팀장님과 이 책이 세상에 나오기까지 독자의 관점에서, 그리고 책임 편집자로서 세심하게 도움 주신 최동원 에디터님에게 진심으로 감사합니다.

엑셀 활용에 어려움을 겪는 직장인에게는 어떤 불편함이 있을까요? 먼저 데이터를 효과적으로 정리하고 분석하는 데 상당한 시간이 소요되므로 전반적인 업무 효율성의 떨어지고 업무 수행 과정에서 실수가 빈번할 것입니다. 또 엑셀의 주요 기능과 함수를 적극적으로 활용하지 못해 데이터 관리 및 분석 등의 핵심 업무를 처리하는 데 어려움을 겪을 수밖에 없겠죠. 많은 기업이 엑셀 스킬을 중요한 업무 능력으로 여기는 만큼, 이러한 능력의 부재는 개인의 업무 성과와 평가에도 부정적인 영향을 줄 수 있습니다.

많은 취업 준비생과 직장인은 기본적인 엑셀 활용 능력이 필수임을 인식하며, '컴퓨터활용능력' 자격증 취득 수준의 엑셀 학습에 주력합니다. 하지만 자격증 취득을 목표로 한 학습만으로는 실제 업무 상황에서 마주치는 다양한 도전에 대응하기에는 부족합니다. 실무에서는 예기치 않은 상황이 자주 발생하며 이에 대처하기 위해서는 엑셀을 단순히 기능적인 측면에서 이해하는 것을 넘어서, 실제 업무에 맞춰 유연하게 활용할 수 있는 능력이 필요하기 때문입니다. 엑셀의 다양한 기능과 함수를 알고 있기만 한 것이 아니라 이를 어떻게 조합하고 적용하여 업무를 보다 효율적으로 처리할 수 있는지에 대한 실무적 지식과 경험이 필요한 것이죠. 결국 가장 중요한 것은 실무에서 엑셀을 적용할 수 있는 능력입니다.

엑셀은 방대한 도구의 집합체이기 때문에 특정 문제를 해결하는 데 있어 하나의 정답이 정해져 있지 않습니다. 실제로 같은 문제를 해결하기 위한 여러 가지 접근 방법이 있죠. 이 책은 다양한 정답 중에서도 엑셀 초보자나 실무에서 엑셀을 활용해야 하는 직장인들이 쉽게 이해하고 적용할 수 있는 방법에 초점을 맞추었습니다. 복잡하고 어려운 해결 방법 대신, 실무에 바로 적용할 수 있는 실용적인 해결책을 제시하는 것이 목표인 것이죠. 따라서 이미 엑셀 사용에 익숙한 이들에게도 다양한 업무 상황에서 엑셀을 보다 효과적으로 활용하는 방법을 배울 수 있는 기회를 제공합니다. 이를 통해 엑셀의 기능을 최대한 활용하여 업무 효율성을 높일 수 있는 방법을 배우게 될 것입니다.

이 책은 100가지 이상의 실무 사례를 통해 엑셀을 더욱 효과적으로 활용하여 업무 효율성을 극대화하는 방법을 배울 수 있도록 구성했습니다. 그리고 결과적으로 엑셀 사용에 자신감을 가질 수 있을 것입니다.

1장 [입력/수정 이럴 땐, 이렇게] 에서는 엑셀의 가장 기본이 되는 데이터 입력과 수정에 초점을 맞추었습니다. 엑셀로 데이터를 입력하거나 수정하면서 맞닥뜨릴 수 있는 다양한 문제 상황과 해결 방안을 제시함으로써, 엑셀의 기본 기능을 보다 원활하게 활용할 수 있는 방법을 깊이 이해할 수 있을 것입니다.

2장 [함수 이럴 땐, 이렇게] 에서는 실무에서 널리 사용되는 엑셀 함수를 탐구합니다. 데이터 분석 및 처리에 직면한 문제를 함수로 해결하는 방법을 다루므로 다양한 함수의 사용법과 활용 사례를 통해 실무 대응력을 강화할 수 있을 것입니다.

3장 [실무 이럴 땐 이렇게!] 에서는 엑셀의 고급 기능과 실무에서 활용하는 방법을 살펴봅니다. 차트, 피벗 테이블, 인쇄, 이미지 활용, 효과적인 문서 관리 등 업무를 보다 효율적으로 처리할 수 있는 기능을 소개하며, 이러한 고급 기능을 어떻게 실무에 적용할 수 있는지에 대한 구체적인 방법을 제시합니다.

이 책을 활용한 효율적인 학습을 위해 두 가지의 접근 방식을 제안합니다. 첫 번째는 엑셀 실무를 수행하다가 막히는 부분이 생겼을 때, 해당 부분을 찾아보고 학습하는 방법입니다. 이 접근 방식은 실제 업무 중에 직면한 문제를 빠르게 해결하는 데 도움이 될 것입니다. 두 번째는 업무 중에 발생할 수 있는 다양한 상황을 예측하고 대비할 수 있도록 선행 학습하는 것입니다. 이 방법은 업무를 수행하기 전에 발생할 수 있는 문제들을 미리 예측하고 학습함으로써, 실제 상황에 직면했을 때 더 빠르고 효과적으로 대응할 수 있을 것입니다.

또한 설명만으로 이해하기 어려울 수 있는 부분은 QR 코드를 통해 동영상 강의를 제공합니다. 동영상 강의는 복잡한 개념이나 절차를 시각적으로 이해하는 데 큰 도움을 주며 엑셀의 기능과 활용법을 보다 쉽게 익히는 데 유용할 거예요. 이러한 다양한 학습 전략과 동영상 강의는 엑셀을 보다 효율적으로 학습하고, 실무에 적용하는 능력을 개선하는 데 매우 유용할 것입니다.

엑셀의 기본 기능부터 시작하여 VBA와 매크로 없이도 실무에서 활용 가능한 고급 기능까지 폭넓게 다루기 위해 노력했습니다. 스스로 엑셀 활용 수준에 맞춰 필요한 부분을 집중적으로 학습하거나 아직도 엑셀이 어렵기만 하다면 차근차근 기본 기능을 익히고 함수부터 고급 기능까지 학습하면서 실무에 어떻게 적용할 수 있을지를 고민하며 학습해 보세요. 엑셀은 직장인에게 필수적인 도구가 되었습니다. 부디 이 책을 통해 엑셀을 각자의 업무 환경과 특성에 맞게 활용하여 업무 능력을 강화하는 데 많은 도움이 되었으면 합니다.

이 책은 저의 13년이 넘는 직장 생활과 실무 엑셀 강의 경험을 바탕으로 직장인이 엑셀 업무를 수행하며 흔히 마주치는 문제들에 관한 효율적인 해결책을 집약한 것입니다. 이 책을 통해 엑셀의 다양한 기능과 함수를 단순히 알아가는 것을 넘어, 실무 상황에서 엑셀을 어떻게 적용할 수 있는지 배울 수 있길 바랍니다. 더불어 실무에서 발생할 수 있는 다양한 문제에 효과적으로 대처할 수 있는 능력을 키우는 데도 큰 도움이 주어 엑셀을 활용하여 업무 효율성을 극대화하고자 하는 직장인들에게 꼭 필요한 지침서가 되길 희망합니다.

엑셀마왕 임규범

420k 팔로워!
실무 엑셀 크리에이터 엑셀마왕이
비효율적인 당신의 엑셀에
속이 뻥 뚫리는 솔루션을 제시합니다.

회사에서는 절대 알려주는 않는 실전·실무 엑셀!

"엑셀…. 이럴 땐 어떻게 하죠?"라는 질문에

명쾌한 해답을 제시합니다.

엑셀 마왕이 쉽고 체계적으로 알려줄게요.

이럴 땐, 이렇게 해 보세요.

'엑셀마왕'은 국내 대기업 및 외국계 기업에서 근무하며 직접 경험한 실무 노하우를 최대한 쉽고 바로 활용할 수 있도록 상세하게 설명합니다. 이를 통해 많은 팔로워의 공감을 얻으며, 인스타그램에서 실무 엑셀 사용법을 알리는 대표 크리에이터로 자리매김한 '엑셀마왕'은 업무 시간을 1초라도 단축할 수 있는 다양하고 유용한 팁을 지속적으로 제공하고 있습니다. 뿐만 아니라 엑셀 사용 중 마주칠 수 있는 다양한 문제를 해결하는 데 도움을 줄 수 있는 실용적인 조언도 함께 제공합니다. 앞으로 엑셀 실무에서 궁금한 점이 생기거나 효율적인 작업 방법을 찾고 있다면, '엑셀마왕' 채널을 꼭 확인해 보세요.

입력/수정
이럴 땐, 이렇게!

엑셀을 효율적으로 활용하기 위한 엑셀 환경부터 조성하고 시작합니다. 셀 서식, 찾기 및 바꾸기, 조건부 서식, 필터/정렬 등 엑셀의 기본 기능만 제대로 사용해도 업무 효율이 극적으로 상승합니다. 이제 칼퇴할 수 있어요! 입력/수정 작업. 이럴 땐, 이렇게 해 보세요!

⚙️ 환경 설정

✏️ 셀 서식

🖌️ 조건부 서식

▽ 필터/정렬

🔍 찾기 및 바꾸기

⇨ 이동 옵션

▤ 데이터 유효성 검사

함수
이럴 땐, 이렇게!

'이건 함수로 할 수 없을까?', '이 함수는 뭐하는 함수지?'라는 의문을 품고 있었다면 한 번에! 빠르게! 처리할 수 있는 명쾌한 솔루션을 제시합니다. 꼭 알아야 하는 함수부터 누구도 생각하지 못했던 창의적인 엑셀 함수 활용법! 이럴 땐, 이렇게 해 보세요.

🖊️ 기본 함수

🕐 시간/날짜 함수

▦ 수학 함수

🗄️ 찾기/DB 함수

⚠️ 오류

실무
이럴 땐, 이렇게!

차트와 피벗 테이블을 활용하면 데이터 속에 숨어 있는 패턴, 트렌드, 인사이트를 발견할 수 있죠. 이뿐만 아니라 인쇄, 이미지, 문서 관리까지 데이터의 안전성과 일관성은 높이고 작업 효율을 높이는 엑셀 실무 노하우를 아낌없이 방출합니다. 아리송한 엑셀 실무! 이럴 땐, 이렇게 해 보세요.

📊 차트

▦ 피벗 테이블

🖨️ 인쇄

🖼️ 이미지

📄 문서 관리

CHAPTER 엑셀의 주요 기능이나 함수별로 챕터를 구성했습니다. 처음부터 봐도 되지만 꼭 필요한 내용이 있다면 바로 찾아서 실무에 적용해 보세요.

실습 예제 방금 내 컴퓨터에서 찾은 것 같은 실무 밀접형 예제를 제공합니다. 이제 바로 실무에 적용할 수 있을 거예요.

각 실습에서 사용한 주요 기능을 바로 확인할 수 있어요.

Q&A 엑셀 실무가 막힐 때, 검색 창에 뭐라고 검색해야 할지 몰라 난감했던 적 있지 않나요? 각 실습을 Q&A 형식으로 구성했습니다.

QR 코드 조금 어려운 것 같나요? QR 코드를 스캔하면 친절한 '엑셀마왕'의 동영상 강의가 바로 시작됩니다.

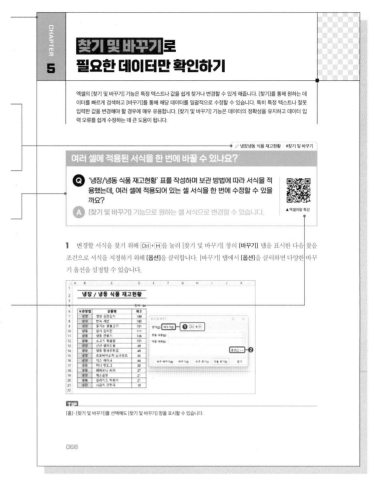

잡깐만요 알아두면 엑셀 고수로 거듭날 수 있는 비법을 정리했습니다. 엑셀 실무 능력을 향상시켜 보세요.

입력한 점수만큼 '★'을 자동으로 표시할 수 있나요?

Q '시식 평가표'에 점수를 입력하면 자동으로 점수만큼 ★을 표시할 수 있을까요?

A 특정 텍스트를 지정한 횟수만큼 반복하여 표시하는 REPT 함수로 '★'을 표시할 수 있습니다.

지정한 횟수만큼 텍스트를 반복하여 표시할 수 있는 REPT 함수는 특정 기호나 문자열을 반복하여 표시해서 우선순위, 중요도, 상태와 같은 정보를 표현하는 데 유용하게 활용할 수 있습니다. 여기서는 점수만큼 '★'를 표시하는 방법에 대해 알아보겠습니다.

1 '별점 평가' 항목인 [D5] 셀에 다음의 함수식을 입력하고 Enter를 누릅니다. •

> *fx* =REPT("★",C5)

• REPT(반복할 텍스트, 반복 횟수)

첫 번째 인수인 반복할 텍스트는 "텍스트"의 형식으로 입력해야 합니다. 여기서는 점수만큼 별(★)을 반복할 것이므로 "★"을 입력했습니다. 두 번째 인수는 원하는 텍스트를 반복할 횟수로 여기서는 [C5] 셀을 인수로 사용했습니다.

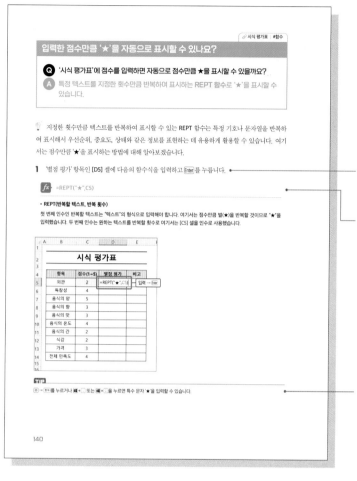

TIP

▣ → Enter를 누르거나 ☷* 또는 ☷* → ☷을 누르면 특수 문자 '★'을 입력할 수 있습니다.

140

SUMMARY! ▼

[정렬] 창에서는 데이터를 체계적으로 정리할 수 있는 옵션을 제공합니다. 특히 대량의 데이터를 분석하거나 가공할 때 유용하며 오름차순이나 내림차순 또는 사용자가 지정한 기준에 맞춰 데이터를 정렬하여 정보를 빠르고 정확하게 파악할 수 있도록 가독성을 높이는 데 유용합니다.

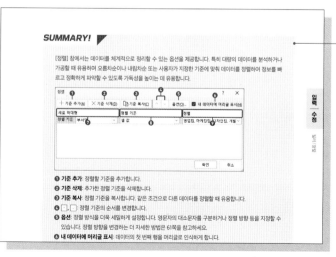

① 기준 추가: 정렬할 기준을 추가합니다.
② 기준 삭제: 추가한 정렬 기준을 삭제합니다.
③ 기준 복사: 정렬 기준을 복사합니다. 같은 조건으로 다른 데이터를 정렬할 때 유용합니다.
④ ▲, ▼: 정렬 기준의 순서를 변경합니다.
⑤ 옵션: 정렬 방식을 더욱 세밀하게 설정합니다. 영문자의 대소문자를 구분하거나 정렬 방향 등을 지정할 수 있습니다. 정렬 방향을 변경하는 더 자세한 방법은 61쪽을 참고하세요.
⑥ 내 데이터에 머리글 표시: 데이터의 첫 번째 행을 머리글로 인식하게 합니다.

입력 수정

1장
입력/수정
이럴 땐, 이렇게!

☑ 필터/정렬로 필요한 데이터만 확인하기

☑ 찾기 및 바꾸기로 필요한 데이터만 확인하기

☑ 이동 옵션으로 빠르게 수정하기

☑ 데이터 유효성 검사로 업무 효율 높이기

☑ 야근 없이 빠르게 데이터 입력 및 수정하기

☑ 단축키 사전   128

함수
이럴 땐, 이렇게!

☑ 이런 것도 함수로 할 수 있어요

☑ 함수로 시간 및 날짜 계산하기

✓ 복잡한 계산/분석에 함수 제대로 활용하기

✓ 찾기/데이터베이스 함수로 빠르게 데이터 처리하기

✓ 엑셀 오류 메시지 해결하기

- 3장 -   **실무**
          이럴 땐, 이렇게!

✓ 차트로 데이터 시각화하기

✓ 피벗 테이블로 데이터 활용하기

☑ 이면지 없이 인쇄하기

☑ 엑셀 이미지 활용 마스터하기

☑ 일잘러의 문서 관리법

실습 예제 다운로드

이 책에 사용된 예제는 길벗출판사 홈페이지(www.gilbut.co.kr)에서 다운로드할 수 있습니다. 길벗출판사 홈페이지 검색 창에 『엑셀 이럴 땐 이렇게』를 검색하고 [자료실]을 선택해 실습 예제 파일을 다운로드하세요. 홈페이지 회원으로 가입하지 않아도 누구나 실습 예제 파일을 다운로드할 수 있습니다. 다운로드한 예제 파일의 압축을 해제하면 각 챕터별로 구분된 예제 파일을 확인할 수 있습니다.

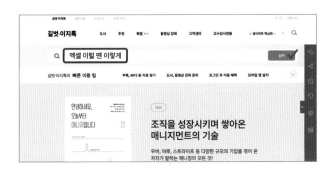

1

길벗출판사 홈페이지
www.gilbut.co.kr

▼

『엑셀 이럴 땐 이렇게』 검색

2

자료실

▼

실습 예제 파일 다운로드

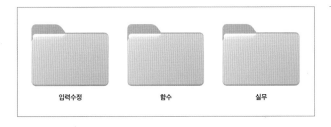

3

압축 해제

1장

입력/수정
이럴 땐, 이렇게!

엑셀은 데이터 관리의 효율성을 높일 수 있는 다양한 기능을 제공합니다. 사용자의 특성이나 요구에 맞게 사용 환경을 개인화할 수 있는 것은 물론이고, [필터] 기능을 이용하면 원하는 데이터만 선택적으로 확인할 수 있어 데이터 분석을 용이하게 합니다. [이동 옵션] 기능은 방대한 데이터를 빠르게 가공할 수 있도록 도와주며, [조건부 서식] 기능을 이용하면 특정 조건에 따라 셀의 서식을 변경하여 데이터의 가독성을 높일 수 있습니다. [데이터 유효성 검사]는 데이터 입력의 정확성을 보장하는 데 중요한 역할을 하며, [선택하여 붙여넣기] 기능은 원하는 부분만 선택하여 복사하거나 붙여넣을 수 있어 작업의 효율성을 높이는 데 유용합니다. 이번 장에서는 데이터 입력과 수정에 유용한 기능과 실무에 활용하는 방법에 대해 알아보겠습니다.

EXCEL. IN THIS CASE, LIKE THIS! ▼

- ☑ 나만의 엑셀 환경 조성하기

- ☑ 표시 형식 지정해 데이터를 원하는 형식으로 표시하기

- ☑ 조건부 서식으로 업무 자동화하기

- ☑ 필터/정렬로 필요한 데이터만 확인하기

- ☑ 찾기 및 바꾸기로 필요한 데이터만 확인하기

- ☑ 이동 옵션으로 빠르게 수정하기

- ☑ 데이터 유효성 검사로 업무 효율 높이기

- ☑ 야근 없이 빠르게 데이터 입력 및 수정하기

나만의
엑셀 환경 설정하기

엑셀을 더욱 효율적으로 사용하기 위해서는, 자신의 작업 스타일과 요구 사항에 맞춰 엑셀 환경을 개인화하는 능력이 매우 중요합니다. 이를 통해 데이터 입력과 처리 과정에서 발생 가능한 오류를 효과적으로 줄이고, 엑셀의 사용 효과를 극대화하여 작업 흐름을 원활하게 만드는 데 큰 도움이 될 것입니다.

> 🔗 새 통합 문서 | #설정 #단축키

나만의 단축키를 만들 수 있나요?

Q 자주 사용하는 기능을 나만의 단축키로 설정할 수 있을까요?

A **빠른 실행 도구 모음**에 원하는 기능을 추가하면 단축키로 지정할 수 있어요.

💡 빠른 실행 도구 모음은 자주 사용하는 기능을 빠르게 사용할 수 있도록 사용자화할 수 있는 기능으로, 빠른 실행 도구 모음에 추가한 기능은 Alt 를 조합한 단축키로 활용할 수 있습니다. 이미 지정되어 있는 단축키라도 사용자가 자주 사용하지 않아 기억하기 어렵거나, 기억하고 있어도 빠르게 실행하기 위해 나만의 단축키로 설정하여 활용할 수 있습니다. 이뿐만 아니라 실무에서 자주 사용하지만 단축키로 활용하기 어려운 기능을 추가하여 활용하면 유용하죠. 여기서는 실무에서 자주 활용하는 [병합하고 가운데 맞춤]과 [가운데 맞춤] 기능을 빠른 실행 도구 모음에 추가하고 단축키로 지정하는 방법에 대해 알아보겠습니다.

1 단축키로 지정할 기능을 빠른 실행 도구 모음에 추가하기 위해 **[홈]-[병합하고 가운데 맞춤]**을 마우스 오른쪽 버튼으로 클릭한 다음 **[빠른 실행 도구 모음에 추가]**를 선택합니다.

2 **1**에서 추가한 [병합하고 가운데 맞춤]이 빠른 실행 도구 모음에 표시됩니다.

TIP

빠른 실행 도구 모음을 리본 메뉴 아래에 표시하려면 빠른 실행 도구 모음의 오른쪽 끝에 있는 [빠른 실행 도구 모음 사용자 지정] 아이콘 ▾ 을 클릭한 다음 [리본 메뉴 아래에 표시]를 선택하면 됩니다.

3 **1**과 같은 방법으로 [홈]-[가운데 맞춤]을 마우스 오른쪽 버튼으로 클릭한 다음 [빠른 실행 도구 모음에 추가]를 클릭하여 빠른 실행 도구 모음에 추가합니다.

TIP

빠른 실행 도구 모음에 추가되어 있는 기능을 제거하려면 제거할 도구를 마우스 오른쪽 버튼으로 클릭한 다음 [빠른 실행 도구 모음에서 제거]를 선택하면 됩니다.

4 일일이 원하는 기능을 찾아 빠른 실행 도구 모음에 추가하는 것이 번거롭다면 빠른 실행 도구 모음의 오른쪽 끝에 있는 [빠른 실행 도구 모음 사용자 지정] 아이콘 ▾ 을 클릭한 다음 [기타 명령]을 선택하세요.

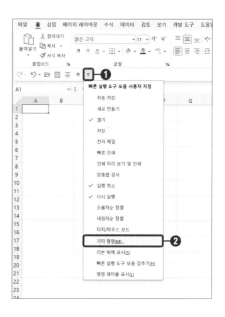

5 [Excel 옵션] 창의 **[빠른 실행 도구 모음]** 범주가 선택되면서 [빠른 실행 도구 모음 사용자 지정]이 표시되면 전체 엑셀 기능 중 원하는 기능을 빠른 실행 도구 모음에 추가할 수 있습니다. [빠른 실행 도구 모음 사용자 지정]의 왼쪽 패널에서 추가할 기능을 선택한 다음 **[추가]**를 클릭하면 빠른 실행 도구 모음에 추가됩니다.

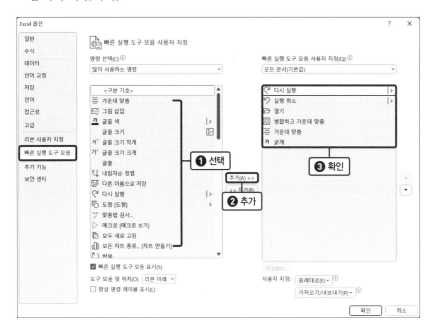

6 이미 추가된 기능을 제거하려면 오른쪽 패널에서 제거할 기능을 선택한 다음 **[제거]**를 클릭하면 됩니다. 원하는 기능을 모두 추가 및 제거했다면 **[확인]**을 클릭합니다.

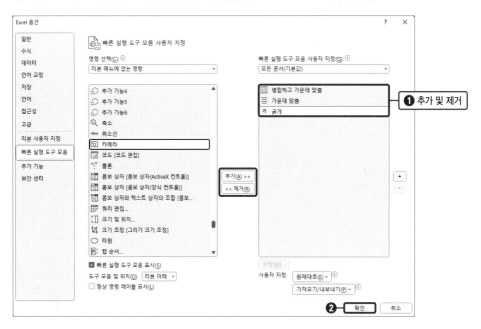

7 빠른 실행 도구 모음에 원하는 기능을 추가한 상태에서 [Alt]를 누르면 빠른 실행 도구 모음의 각 기능에 숫자가 표시됩니다. 추가된 순서대로 숫자가 할당되며 [Alt] → [1]을 누르면 빠른 실행 도구 모음의 첫 번째 기능이 바로 실행됩니다. 다음 그림에서는 [Alt] → [1]을 누르면 [병합하고 가운데 맞춤], [Alt] → [2]를 누르면 [가운데 정렬]이 실행됩니다. 이렇게 단축키를 지원하는 않는 기능도 빠른 실행 도구 모음에 추가하면 [Alt]를 조합한 단축키로 설정할 수 있습니다.

8 단축키로 지정할 기능의 순서를 변경하려면 [Excel 옵션] 창의 [빠른 실행 도구 모음] 범주를 표시하고 [빠른 실행 도구 모음 사용자 지정]의 오른쪽 패널에서 순서를 변경할 기능을 선택한 다음 [▲], [▼]를 클릭하면 됩니다.

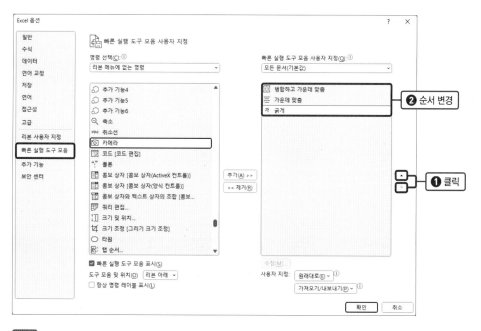

TIP

리본 메뉴에는 없고 단축키로 활용하기 어려운 기능은 [리본 메뉴에 없는 명령] 목록에서 찾아 추가할 수 있어요. 특히 선택한 범위를 캡처하여 다른 위치에 이미지로 삽입할 수 있는 [카메라] 기능과 같은 기능을 추가하면 실무에서 유용하게 활용할 수 있습니다.

입력 | 수정

환경 설정

엑셀 시트에 체크 박스를 삽입할 수 있나요?

체크 박스는 리본 메뉴의 [개발 도구]에서 삽입할 수 있습니다. 만약 리본 메뉴에 [개발 도구]가 표시되지 않았다면 [Excel 옵션] 창에서 [리본 사용자 지정] 범주의 [리본 메뉴 사용자 지정]에 있는 [개발 도구]에 체크 표시한 다음 [확인]을 클릭하면 됩니다. [Excel 옵션] 창을 표시하는 단축키는 Alt → F → T입니다.

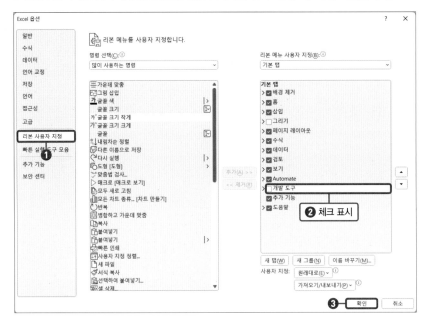

리본 메뉴에 [개발 도구]가 표시되었다면 [개발 도구]-[삽입]을 차례대로 선택한 다음 [양식 컨트롤]의 [체크 박스] 아이콘 ☑을 선택하고 체크 박스를 삽입할 위치에서 드래그하여 체크 박스를 삽입할 수 있습니다.

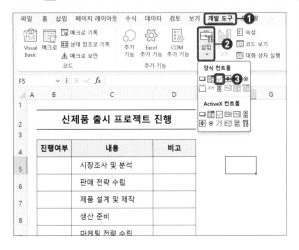

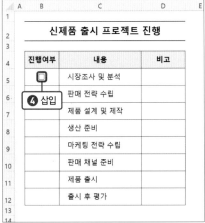

엑셀 기본 글꼴을 원하는 글꼴로 바꿀 수 있나요?

Q 엑셀의 기본 글꼴인 '맑은 고딕'을 다른 서체로 변경할 수 있을까요?

A [Excel 옵션] 창의 [일반]-[새 통합 문서 만들기]에서 기본 글꼴을 설정하면 새로운 워크시트를 생성할 때 선택한 글꼴을 기본 글꼴로 설정할 수 있습니다.

1 [파일]-[옵션]을 차례대로 선택하여 [Excel 옵션] 창을 표시한 다음 [일반] 범주의 [새 통합 문서 만들기]에서 [다음을 기본 글꼴로 사용]을 클릭하여 기본 글꼴로 설정할 글꼴을 선택하고 [확인]을 클릭하여 변경사항을 저장합니다.

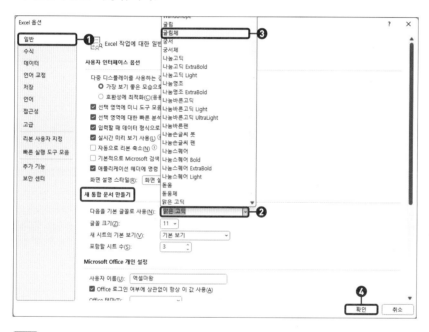

TIP

Alt → F → T 를 차례대로 눌러도 [Excel 옵션] 창을 표시할 수 있습니다.

2 새로운 문서를 열면 기본 글꼴이 변경된 것을 확인할 수 있습니다.

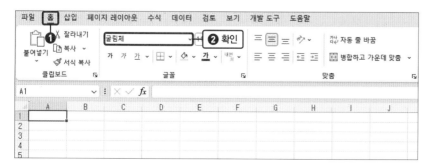

TIP

설정을 변경한 후 새로운 파일을 열어야 변경된 설정이 적용됩니다.

자동으로 설정되는 하이퍼링크를 제거할 수 있나요?

Q 웹사이트 주소와 이메일을 입력할 때 자동으로 설정되는 하이퍼링크를 제거할 수 있을까요?

A 이미 설정된 하이퍼링크를 제거하거나 처음부터 하이퍼링크가 활성화되지 않도록 **설정을 변경**할 수 있습니다.

1 '거래처 담당자 정보' 표에 활성화되어 있는 하이퍼링크를 제거하기 위해 **[B4]** 셀을 선택한 다음 Ctrl+A를 눌러 표의 전체 범위를 선택합니다.

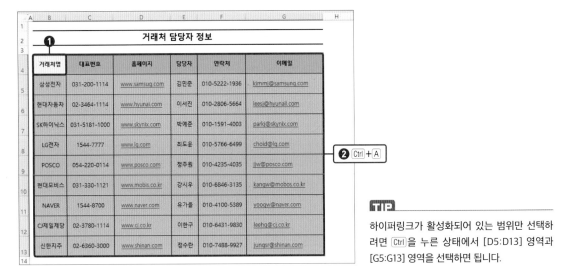

TIP

하이퍼링크가 활성화되어 있는 범위만 선택하려면 Ctrl을 누른 상태에서 [D5:D13] 영역과 [G5:G13] 영역을 선택하면 됩니다.

2 선택한 데이터 영역을 마우스 오른쪽 버튼으로 클릭한 다음 [**하이퍼링크 제거**]를 선택합니다.

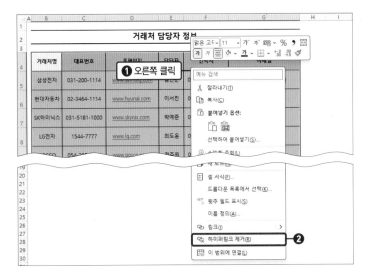

3 [하이퍼링크 제거]를 선택하면 지정된 범위에 있는 하이퍼링크가 모두 제거되지만 하이퍼링크와 함께 지정된 서식도 모두 초기화되므로 다시 서식을 지정해야 합니다.

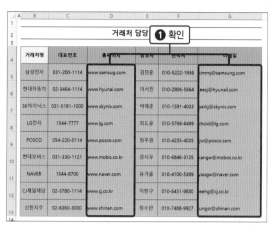

TIP

단축키 Alt → H → B → A를 차례대로 누르면 선택한 영역에 [모든 테두리]를 삽입할 수 있습니다.

4 데이터를 입력할 때 하이퍼링크가 설정되지 않도록 설정을 변경할 수도 있습니다. **[파일]-[옵션]**을 차례대로 선택한 다음 [Excel 옵션] 창이 표시되면 **[언어 교정]** 범주에서 **[자동 고침 옵션]**을 클릭합니다. [자동 고침] 창이 표시되면 **[입력할 때 자동 서식]** 탭에서 [입력할 때 자동으로 바꾸기]의 **[인터넷과 네트워크 경로를 하이퍼링크로 설정]**의 체크 표시를 해제한 다음 **[확인]**을 클릭합니다. 이렇게 설정을 변경하면 입력한 URL이나 이메일 주소에 하이퍼링크가 활성화되지 않습니다.

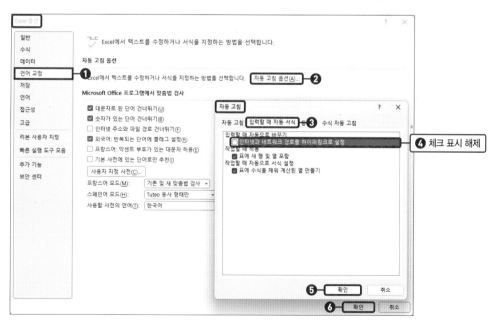

'(주)'를 입력하면 특수 문자로 자동 고침되는 것을 멈출 수 있을까요?

'(주)'를 입력하면 자동 고침 때문에 특수 문자 '㈜'가 입력됩니다. 자동 고침은 자주 사용하는 기호나 특수 문자를 텍스트로 입력하면 이를 인식하여 특수 문자로 변환하는 기능으로, 일반 텍스트인 '(주)'가 특수 문자 '㈜'로 변경된 것입니다. 편리한 기능이지만 원하지 않는 텍스트가 자동 고침되었다면 바로 실행 취소 단축키 Ctrl+Z를 누르거나 예외 항목으로 등록하여 자동 고침을 중단할 수 있습니다.

특정 텍스트의 자동 고침 중단은 [Excel 옵션] 창의 [언어 교정] 범주에서 설정할 수 있습니다. [언어 교정] 범주에서 [자동 고침 옵션]을 클릭하면 표시되는 [자동 고침] 창에서 [자동 고침] 탭을 선택하고 [입력]에 자동 고침을 중단할 텍스트를 입력하여 검색한 다음 [삭제]를 클릭하면 됩니다.

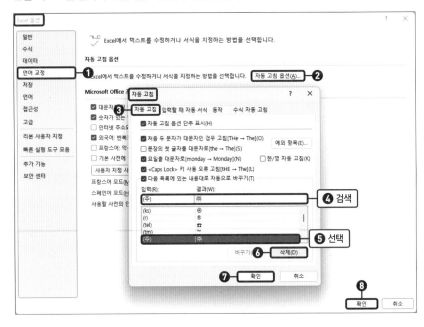

셀 모서리에 표시되는 초록색 삼각형을 없앨 수 있나요?

Q 0으로 시작하는 세 자리 숫자를 연번으로 삽입하기 위해 '0'을 입력했는데 셀 모서리에 초록색 삼각형이 표시돼요. 이 삼각형을 없앨 수 있을까요?

A [Excel 옵션] 창에서 [수식]-[오류 검사]의 오류 검사 기능을 해제하면 초록색 삼각형을 없앨 수 있습니다.

💡 셀 모서리에 표시되는 초록색 삼각형은 오류 추적 또는 오류 표시 아이콘으로, 해당 셀의 오류 가능성을 알리는 것입니다. 주로 수식 오류나 숫자 데이터가 텍스트 형식으로 입력된 경우 오류가 있을 가능성이 높은 셀에 표시됩니다. 예시와 같이 0으로 시작하는 연번을 입력하는 것은 실제 오류가 아니므로 이를 오류로 인식하지 않도록 [Excel 옵션] 창에서 설정을 변경할 수 있습니다.

1 특정 범위에 표시된 오류 표시 아이콘을 없애려면 오류 표시 아이콘이 표시되는 셀의 경고 아이콘 ⚠️을 클릭한 다음 **[오류 무시]**를 선택하면 됩니다.

2 셀 모서리에 표시되는 오류 표시 아이콘을 없애려면 **[파일]-[옵션]**을 차례대로 선택하여 [Excel 옵션] 창을 표시한 다음 **[수식]** 범주를 선택합니다. [오류 검사]의 **[다른 작업을 수행하면서 오류 검사]**의 체크 표시를 해제한 다음 **[확인]**을 클릭하세요.

TIP

Alt → F → T를 차례대로 눌러도 [Excel 옵션] 창을 표시할 수 있습니다.

3 작업 화면으로 돌아오면 셀 모서리에 표시되어 있었던 오류 표시 아이콘이 사라진 것을 확인할 수 있습니다. 이렇게 설정을 변경하면 오류 표시 아이콘을 없앨 수 있지만 엑셀 작업 중 발생한 오류를 놓칠 수 있다는 단점이 있습니다. 또한 **2**의 [다른 작업을 수행하면서 오류 검사]의 체크 표시가 해제되지 않은 컴퓨터에서 같은 파일을 확인할 경우 오류 표시 아이콘이 표시됩니다.

NO	방문자명	방문시간	출입카드 번호
	고객 방문 일지		
NO	**방문자명**	**방문시간**	**출입카드 번호**
001	김지훈	09:37	373
002	이소영	09:02	122
003	박성민	10:59	906
004	최유진	10:41	967
005	정현우	10:10	89
006	강민석	12:14	561
007	조아라	12:52	548
008	확인	12:10	373
009		14:40	953
010	백준호	14:31	793
011	윤하린	14:09	97
012	김태연	15:36	726
013	조원빈	16:32	255
014	백지은	16:23	44
015	이동민	16:20	592
016	박은주	16:11	329

표시 형식 지정해
데이터를 원하는 형식으로 표시하기

엑셀에서 표시 형식을 올바르게 설정하면 데이터를 이해하기 쉽고 명확하게 표현할 수 있습니다. 이렇게 표시 형식은 데이터의 가독성을 높이고 사용자가 데이터를 빠르고 정확하게 해석할 수 있도록 도와줍니다. 데이터의 종류에 따라 다르게 설정할 수 있으므로 각 데이터의 특성에 맞는 적절한 표현 형식을 지정하여 데이터를 효과적으로 관리할 수 있습니다.

🔗 주문 관리 | #셀 서식 #사용자 지정 서식

날짜와 시간을 같은 셀에 입력할 수 있나요?

Q '주문 관리' 표에 주문 날짜와 시간을 같은 셀에 입력할 수 있을까요?

A 날짜와 시간을 형식에 맞춰 입력하면 같은 셀에 날짜와 시간을 원하는 형식으로 표시할 수 있습니다.

▲ 엑셀마왕 특강

1 날짜와 시간을 공란으로 구분하면 하나의 셀에 날짜와 시간을 모두 입력할 수 있습니다. 연월일을 '-'으로 구분하여 입력한 다음 [Spacebar]를 눌러 공란을 입력하고 시, 분을 ':'으로 구분하여 입력해 보세요.

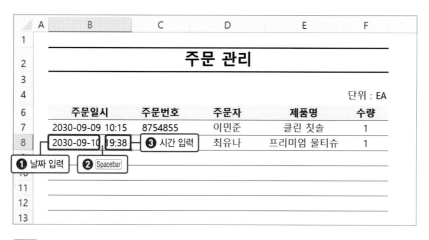

TIP

현재 날짜 입력 단축키([Ctrl]+[;])를 누른 다음 [Spacebar]를 눌러 공란을 입력하고 현재 시간 입력 단축키([Ctrl]+[Shift]+[;])를 누르면 현재 날짜와 시간을 간편하게 입력할 수 있습니다.

2 하나의 셀에 입력한 날짜와 시간 데이터를 '#월 #일, #시간 #분'의 형식으로 표시해 보겠습니다. 표시 형식을 변경할 [B7:B17] 영역을 선택하고 [Ctrl]+[1]을 눌러 [셀 서식] 창을 표시한 다음 [표시 형식] 탭에서 [사용자 지정] 범주를 선택하고 '형식'에 "mm"월"dd"일" hh"시"mm"분"을 입력합니다. '보기'에 원하는 형식이 표시되었는지 확인한 다음 [확인]을 클릭합니다.

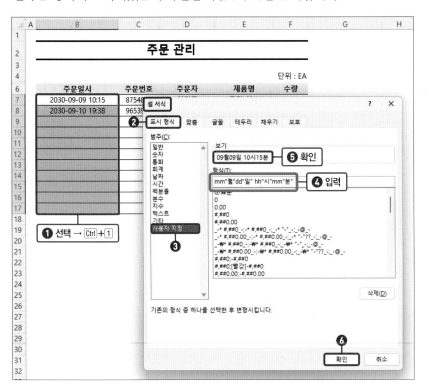

3 하나의 셀에 날짜와 시간이 원하는 형식으로 표시됩니다.

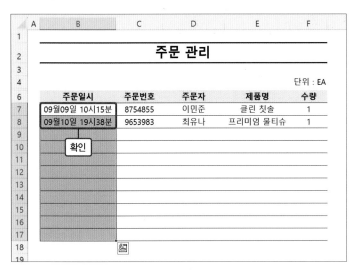

날짜를 입력하면 알 수 없는 숫자가 표시돼요.

Q 4분기 주요 이벤트 표에 날짜 '2030/10/1'을 입력하면 알 수 없는 숫자가 표시돼요. 이 숫자를 날짜로 표시할 수 있을까요?

A 표시 형식이 [숫자]인 경우 날짜 데이터를 입력하면 일련번호가 표시되므로 **표시 형식을 [날짜] 형식**으로 변경해야 합니다.

1 날짜로 지정할 셀 범위인 **[C5:D9]** 영역을 선택하고 Ctrl+1을 눌러 [셀 서식] 창을 표시합니다. **[표시 형식]** 탭에서 **[날짜]** 범주를 선택하고 원하는 형식을 선택한 다음 **[확인]**을 클릭합니다.

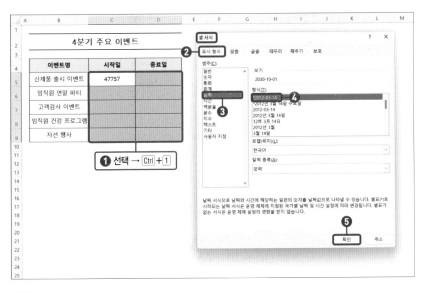

TIP

[C5] 셀의 '47757'은 1900년 1월 1일로부터 47757일째 되는 날짜의 일련번호입니다. 날짜 데이터에 대한 자세한 내용은 163쪽을 참고하세요.

2 [C5] 셀의 숫자가 날짜로 표시됩니다.

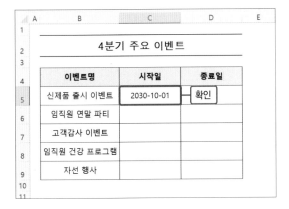

3 날짜 형식은 연월일을 하이픈(-)이나 슬래시(/)로 구분하여 입력하면 됩니다. 예를 들어 '2030-10-15' 또는 '2030/10/15'와 같이 입력할 수 있습니다.

TIP

'년-월-일' 날짜의 표시 형식인 '####-##-##'에서 연도를 생략하고 월과 일만 입력해도 현재 연도가 자동으로 입력됩니다. 예를 들어 현재 2030년이라 가정하고 '10/15' 또는 '10-15'라고만 입력해도 엑셀은 자동으로 '2030/10/15' 또는 '2023-10-15'로 인식합니다.

📎 팬케이크 레시피   #셀 서식 #사용자 지정 서식

'2/3' 형식으로 분수를 입력하고 싶은데 날짜가 입력돼요.

Q 팬케이크 레시피에 재료의 양을 분수로 입력하면 날짜 형식으로 표시되는데, 분수 형식으로 입력할 수 있을까요?

A 분수 형식으로 입력할 수 있는 '0'을 입력하여 분수로 표시할 수 있습니다.

1 밀가루의 양을 '2/3'로 입력하기 위해 '0 2/3'을 입력하고 [Enter]를 누릅니다.

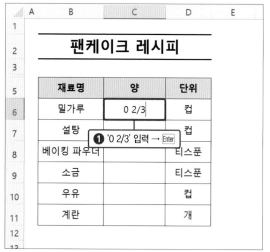
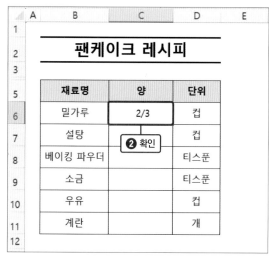

TIP

0은 실제로는 의미는 없지만 엑셀에서 분수 형식으로 인식하게 됩니다.

2 '0 '을 입력하는 것이 불편하다면 표시 형식을 변경해 보세요. 셀 서식을 분수 형식으로 변경할 [C6:C11] 영역을 선택한 다음 Ctrl+1을 눌러 [셀 서식] 창을 표시합니다. **[표시 형식]** 탭에서 **[분수]** 범 주를 선택하고 [형식]에서 원하는 형식을 선택한 다음 **[확인]**을 클릭합니다.

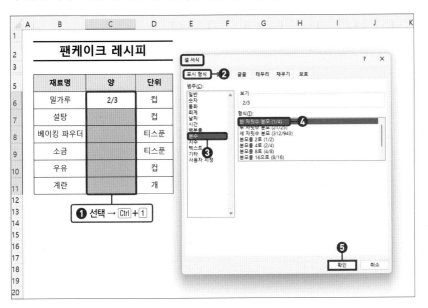

3 분수 형식으로 인식하는 '0 '을 입력하지 않아도 슬래시(/)로 분수를 입력할 수 있습니다.

재료명	양	단위
밀가루	2/3	컵
설탕	1/4	컵
베이킹 파우더	3 1/2	티스푼
소금	1/2	티스푼
우유	1 1/4	컵
계란	1	개

팬케이크 레시피

확인

TIP

표시 형식을 [분수]로 변경한 경우 정수 데이터가 가운데 정렬되지 않으므로 정수는 표시 형식을 [숫자]로 변경해야 합니다. 또한 데이터를 정렬할 때 첫 번째 문자를 기준으로 정렬하므로 원하지 않는 결과가 나올 수 있습니다.

0으로 시작하는 전화번호를 입력할 수 있나요?

Q 휴대폰 번호를 입력하면 0이 없어지고 '1012345678'로 표시되는데, 입력되어 있는 핸드폰 번호 앞에 0을 표시할 수 있을까요?

A [셀 서식] 창의 [표시 형식] 탭-[사용자 지정] 범주에서 숫자 앞에 0이 표시되도록 지정할 수 있습니다.

💡 엑셀에서는 자동으로 숫자 서식을 인식하기 위해 앞자리가 0인 경우 생략되어 표시됩니다. 물론 전화번호를 포함하여 0으로 시작하는 숫자 데이터를 입력할 때 0 앞에 [']아포스트로피)를 입력해서 앞자리의 0을 표시할 수 있지만 이미 입력된 데이터의 경우 0 앞에 [']를 일일이 입력해야 해서 번거롭습니다. 이럴 땐 사용자 지정 표시 형식을 활용해 보세요.

1 연락처 정보가 입력되어 있는 범위([D5:D20])을 선택한 상태에서 Ctrl+1을 눌러 [셀 서식] 창을 표시한 다음 **[표시 형식]** 탭의 **[사용자 지정]** 범주를 선택합니다. [형식]에 '0'을 입력한 다음 표시할 자릿수만큼 '#'을 입력하고 **[확인]**을 클릭합니다. 여기서는 휴대전화 번호를 표시할 것이므로 '0#########'을 입력했습니다.

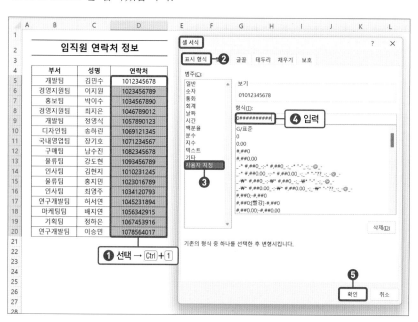

2 앞자리 0을 포함한 휴대전화 번호가 표시됩니다.

부서	성명	연락처	
개발팀	김민수	01012345678	
경영지원팀	이지원	01023456789	
홍보팀	박이수	01034567890	
경영지원팀	최지은	01046789012	
개발팀	정영식	01057890123	
디자인팀	송하린	01069121345	
국내영업팀	장기호	01071234567	
구매팀	남수진	01082345678	확인
물류팀	강도현	01093456789	
인사팀	김현지	01010231245	
물류팀	홍지민	01023016789	
인사팀	최영주	01034120793	
연구개발팀	허서연	01045231894	
마케팅팀	배지연	01056342915	
기획팀	정하은	01067453916	
연구개발팀	이승민	01078564017	

임직원 연락처 정보

3 숫자와 함께 하이픈(-)을 표시하려면 [셀 서식] 창의 **[표시 형식]** 탭에서 **[사용자 지정]** 범주를 선택한 다음 [형식]에 하이픈을 포함한 형식을 입력하면 됩니다. 여기서는 '0##-####-####'을 입력한 다음 **[확인]**을 클릭했습니다.

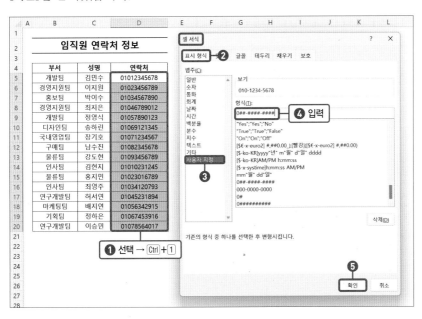

4 하이픈을 포함한 전화번호가 표시됩니다.

	부서	성명	연락처	
		임직원 연락처 정보		
5	개발팀	김민수	010-1234-5678	
6	경영지원팀	이지원	010-2345-6789	
7	홍보팀	박이수	010-3456-7890	
8	경영지원팀	최지은	010-4678-9012	
9	개발팀	정영식	010-5789-0123	
10	디자인팀	송하린	010-6912-1345	
11	국내영업팀	장기호	010-7123-4567	
12	구매팀	남수진	010-8234-5678	확인
13	물류팀	강도현	010-9345-6789	
14	인사팀	김현지	010-1023-1245	
15	물류팀	홍지민	010-2301-6789	
16	인사팀	최영주	010-3412-0793	
17	연구개발팀	허서연	010-4523-1894	
18	마케팅팀	배지연	010-5634-2915	
19	기획팀	정하은	010-6745-3916	
20	연구개발팀	이승민	010-7856-4017	

🔗 사업부별 매출액 | #사용자 지정 서식

숫자 표시 단위를 변경할 수 있나요?

Q 사업부별 매출액 표의 매출 단위가 큰데 가독성을 높이기 위해 매출액을 백만 단위로 표시할 수 있을까요?

A [셀 서식] 창의 [표시 형식] 탭-[사용자 지정] 범주에서 숫자 표시 형식을 변경할 수 있습니다.

1 숫자 표시 단위를 변경할 **[C7:G15]** 영역을 선택한 상태에서 Ctrl + 1을 누릅니다.

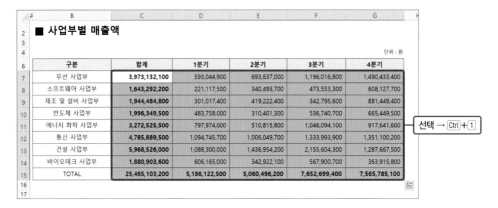

2 [셀 서식] 창이 표시되면 [**표시 형식**] 탭에서 [**사용자 지정**] 범주를 선택하고 [형식]에 다음의 서식을 입력한 다음 [**확인**]을 클릭합니다.

 #,##0,

'#,##0' 형식은 천 단위에 콤마를 표시하는 형식입니다. 여기서는 #,##0 형식에 ','를 더 입력하여 백만 단위가 절사되어 표시됩니다. '#,##0'의 기본 형식에 ','를 추가 입력할 때마다 천 단위를 생략할 수 있습니다. 이와 같이 콤마(,)를 입력할 때마다 천 단위씩 절사되어 표기되며 절사 자릿수 바로 앞의 자릿수, 예를 들어 천 단위를 절사할 경우 백 단위에서 반올림되어 표기됩니다.

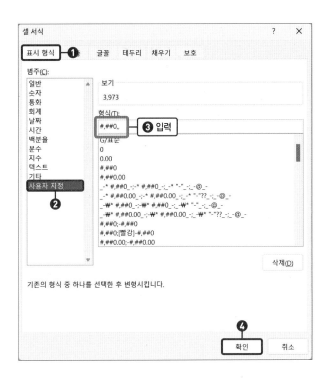

3 지정한 범위가 백만 단위로 표시됩니다.

■ **사업부별 매출액**

단위 : 원

구분	합계	1분기	2분기	3분기	4분기
무선 사업부	3,973	593	694	1,196	1,490
소프트웨어 사업부	1,643	221	340	474	608
제조 및 설비 사업부	1,944	301	419	343	881
반도체 사업부	1,996	484	310	537	665
에너지 화학 사업부	3,273	798	511	1,046	918
통신 사업부	4,786	1,095	1,006	1,334	1,351
건설 사업부	5,969	1,088	1,437	2,156	1,288
바이오테크 사업부	1,881	606	343	568	364
TOTAL	25,465	5,186	5,060	7,653	7,566

확인

4 숫자를 백만 단위로 변경했으므로 **[G4]** 셀의 '[단위 : 원]'을 '[단위 : 백만원]'으로 수정합니다.

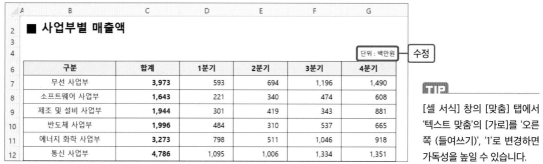

■ 사업부별 매출액

단위 : 백만원 | 수정

구분	합계	1분기	2분기	3분기	4분기
무선 사업부	3,973	593	694	1,196	1,490
소프트웨어 사업부	1,643	221	340	474	608
제조 및 설비 사업부	1,944	301	419	343	881
반도체 사업부	1,996	484	310	537	665
에너지 화학 사업부	3,273	798	511	1,046	918
통신 사업부	4,786	1,095	1,006	1,334	1,351

> **TIP**
>
> [셀 서식] 창의 [맞춤] 탭에서 '텍스트 맞춤'의 [가로]를 '오른쪽 (들여쓰기)', '1'로 변경하면 가독성을 높일 수 있습니다.

🔗 전년대비 매출분석 | #사용자 지정 서식

셀의 데이터에 맞춰 자동으로 서식을 적용할 수 있나요?

Q '전년대비 매출분석' 표의 증감률 데이터에 맞추어 자동으로 색상과 도형으로 구분하여 표시할 수 있을까요?

A [셀 서식] 창의 [사용자 지정] 서식을 활용하면 셀의 데이터에 맞춰 자동으로 서식을 적용할 수 있습니다.

▲ 엑셀마왕 특강

💡 매출 자료 등을 정리할 때 각 데이터의 가독성을 높이기 위해 셀의 데이터가 양수일 때는 빨간색 ▲ 도형으로, 음수일 때는 파란색 ▼ 도형으로 표시하죠? 아직도 매출 자료를 정리하면서 각 서식을 일일이 수정하고 있다면 사용자 지정 서식을 활용해 보세요.

1 증감률이 입력된 범위([E7:E10])를 선택한 상태에서 Ctrl+1을 눌러 [셀 서식] 창을 표시한 다음 **[표시 형식]** 탭의 [범주]에서 **[사용자 지정]**을 선택합니다.

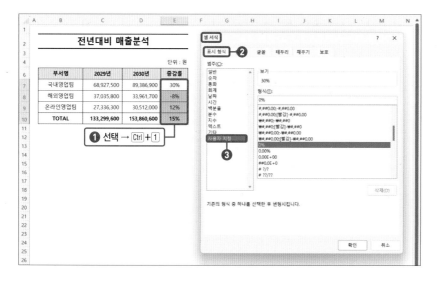

2 원하는 형식을 직접 지정하기 위해 [형식]에 다음의 수식을 입력하고 **[확인]**을 클릭합니다.

 [빨강]▲#,###%;[파랑]▼#,###%;[검정]0%

• **양수 표시 형식;음수 표시 형식;0 표시 형식;텍스트 표시 형식**

사용자 지정 서식의 ;(세미콜론)은 양수, 음수, 0, 텍스트를 구분하기 위한 기호이며 ';'으로 구분한 수식의 순서대로 서식이 적용됩니다. 사용자 지정 서식은 필요에 따라 하나의 서식만 지정할 수도 있으며 예제와 같이 양수, 음수 등을 구분하여 여러 개의 서식을 지정하려면 각 서식을 ';'으로 구분하면 됩니다.

여기서는 양수일 경우 '▲' 도형과 함께 빨간색으로 표시할 것이므로 '[빨강]▲#,##0%'를 입력한 다음 ';'으로 구분하고 음수일 경우 '▼' 도형과 함께 파란색으로 표시하기 위해 '[파랑]▼#,##0%'를 입력한 것입니다. 마지막으로 0일 경우 검은색으로 표시하기 위해 ';'으로 서식을 구분한 다음 '[검정]0%'를 입력했습니다. 이때 [색상명]은 검정, 노랑, 녹색, 녹청, 빨강, 자홍, 파랑, 흰색의 여덟 가지 색상명을 사용할 수 있습니다.

'#,##0'은 숫자 서식으로 천 단위를 구분하기 위해 쉼표를 표시하는 서식으로, '%'를 추가하여 '#,##0%'를 입력하면 셀의 값을 백분율로 변환하여 표시합니다.

특수 문자 '▲', '▼'은 한글 자음 ㅁ → 한자 를 누르면 해당 문자에 대응하는 특수 문자를 선택하여 삽입할 수 있고 Tab 을 누르면 특수 문자 창이 펼쳐져서 한눈에 특수 문자를 보고 선택할 수 있습니다. 또한 ⊞+. 를 누르면 👍, 😊 등의 이모지나 아이콘을 삽입할 수도 있습니다.

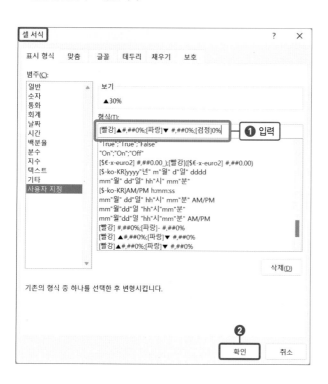

3 **2**의 표시 형식이 적용되어 양수와 음수가 지정한 색과 도형으로 표시됩니다.

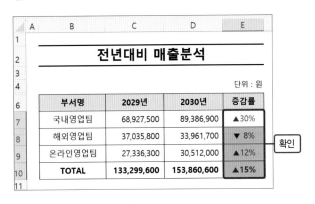

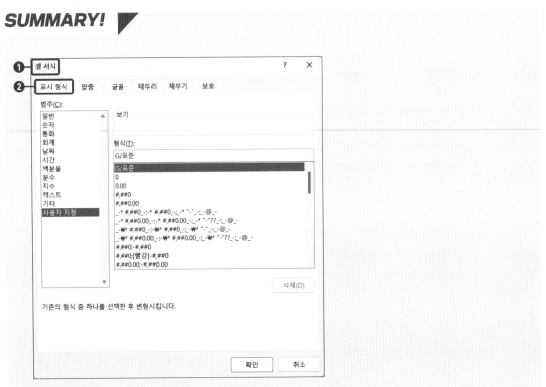

❶ **셀 서식**: [셀 서식] 창에서는 셀의 데이터 표시 형식, 맞춤, 글꼴, 테두리, 채우기 등의 스타일을 지정 및 변경할 수 있고 입력과 수정을 제한할 수 있습니다.

❷ **표시 형식**: [표시 형식] 탭에서는 셀에 표시할 데이터의 형식을 지정하고 변경할 수 있습니다. [일반], [숫자], [통화], [회계], [날짜], [시간], [백분율], [분수], [지수], [텍스트], [기타]를 선택하면 엑셀에서 제공하는 표시 형식 중 하나를 선택해 셀에 표시할 데이터의 형식을 지정할 수 있습니다. 기본 제공하는 형식 외 직접 지정하고 싶은 형식이 있다면 [사용자 지정] 범주의 [형식]에 원하는 형식을 생성할 수 있습니다.

서식 설명			예시		
구분	기호	기능	입력값	사용자 지정 서식 코드	결괏값
숫자 서식	#	숫자 표시	1000	#,###0 '원'	1,000 원
	0	숫자 표시 (불필요한 0도 표시)	1012345678	000-0000-0000	010-1234-5678
	%	백분율 표시	1	0%	100%
	,	천 단위마다 쉼표 표시	1000000	#,##0,	1,000
문자 서식	@	문자 입력 시 특정 문자 표시	엑셀	@'마왕'	엑셀마왕
특수 서식	*	* 다음 문자를 셀 너비만큼 표시	서명	@*_	서명 _____
색상 서식	[ ]	색상 적용	감사합니다.	[파랑]	감사합니다.
날짜 서식	Y	연도 표시	2030-12-31	YYYY	2030
	M	월 표시	2030-12-31	MM	12
	D	일 표시	2030-12-31	DD	31
	A	요일 표시	2030-12-31	AAAA	화요일
시간 서식	H	시 표시	09:30:15	HH	09
	M	분 표시	09:30:15	HH:MM	09:30
	S	초 표시	09:30:15	SS	15

- '#,##0'은 천 단위에 콤마로 구분하고 0이 입력되면 0을 표시합니다. 콤마(,)를 입력할 때마다 천 단위씩 절사되어 표시되며 절사 자릿수 바로 앞의 자릿수, 예를 들어 천 단위를 절사하면 백 단위에서 반올림되어 표기됩니다.
- 날짜 형식은 년-월-일 또는 년/월/일로 입력하여 날짜 형식으로 표시할 수 있습니다. 그리고 연도를 제외하고 월, 일만 입력하면 당월의 연도가 표시됩니다.
- 날짜/시간 데이터에서 추출한 날짜를 빼서 시간을 구할 수도 있습니다. 예를 들어 2030-09-10 8:55를 숫자로 표시하면 47736.3715이고 추출한 날짜의 정수는 47736이므로 47736.3715-47736=0.3715… 이렇게 시간을 표현하는 소수점만 추출할 수 있습니다.
- 시간 형식을 24시간제가 아닌 AM/PM으로 표시하려면 [셀 서식] 창에서 [표시 형식] 탭-[사용자 지정] 범주-[형식]에서 'mm"월"dd"일" hh"시"mm"분" AM/PM'을 입력하여 표시합니다.

조건부 서식으로
업무 자동화하기

엑셀의 '조건부 서식'은 특정 조건에 따라 셀의 서식을 변경하는 기능으로, 중요한 데이터를 즉시 식별하고, 데이터의 가독성과 이해도를 높이는 데 유용합니다. 그리고 이 기능은 데이터 분석을 빠르고 효과적으로 수행하는 데 큰 도움이 됩니다.

🖉 거래처 리스트 │ #조건부 서식

데이터가 입력된 셀에 자동으로 테두리를 삽입할 수 있나요?

Q '거래처 리스트' 표에서 거래처명을 입력한 행에 자동으로 테두리를 넣을 수 있을까요?

A [홈]-[조건부 서식]-[새 규칙]에서 거래처명을 입력하면 자동으로 테두리가 입력되도록 설정할 수 있습니다.

▲ 엑셀마왕 특강

1 테두리를 삽입할 [B6:F28] 영역을 선택한 상태에서 [홈]-[조건부 서식]-[새 규칙]을 차례대로 선택합니다.

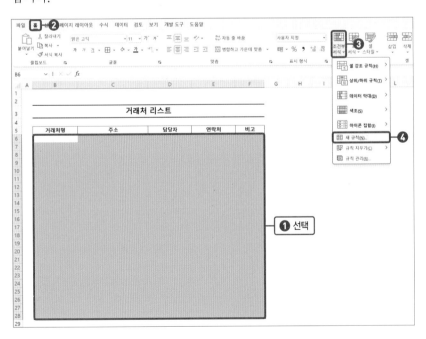

2 [새 서식 규칙] 창이 표시되면 [규칙 유형 선택]에서 **[수식을 사용하여 서식을 지정할 셀 결정]**을 선택하고 [다음 수식이 참인 값의 서식 지정]에 다음의 수식을 입력합니다.

 =$B6<>" "

이 수식은 '[B6] 셀의 값이 ""(공란)과 같지 않다'라는 수식으로, '<>'는 '같지 않다'라는 의미의 비교 연산자입니다. 여기서는 거래처명을 입력할 [B] 열만 참조하기 위해 열을 고정($B6)했습니다. 결과적으로 [B6] 셀이 빈 셀이 아닌 경우 참에 해당하므로 지정한 서식인 테두리가 삽입됩니다.

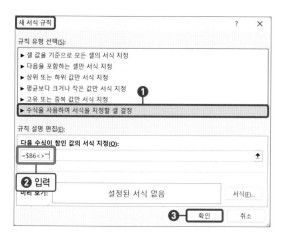

3 **2**에 입력한 수식이 참일 경우 적용된 서식을 지정하기 위해 **[서식]**을 클릭하여 [셀 서식] 창을 표시하고 **[테두리]** 탭에서 **[윤곽선]**을 선택한 다음 **[확인]**을 클릭합니다. [새 서식 규칙] 창의 **[확인]**을 클릭하여 조건부 서식 지정을 완료합니다.

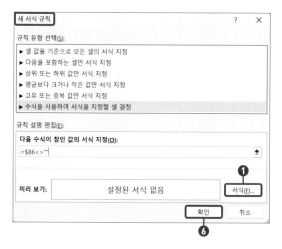

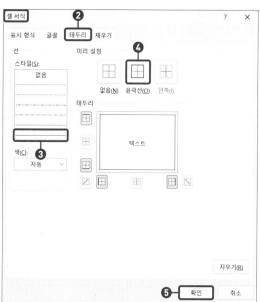

4 조건부 서식을 적용할 범위([B6:B28]) 중 [거래처명] 열에 거래처명을 입력하면 해당 행에 자동으로 테두리가 삽입됩니다.

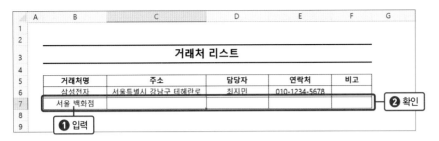

🔗 임직원 실무엑셀 테스트 결과 | #조건부 서식

일치하는 데이터가 있는 행에 자동으로 색을 채울 수 있나요?

Q '임직원 실무엑셀 테스트 결과' 표에 입력한 성명과 일치하는 데이터 [B:H] 행을 노란색으로 채울 수 있을까요?

A [홈]-[조건부 서식]-[새 규칙]에서 성명과 일치하는 행을 찾고 노란색을 채울 수 있습니다.

▲ 엑셀마왕 특강

1 조건부 서식을 적용할 [B7:H26] 영역을 선택한 상태에서 [홈]-[조건부 서식]-[새 규칙]을 차례대로 선택합니다.

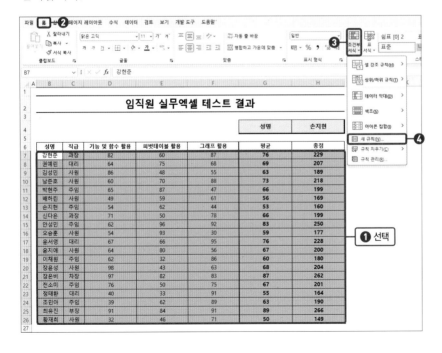

2 [새 규칙 서식] 창이 표시되면 [규칙 유형 선택]에서 **[수식을 사용하여 서식을 지정할 셀 결정]**을 선택합니다. [다음 수식이 참인 값의 서식 지정]에 다음의 수식을 입력한 다음 원하는 서식을 적용하고 **[확인]**을 클릭합니다.

 =$H$4=$B7

이 수식은 성명을 입력할 [H4] 셀의 값이 [성명] 열과 일치할 경우 지정한 서식을 적용하는 서식으로, [H4] 셀은 절대 참조로 변경했고 성명 열만 참조할 수 있도록 열을 고정한 것입니다.

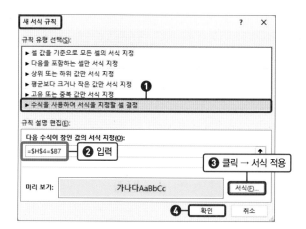

3 [H4] 셀에 입력할 성명을 목록으로 삽입할 수 있으므로 테스트 결과를 확인할 임직원의 이름을 입력해 보세요. **[H4]** 셀의 이름이 포함된 행에 **2**에서 적용한 색이 채워집니다.

TIP

[H4] 셀에 입력할 성명을 목록으로 삽입할 수 있습니다. 원하는 목록을 삽입하는 자세한 방법은 62쪽을 참고하세요.

표 데이터에서 홀수 행만 색을 채울 수 있나요?

Q '임직원 현황표'의 가독성을 높이기 위해 짝/홀수 행만 다른 색으로 적용하고 싶어요. 한 번에 서식을 적용할 수 있을까요?

A [홈]-[조건부 서식]-[새 규칙]에서 홀수 행을 지정하는 수식을 입력하여 홀수 행에 색을 채울 수 있습니다.

1 '임직원 현황표'의 데이터 영역([B7:I26])을 선택한 상태에서 [홈]-[조건부 서식]-[새 규칙]을 차례대로 선택합니다.

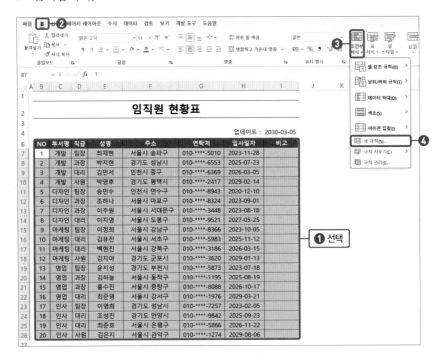

2 [새 서식 규칙] 창이 표시되면 [규칙 유형 선택]에서 **[수식을 사용하여 서식을 지정할 셀 결정]**을 선택합니다. [다음 수식이 참인 값의 서식 지정]에 다음의 수식을 입력한 다음 서식을 지정하고 **[확인]**을 클릭합니다.

 =MOD(ROW(),2)=0

• MOD(나머지를 구하려는 값, 나누는 값)

MOD 함수는 나눗셈의 나머지를 구하는 함수이고 ROW 함수는 현재 지정한 셀의 행 번호를 반환하는 함수입니다. 여기서는 MOD 함수에 '나머지를 구하려는 값'의 인수로 ROW 함수를 사용해 각 행의 행 번호로 하고 '나누는 값'의 인수를 '2'로 입력하여 나머지 값이 0과 같아 참일 경우 지정한 서식이 적용됩니다. 반대로 홀수 행에 서식을 적용하려면 'MOD(ROW( ),2)=1'의 함수를 사용하면 나머지 값이 1인 홀수 행에 서식을 적용됩니다.

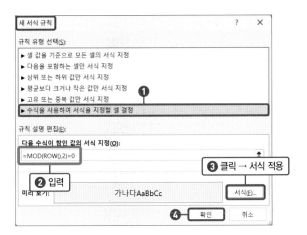

3 지정한 조건에 해당하는 짝수 행에 서식이 적용됩니다.

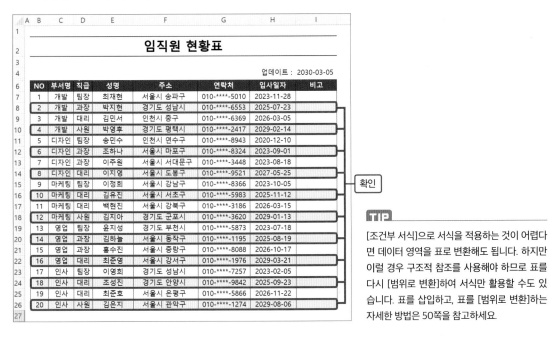

[조건부 서식]으로 서식을 적용하는 것이 어렵다면 데이터 영역을 표로 변환해도 됩니다. 하지만이럴 경우 구조적 참조를 사용해야 하므로 표를다시 [범위로 변환]하여 서식만 활용할 수도 있습니다. 표를 삽입하고, 표를 [범위로 변환]하는자세한 방법은 50쪽을 참고하세요.

표의 스타일만 사용할 수 있나요?

데이터 영역을 선택한 상태에서 [삽입]-[표]를 선택하면 데이터를 관리/분석하는 데 유용하지만 셀 병합이 제한되고 표 안에 데이터를 참조할 때 '구조화된 참조'를 사용하므로 일반적인 셀 참조 방법에 익숙한 사용자가 데이터를 참조할 때 혼란스러울 수 있습니다. '구조화된 참조'는 '=A1', '=B1'의 형식이 아닌 [표 이름],[머리글],[성명]과 같이 참조 영역을 구조화하는 것으로, 표로 지정된 데이터는 자동으로 구조화된 참조가 적용됩니다.

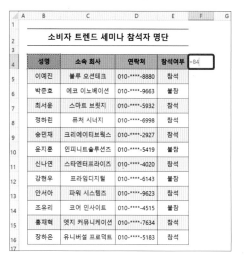

▲ 일반적인 참조

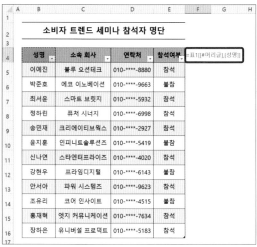

▲ 구조화된 참조

표의 서식만 활용하고 구조화된 참조를 사용하지 않으려면 표를 선택한 상태에서 [테이블 디자인]-[범위로 변환]을 차례대로 선택하거나 표 영역을 마우스 오른쪽 버튼으로 클릭하고 [표]-[범위로 변환]을 선택하면 표시되는 메시지 창에서 [확인]을 클릭하면 됩니다. [범위로 변환]을 선택하면 표의 서식만 유지되고 구조적 참조를 포함한 표의 기능은 제거되어 일반 셀과 동일하게 활용할 수 있습니다.

필터/정렬로
필요한 데이터만 확인하기

엑셀의 [필터]와 [정렬] 기능은 데이터를 원하는 방식대로 편리하게 관리하고 분석하는 데 필수적인 도구입니다. [필터] 기능은 특정 조건을 충족하는 데이터를 표시하는 데 유용하여 찾고자 하는 정보만 집중적으로 살펴보고 불필요한 데이터는 숨길 수 있어서 데이터를 효율적으로 관리할 수 있고 원하는 특정 조건의 데이터를 빠르게 찾아낼 수 있습니다. [정렬] 기능은 데이터를 특정 순서대로 정렬하는 데 사용됩니다. 예를 들어 날짜 순서, 숫자의 크기 순서, 사용자가 지정한 순서 등으로 데이터를 정렬할 수 있어, 데이터의 패턴을 찾거나 특정 데이터를 빠르게 탐색하는 데 도움이 됩니다. 이렇게 엑셀의 [필터]와 [정렬] 기능은 데이터 관리와 분석을 더욱 효율적이고 효과적으로 수행하는 데 매우 중요한 역할을 합니다.

🔗 경영지원부 임직원 내선번호 | #선택하여 붙여넣기 #필터

병합된 셀이 있어도 필터링할 수 있나요?

Q '경영지원부 임직원 내선번호' 표에서 셀 병합되어 있는 [부서명] 열도 필터링할 수 있을까요?

A [선택하여 붙여넣기] 창의 [수식] 기능을 활용하면 병합된 셀도 필터링할 수 있습니다.

▲ 엑셀마왕 특강

💡 병합된 셀에 필터를 삽입할 경우 여러 행 중 하나의 행만 필터링됩니다. 이는 여러 셀이 병합되어 있어 실제로 데이터가 입력된 행만 필터링되는 것이죠. 이러한 문제를 해결하려면 [셀 병합] 기능을 사용하지 않거나 필터를 삽입하기 전, 각 셀에 데이터를 입력해야 합니다. 만약 셀 병합을 유지한 상태에서 데이터를 필터링하려면 이렇게 해 보세요.

1 병합되어 있는 [부서명] 열([B5:B23])을 복사한 다음 적당한 위치에 붙여넣기합니다. 여기서는 [A] 열에 붙여넣기했습니다.

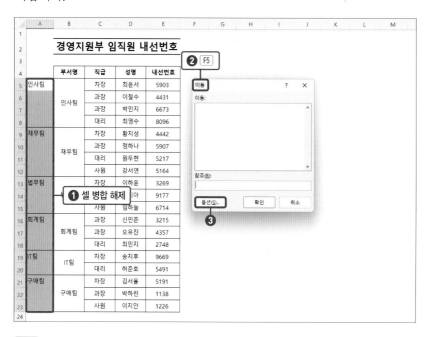

2 붙여넣기한 [A5:A23] 영역의 셀 병합을 해제하고 F5 를 눌러 [이동] 창을 표시한 다음 [옵션]을 클릭합니다.

병합하거나 병합을 해제할 셀을 선택한 다음 Alt → H → M → C 를 차례대로 누르면 셀 병합 또는 셀 병합 해제를 할 수 있습니다.

3 [이동 옵션] 창이 표시되면 [종류]에서 **[빈 셀]**을 선택하고 **[확인]**을 클릭합니다. 그러면 **[A5:A23]** 영역에서 빈 셀만 선택됩니다.

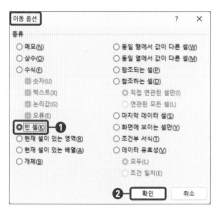

4 빈 셀이 선택된 상태에서 **[A6]** 셀에 '=A5'를 입력하고 Ctrl + Enter 를 누르면 선택된 다른 빈 셀에 함수식이 일괄적으로 입력됩니다.

TIP

Ctrl + Enter 를 누르면 다중 선택된 셀에 같은 내용을 채워 넣을 수 있습니다.

5 [A5:A23] 영역을 복사하고 [B5:B23] 영역을 선택한 상태에서 마우스 오른쪽 버튼으로 클릭한 다음 [선택하여 붙여넣기]를 선택합니다. [선택하여 붙여넣기] 창이 표시되면 [붙여넣기]에서 [수식]을 선택하고 [확인]을 클릭합니다.

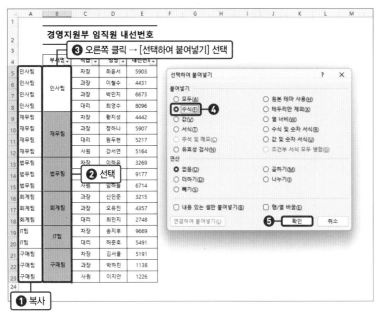

TIP

Ctrl + Alt + V 를 누르면 [선택하여 붙여넣기] 창이 표시됩니다.

6 [A5:A23] 영역을 선택하고 [홈]-[지우기]-[모두 지우기]를 선택하여 내용을 삭제합니다.

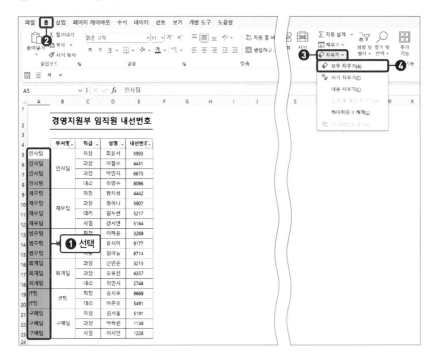

7 이제 병합된 [부서명] 열의 필터 버튼 ▼을 클릭하여 필터링해 보세요. **[A5:A23]** 영역의 데이터를 [수식]으로 붙여넣어 [부서명] 열의 셀 병합을 유지한 상태에서 데이터를 업데이트할 수 있으므로 병합된 [부서명] 열의 데이터를 필터링할 수 있습니다.

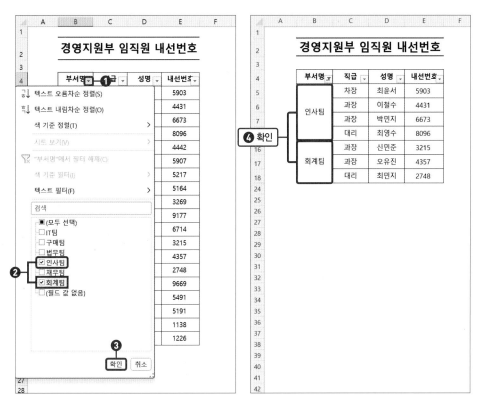

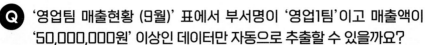

여러 항목을 한꺼번에 필터링할 수 있나요?

Q '영업팀 매출현황 (9월)' 표에서 부서명이 '영업1팀'이고 매출액이 '50,000,000원' 이상인 데이터만 자동으로 추출할 수 있을까요?

A [데이터]−[고급] 필터 기능을 이용하면 수많은 데이터에서 지정한 조건의 데이터만 추출할 수 있습니다.

▲ 엑셀마왕 특강

💡 엑셀의 [고급 필터] 기능은 복잡한 조건을 가진 데이터를 필터링하는 데 유용한 도구입니다. '고급 필터'에서 같은 행에 조건을 입력하면 AND 연산자로, 다른 행에 조건을 입력하면 OR 연산자로 작동합니다.

예시의 경우 '영업1팀'이면서 '매출액'이 5천만 원 이상 조건으로 AND 연산자가 작동하도록 동일한 행에 입력해야 합니다. 만약 '영업1팀'이거나 '매출액'이 5천만 원 이상의 조건으로 데이터를 필터링하려면 다른 행에 조건을 입력해야 OR 연산자가 작동합니다.

부서명	매출액
영업1팀	
	>=50000000

1 원하는 데이터를 추출하려면 조건을 직접 입력해야 하므로 적당한 셀에 다음의 조건을 입력합니다. 이때 조건이 다음 그림과 같이 표 형식이어야 하며 머리글은 원본 데이터와 동일해야 합니다.

부서명	매출액
영업1팀	>=50000000

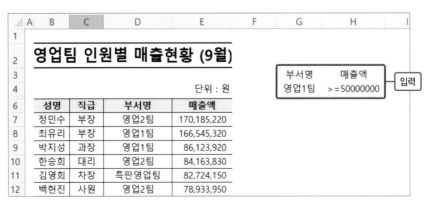

TIP '>='는 '크거나 같다'라는 의미의 비교 연산자입니다. 엑셀에서 사용하는 비교 연산자에 대한 자세한 내용은 106쪽을 참고하세요.

2 조건을 입력한 다음 [데이터]-[고급]을 차례대로 선택하여 [고급 필터] 창을 표시합니다. 여기서는 지정한 조건의 데이터를 추출할 것이므로 [결과]에서 **[다음 장소에 복사]**를 선택한 다음 [목록 범위]에 추출할 데이터가 있는 **[B6:E21]** 영역을 선택하고 [조건 범위]에 **1**에서 입력한 **[G3:H4]** 영역을 선택합니다. 마지막으로 [복사 위치]에 추출된 데이터를 가져올 셀을 선택한 다음 **[확인]**을 클릭합니다.

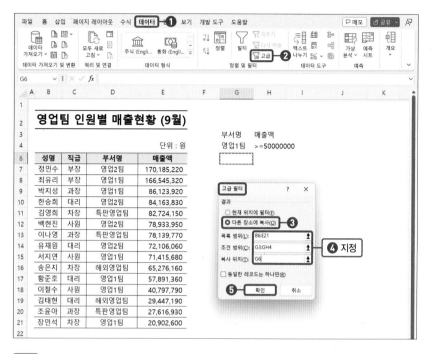

TIP

[현재 위치에 필터]가 선택된 상태에서 고급 필터를 실행하면 원본 데이터 중 지정한 조건에 해당하는 데이터만 표시됩니다.

3 **2**에서 선택한 복사 위치에 지정한 조건에 해당하는 데이터가 표시됩니다.

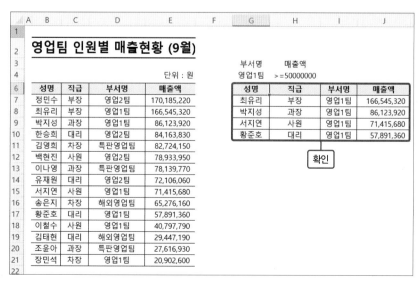

TIP

[고급 필터] 창에서 [동일한 레코드는 하나만]에 체크 표시하면 중복된 값을 제거하고 필터링할 수 있습니다.

특정 문자가 포함된 셀만 필터링할 수 있나요?

Q '수도권 거래처 리스트'에서 주소가 '서울특별시'와 '경기도'인 거래처만 필터링하고 싶어요. 원하는 텍스트가 포함된 데이터만 필터링할 수 있을까요?

A [필터]-[텍스트 필터]에서 특정 문자열이 포함된 데이터만 필터링할 수 있습니다.

1 데이터 영역([B4:F20])을 선택한 상태에서 [데이터]-[필터]를 차례대로 선택하여 필터를 삽입합니다.

TIP

데이터 영역을 선택한 상태에서 단축키 Ctrl + Shift + L 이나 Alt → D → F → F 를 차례대로 눌러도 필터를 삽입할 수 있습니다.

2 특정 텍스트가 포함된 데이터만 필터링하기 위해 [주소] 열의 필터 버튼 ▼을 클릭한 다음 **[텍스트 필터]-[사용자 지정 필터]**를 선택합니다.

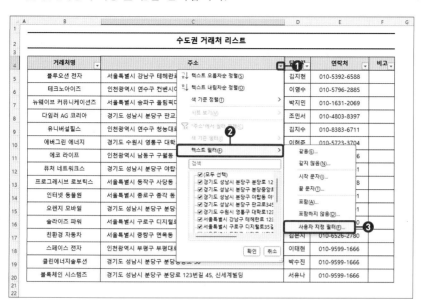

3 [사용자 지정 자동 필터] 창에 다음의 조건을 입력한 다음 **[확인]**을 클릭합니다.

- **조건: [포함], 찾을 텍스트: '서울특별시'**
- **[또는] 선택**
- **조건: [포함], 찾을 텍스트: '경기도'**

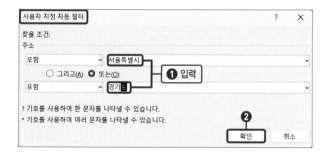

TIP

[사용자 지정 자동 필터] 창에서 [그리고] 옵션을 선택하면 두 가지 조건이 모두 일치하는 데이터가 필터링됩니다. [또는]을 선택하면 지정한 조건 중 한 가지라도 포함되는 데이터가 필터링됩니다.

4 [주소] 열의 데이터 중 '서울특별시'와 '경기도'에 해당하는 데이터만 필터링됩니다.

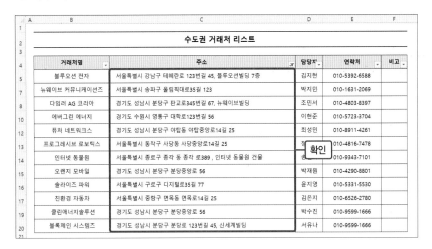

데이터를 가로 방향으로 정렬할 수 있나요?

Q 데이터가 가로로 입력된 'K마트 연도별 주요 카테고리 매출액' 표도 매출액을 오름 차순으로 정렬할 수 있을까요?

A [정렬]-[옵션]에서 정렬 방향을 선택할 수 있습니다.

1 정렬할 데이터 범위([C6:H13])를 선택한 상태에서 Alt + D + S 를 차례대로 누릅니다.

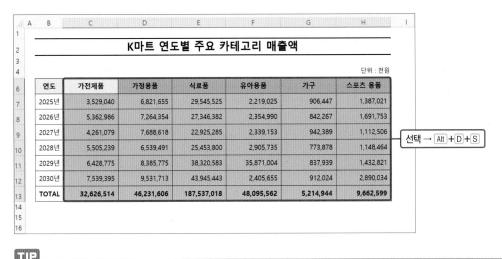

TIP

[홈]-[데이터]-[정렬]을 선택해도 [정렬] 창을 표시할 수 있습니다.

2 [정렬] 창이 표시되면 정렬 기준을 변경하기 위해 **[옵션]**을 클릭합니다.

3 [정렬 옵션] 창이 표시되면 '방향'에서 **[왼쪽에서 오른쪽]**을 선택한 다음 **[확인]**을 클릭합니다.

4 매출액의 합계(TOTAL)를 기준으로 데이터를 정렬할 것이므로 [정렬] 창에 다음과 같이 정렬 기준을 지정하고 **[확인]**을 클릭합니다.

- **[행]: [행 13]**
- **[정렬 기준]: [셀 값]**
- **[정렬]: [내림차순]**

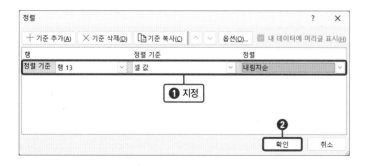

5 가로 행을 기준으로 데이터가 내림차순으로 정렬됩니다.

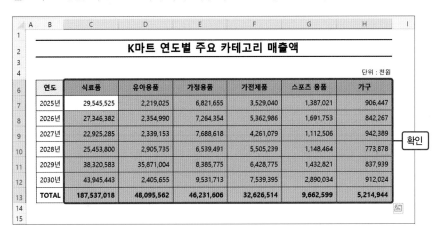

🔗 부서명 인원 | #정렬

오름차순/내림차순이 아닌 원하는 순서대로 정렬할 수 있나요?

Q 회사의 부서명을 원하는 순서대로 정렬할 수 있을까요?

A [사용자 지정 목록]을 활용하면 내가 원하는 순서대로 데이터를 정렬할 수 있어요.

1 정렬할 데이터 범위([B5:D12])를 선택한 상태에서 [데이터]-[정렬]을 선택합니다.

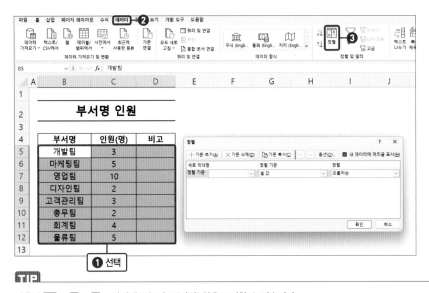

TIP

단축키 Alt → D → S를 차례대로 눌러도 [정렬] 창을 표시할 수 있습니다.

2 [정렬] 창이 표시되면 다음과 같이 정렬 기준을 지정하고 [정렬]의 **[사용자 지정 목록]**을 선택합니다.

- **[세로 막대형]: [부서명]**
- **[정렬 기준]: [셀 값]**
- **[정렬]: [사용자 지정 목록]**

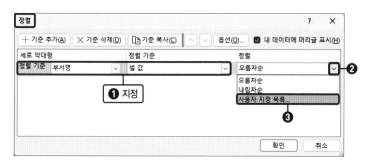

입력 | 수정

필터/정렬

TIP

정렬한 데이터 범위 중 머리글이 포함되어 있다면 [내 데이터에 머리글 표시]에 체크 표시해야 머리글을 제외한 데이터를 정렬할 수 있습니다.

3 [사용자 지정 목록] 창에서는 원하는 정렬 기준을 직접 지정할 수 있습니다. [목록 항목]에 원하는 정렬 순서를 모두 입력한 다음 **[추가]**와 **[확인]**을 차례대로 클릭합니다.

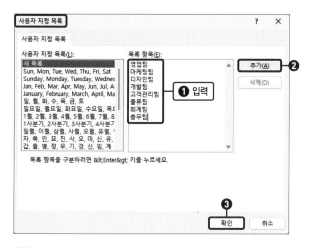

TIP

[목록 항목]에 추가하는 각 항목은 Enter나 , 로 구분할 수 있습니다.

4 [정렬] 창에 **3**에서 추가한 목록이 표시되는 것을 확인한 다음 [확인]을 클릭하면 [사용자 지정 목록] 창에 지정한 순서대로 데이터를 정렬할 수 있습니다.

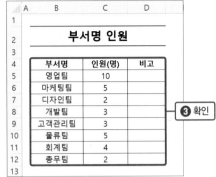

TIP

[사용자 지정 목록] 창에 입력한 항목은 [사용자 지정 목록] 항목에 저장되므로 계속 사용할 수 있습니다.

📎 5월 지점별 매출액 | #정렬

데이터를 두 가지 이상의 조건으로 정렬할 수 있나요?

Q '5월 지점별 매출액' 표를 '지역'과 '매출액'을 기준으로 정렬할 수 있을까요?

A [데이터]-[정렬] 기능으로 두 가지 이상의 기준으로 정렬하거나 원하는 순서대로 정렬 기준을 지정할 수 있습니다.

▲ 엑셀마왕 특강

1 '5월 지점별 매출액' 데이터 범위([B7:D22])를 선택한 상태에서 [데이터]-[정렬]을 차례대로 선택합니다.

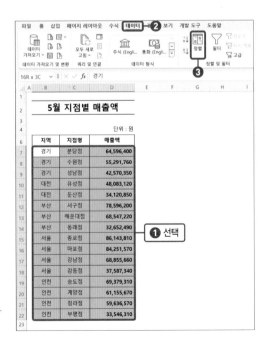

TIP

Alt → D → S를 차례대로 눌러도 [정렬] 창을 표시할 수 있습니다.

2 [정렬] 창이 표시되면 첫 번째 기준인 지역을 원하는 순서대로 정렬하기 위해 다음과 같이 정렬 기준을 지정합니다. [정렬]에서 **[사용자 지정 목록]**을 선택하면 [사용자 지정 목록] 창이 표시되므로 원하는 정렬 기준을 지정할 수 있습니다. 여기서는 '서울, 경기, 인천, 대전, 부산'의 순서로 데이터를 정렬하기 위해 다음 그림과 같이 사용자 지정 목록을 추가했습니다.

- **[세로 막대형]: [지역]**
- **[정렬 기준]: [셀 값]**
- **[정렬]: [사용자 지정 목록]** → '서울, 경기, 인천, 대전, 부산' 순 정렬

TIP

사용자 지정 목록에 대한 자세한 내용은 116쪽을 참고하세요.

3 두 번째 기준을 추가하기 위해 **[기준 추가]**를 클릭하고 다음과 같이 정렬 기준을 지정합니다. 모든 정렬 기준을 지정했으면 **[확인]**을 클릭합니다.

- **[세로 막대형]: [매출액]**
- **[정렬 기준]: [셀 값]**
- **[정렬]: [내림차순]**

TIP

머리글 영역은 정렬에서 제외할 것이므로 [정렬] 창의 [내 데이터에 머리글 표시]를 클릭하여 체크 표시합니다.

4 첫 번째 기준인 지역이 두 번째 기준인 매출액의 내림차순으로 정렬됩니다.

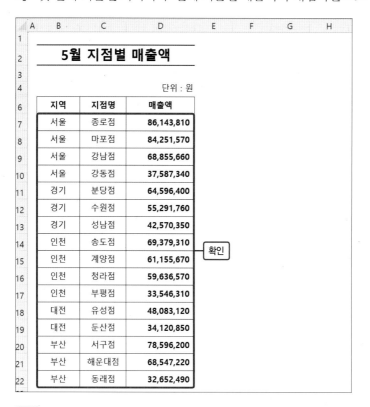

TIP

[정렬] 기능에서 최대 64개까지 정렬 기준을 추가할 수 있고 정렬 순서에 따라 우선순위가 결정됩니다.

SUMMARY!

[정렬] 창에서는 데이터를 체계적으로 정리할 수 있는 옵션을 제공합니다. 특히 대량의 데이터를 분석하거나 가공할 때 유용하며 오름차순이나 내림차순 또는 사용자가 지정한 기준에 맞춰 데이터를 정렬하여 정보를 빠르고 정확하게 파악할 수 있도록 가독성을 높이는 데 유용합니다.

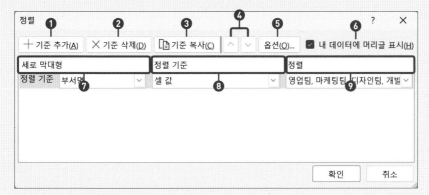

❶ **기준 추가**: 정렬할 기준을 추가합니다.

❷ **기준 삭제**: 추가한 정렬 기준을 삭제합니다.

❸ **기준 복사**: 정렬 기준을 복사합니다. 같은 조건으로 다른 데이터를 정렬할 때 유용합니다.

❹ ^ , ∨ : 정렬 기준의 순서를 변경합니다.

❺ **옵션**: 정렬 방식을 더욱 세밀하게 설정합니다. 영문자의 대소문자를 구분하거나 정렬 방향 등을 지정할 수 있습니다. 정렬 방향을 변경하는 더 자세한 방법은 60쪽을 참고하세요.

❻ **내 데이터에 머리글 표시**: 데이터의 첫 번째 행을 머리글로 인식하게 합니다.

❼ **세로 막대형**: 데이터를 세로 방향으로 정렬할 기준을 지정합니다.

❽ **정렬 기준**: 셀 값, 셀 색, 글꼴 색, 조건부 서식 아이콘 중 정렬할 데이터를 선택할 수 있습니다.

❾ **정렬**: 오름차순/내림차순이나 사용자 지정 목록 중 하나를 선택하여 정렬 방법을 지정할 수 있습니다.

찾기 및 바꾸기로
필요한 데이터만 확인하기

엑셀의 [찾기 및 바꾸기] 기능은 특정 텍스트나 값을 쉽게 찾거나 변경할 수 있게 해줍니다. [찾기]를 통해 원하는 데이터를 빠르게 검색하고 [바꾸기]를 통해 해당 데이터를 일괄적으로 수정할 수 있습니다. 특히 특정 텍스트나 잘못 입력한 값을 변경해야 할 경우에 매우 유용합니다. [찾기 및 바꾸기] 기능은 데이터의 정확성을 유지하고 데이터 입력 오류를 쉽게 수정하는 데 큰 도움이 됩니다.

📎 냉장냉동 식품 재고현황 #찾기 및 바꾸기

여러 셀에 적용된 서식을 한 번에 바꿀 수 있나요?

Q '냉장/냉동 식품 재고현황' 표를 작성하며 보관 방법에 따라 서식을 적용했는데, 여러 셀에 적용되어 있는 셀 서식을 한 번에 수정할 수 있을까요?

A [찾기 및 바꾸기] 기능으로 원하는 셀 서식으로 변경할 수 있습니다.

▲ 엑셀마왕 특강

1 변경할 서식을 찾기 위해 Ctrl+H를 눌러 [찾기 및 바꾸기] 창의 [바꾸기] 탭을 표시한 다음 찾을 조건으로 서식을 지정하기 위해 [옵션]을 클릭합니다. [바꾸기] 탭에서 [옵션]을 클릭하면 다양한 바꾸기 옵션을 설정할 수 있습니다.

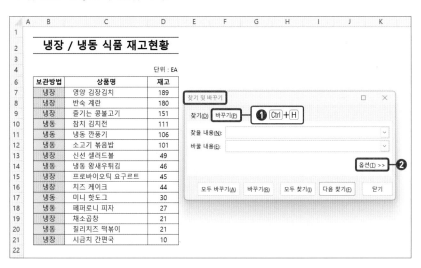

TIP

[홈]-[찾기 및 바꾸기]를 선택해도 [찾기 및 바꾸기] 창을 표시할 수 있습니다.

2 여기서는 서식을 찾아 바꿀 것이므로 [찾을 내용]의 ⌄을 클릭한 다음 **[셀에서 서식 선택]**을 선택합니다. 찾을 대상인 **[B10]** 셀을 선택하여 [찾을 내용]의 서식으로 지정합니다.

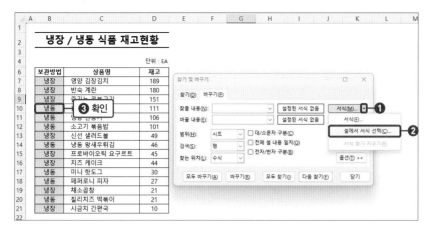

3 이번에는 [바꿀 내용]에서 ⌄을 클릭하여 변경할 서식([파란색] 채우기, [흰색] 글꼴)을 지정합니다. [찾을 내용]과 [바꿀 내용]에 각각의 서식을 지정하면 [설정된 서식 없음]에 지정한 서식이 표시됩니다. 지정한 서식을 확인한 다음 **[모두 바꾸기]**를 클릭합니다.

TIP

⌄을 클릭한 다음 [셀에서 서식 선택]을 선택하면 찾을 서식을 직접 선택할 수 있습니다.

4 **3**의 [찾을 내용]에 지정한 서식이 적용된 셀의 서식이 모두 변경됩니다.

🔗 영업 사원 3분기 매출현황 | #지우기

잠 깐 만 요

셀 내용은 그대로 두고 서식만 삭제할 수 있나요?

이미 지정한 서식을 수정해야 할 경우 데이터는 그대로 두고 서식만 삭제할 수 있습니다. 잘못 지정된 서식이나 전체 서식을 다시 지정해야 할 경우 유용하게 사용할 수 있는 기능이죠. 서식을 삭제할 영역을 선택한 상태에서 [홈]-[지우기]-[서식 지우기]를 차례대로 선택하면 선택한 영역의 내용은 그대로 둔 채 서식만 삭제할 수 있습니다. 데이터는 삭제되지 않으므로 원하는 서식을 다시 지정할 때 편리합니다.

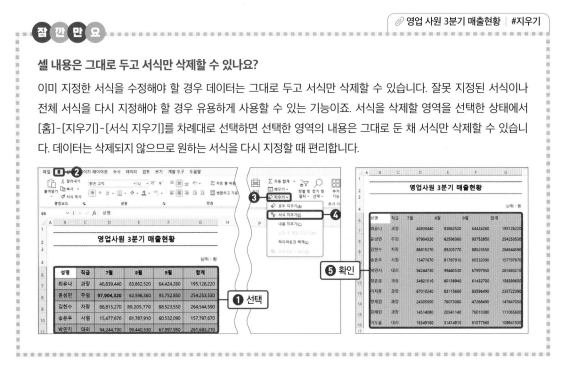

색을 채운 특정 셀의 합계를 구할 수 있나요?

Q '신용카드 사용대장' 표에서 영수증이 누락된 셀을 노란색 바탕색으로 채웠는데, 이 서식이 적용된 셀의 합계를 구할 수 있을까요?

A [찾기 및 바꾸기], [이름 상자] 기능과 SUM 함수로 간단히 구할 수 있습니다.

▲ 엑셀마왕 특강

1 [Ctrl]+[F]를 눌러 [찾기 및 바꾸기] 창의 [찾기] 탭을 표시하고 [옵션]을 클릭하면 다양한 찾기 옵션을 설정할 수 있습니다.

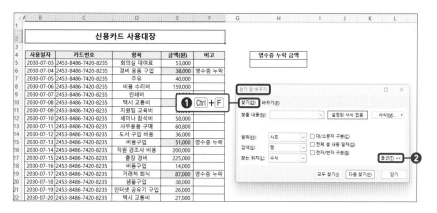

2 [찾을 내용]의 ⌄을 클릭하여 [셀에서 서식 선택]을 선택한 다음 서식이 적용되어 있는 [E6] 셀을 선택하여 찾을 서식을 지정합니다.

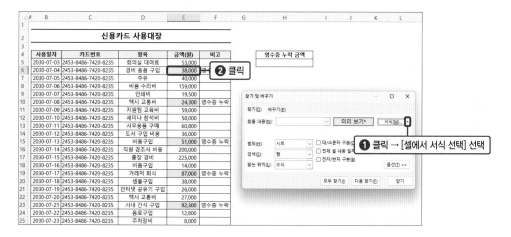

3 [찾을 내용]에 서식이 적용된 것을 확인한 다음 **[모두 찾기]**를 클릭하면 해당 서식이 적용된 셀이 목록으로 표시됩니다. 목록에서 아무 항목이나 선택한 다음 Ctrl+A를 눌러 목록에 표시된 셀을 모두 선택합니다.

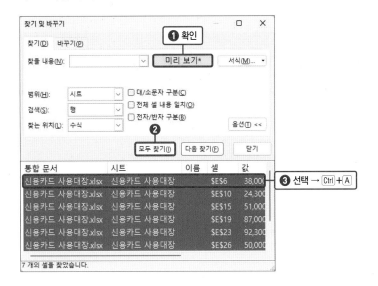

4 서식이 적용된 셀을 선택한 상태에서 이름 상자에 원하는 이름을 입력하고 Enter를 눌러 이름을 정의한 다음 [찾기 및 바꾸기] 창은 닫으세요. 여기서는 이름 상자에 '영수증누락'을 입력했습니다.

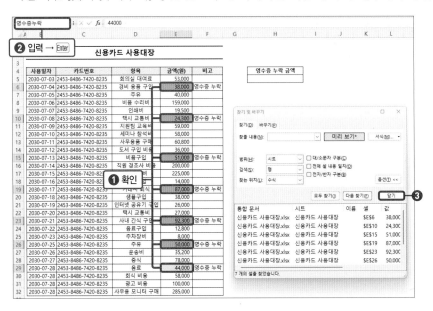

5 [H5] 셀에 다음의 함수식을 입력하고 Enter를 누릅니다.

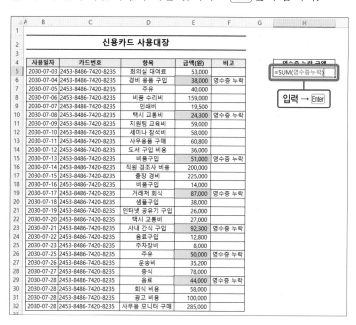

=SUM(영수증누락)

- **SUM(영수증누락)**

'영수증누락'이라는 이름으로 정의된 셀의 합계를 구합니다. 여기서는 **4**에서 선택한 영역이 '영수증누락'이라는 이름으로 정의되어 있습니다.

6 **4**에서 이름 정의한 셀의 합계가 출력됩니다.

	사용일자	카드번호	항목	금액(원)	비고
2030-07-03	2453-8486-7420-8235	회의실 대여료	53,000	
2030-07-04	2453-8486-7420-8235	경비 용품 구입	38,000	영수증 누락
2030-07-05	2453-8486-7420-8235	주유	40,000	
2030-07-06	2453-8486-7420-8235	비품 수리비	159,000	
2030-07-07	2453-8486-7420-8235	인쇄비	19,500	
2030-07-08	2453-8486-7420-8235	택시 교통비	24,300	영수증 누락
2030-07-09	2453-8486-7420-8235	지원팀 교육비	59,000	
2030-07-10	2453-8486-7420-8235	세미나 참석비	58,000	
2030-07-11	2453-8486-7420-8235	사무용품 구매	60,800	
2030-07-12	2453-8486-7420-8235	도서 구입 비용	36,000	
2030-07-13	2453-8486-7420-8235	비품구입	51,000	영수증 누락
2030-07-14	2453-8486-7420-8235	직원 경조사 비용	200,000	
2030-07-15	2453-8486-7420-8235	출장 경비	225,000	
2030-07-16	2453-8486-7420-8235	비품구입	14,000	
2030-07-17	2453-8486-7420-8235	거래처 회식	87,000	영수증 누락
2030-07-18	2453-8486-7420-8235	샘플구입	38,000	
2030-07-19	2453-8486-7420-8235	인터넷 공유기 구입	26,000	
2030-07-20	2453-8486-7420-8235	택시 교통비	27,000	
2030-07-21	2453-8486-7420-8235	사내 간식 구입	92,300	영수증 누락
2030-07-22	2453-8486-7420-8235	음료구입	12,800	
2030-07-23	2453-8486-7420-8235	주차장비	8,000	
2030-07-25	2453-8486-7420-8235	주유	50,000	영수증 누락
2030-07-26	2453-8486-7420-8235	운송비	35,200	
2030-07-27	2453-8486-7420-8235	중식	78,000	
2030-07-28	2453-8486-7420-8235	음료	44,000	영수증 누락
2030-07-28	2453-8486-7420-8235	회식 비용	58,000	
2030-07-28	2453-8486-7420-8235	광고 비용	100,000	
2030-07-28	2453-8486-7420-8235	사무용 모니터 구매	285,000	

신용카드 사용대장

영수증 누락 금액
386,600

확인

데이터 범위를 선택한 상태에서 이름 상자에 원하는 이름을 입력하고 `Enter`를 누르면 선택한 영역에 이름을 지정할 수 있으며 이렇게 정의한 이름은 [수식]-[이름 관리자]에서 확인할 수 있습니다. [이름 관리자] 기능은 특정 셀이나 셀 범위에 고유한 이름을 할당하여 참조를 용이하게 하는 기능입니다. 사용자가 지정한 범위에 이름을 할당하면 함수나 수식을 사용할 때 셀 주소 대신 이용할 수 있으며 대량의 데이터를 가공할 때 작업 시간을 단축하는 데 도움이 됩니다.

❶ **새로 만들기**: [새 이름] 창을 표시하여 원하는 이름을 정리하고 설명을 추가할 수 있습니다. [새 이름] 창에 정의한 이름의 정보(이름, 범위, 설명, 참조 대상)는 모두 [이름 관리자] 창에서 확인할 수 있습니다.

❷ **편집**: 정의된 이름을 편집할 수 있습니다.

❸ **삭제**: 정의된 이름을 삭제할 수 있습니다.

❹ **필터**: 정의한 이름을 다양한 조건으로 필터링할 수 있습니다.

이름을 지정한 이후 변경되는 것은 자동으로 업데이트되지 않아 새로운 이름으로 다시 지정해야 합니다. 이름 상자에 이름을 지정할 때 '영수증 누락'과 같이 공란이 포함된 이름은 지정할 수 없으므로 공란 대신 언더바(_)를 공란으로 대신할 수 있습니다.

마침표로 구분한 연월일을 날짜 형식으로 변경할 수 있나요?

Q '영업부서 입사일 정보' 표에서 연월일을 마침표로 구분했더니 텍스트 형식으로 인식됩니다. '입사일' 데이터를 날짜 형식으로 변경하고 연월일을 마침표로 구분할 수 있을까요?

A [찾기 및 바꾸기]와 [셀 서식]을 사용하면 텍스트로 입력한 데이터를 날짜 형식으로 변경하여 원하는 형식으로 표시할 수 있습니다.

💡 예제의 경우 입사일 데이터가 날짜 서식이 아니어도 문제가 되지는 않습니다. 입사일 정보를 기준으로 오름차순/내림차순 정렬도 할 수 있죠. 하지만 엑셀에서는 데이터를 특성에 맞게 입력해야 효율적으로 관리할 수 있습니다. 날짜의 경우 날짜 형식으로 입력해야 연도별, 월별, 일별로 필터링이나 정렬을 할 수 있고 날짜 계산이나 날짜 추출 등도 할 수 있어서 데이터 분석과 관리를 효율적이고 정확하게 할 수 있습니다.

1 날짜가 텍스트 형식으로 입력되어 있는 '입사일'을 날짜 형식의 데이터로 변경하기 위해 **[E5:E14]** 영역을 선택한 상태에서 Ctrl + H를 눌러 [찾기 및 바꾸기] 창의 [바꾸기] 탭을 표시합니다.

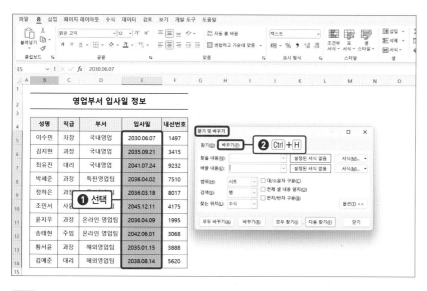

TIP

[홈]-[찾기 및 선택]-[바꾸기]를 차례대로 선택해도 [찾기 및 바꾸기] 창을 표시할 수 있습니다.

2 [찾을 내용]에 '.'를 입력하고 [바꿀 내용]에 '-'을 입력한 다음 **[모두 바꾸기]**를 클릭합니다. 찾기 및 바꾸기로 변경된 항목의 개수가 표시된 메시지 창의 **[확인]**을 클릭하고 [찾기 및 바꾸기] 창의 **[닫기]**를 클릭합니다.

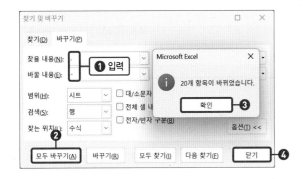

3 [E5:E14] 영역에 입력된 '.'가 '-'으로 변경되어 텍스트 형식의 데이터가 날짜 형식으로 인식됩니다.

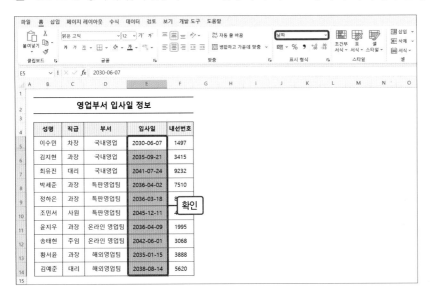

4 이번에는 날짜 형식을 원하는 형식으로 변경해 보겠습니다. [E5:E14] 영역을 선택한 상태에서 Ctrl+1을 눌러 [셀 서식] 창을 표시합니다. **[표시 형식]** 탭의 [범주]에서 **[사용자 지정 서식]**을 선택하고 [형식]에 'YYYY.M.D'을 입력한 다음 **[확인]**을 클릭합니다.

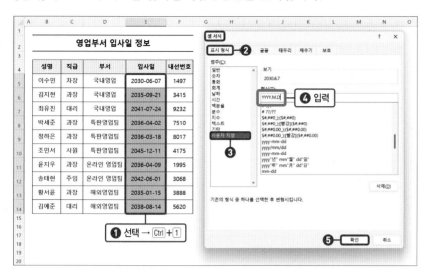

5 날짜 데이터가 원하는 '####.#.#'의 형식으로 표시됩니다.

성명	직급	부서	입사일	내선번호
이수민	차장	국내영업	2030-06-07	1497
김지현	과장	국내영업	2035-09-21	3415
최유진	대리	국내영업	2041-07-24	9232
박세준	과장	특판영업팀	2036-04-02	7510
정하은	과장	특판영업팀	2036-03-18	8017
조민서	사원	특판영업팀	2045-12-11	4175
윤지우	과장	온라인 영업팀	2036-04-09	1995
송태현	주임	온라인 영업팀	2042-06-01	3068
황서윤	과장	해외영업팀	2035-01-15	3888
김예준	대리	해외영업팀	2038-08-14	5620

▲ YYYY-MM-DD

성명	직급	부서	입사일	내선번호
이수민	차장	국내영업	2030.6.7	1497
김지현	과장	국내영업	2035.9.21	3415
최유진	대리	국내영업	2041.7.24	9232
박세준	과장	특판영업팀	2036.4.2	7510
정하은	과장	특판영업팀	2036.3.18	8017
조민서	사원	특판영업팀	2045.12.11	4175
윤지우	과장	온라인 영업팀	2036.4.9	1995
송태현	주임	온라인 영업팀	2042.6.1	3068
황서윤	과장	해외영업팀	2035.1.15	3888
김예준	대리	해외영업팀	2038.8.14	5620

▲ YYYY.MM.DD

[찾기 및 바꾸기] 기능은 엑셀 문서 내 특정 텍스트나 데이터를 찾아 원하는 내용으로 수정할 때 유용합니다. [찾기 및 바꾸기]를 활용하면 대량의 데이터 중 원하는 단어나 숫자를 쉽게 찾아 일괄적으로 수정할 수 있으며 특정 서식이 적용된 셀을 찾아 다른 서식으로 수정할 수 있어 데이터의 수정이나 업데이트 작업 시간을 단축할 수 있습니다.

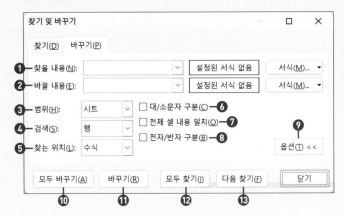

❶ **찾을 내용**: 찾고자 하는 값이나 텍스트를 입력합니다.

- **서식**: 찾고자 하는 텍스트, 숫자 또는 서식을 입력하는 곳으로, 특정 색상으로 채워진 셀을 찾고 싶다면 해당 색상으로 채워진 셀을 선택하고 [서식]을 클릭하여 [셀 서식 복사]를 선택합니다. 이렇게 하면 색상 서식이 [찾을 내용]에 적용되면서 해당 서식을 가진 셀을 찾을 수 있고 [서식]에서 직접 서식을 지정하여 찾을 수 있습니다.

❷ **바꿀 내용**: 입력한 찾은 내용을 바꾸고 싶은 값이나 텍스트를 입력합니다.

- **서식**: 찾은 내용을 바꾸고자 하는 새로운 텍스트, 숫자 또는 서식을 입력하는 곳입니다. [찾을 내용]과 마찬가지로 [서식]을 클릭하고 [셀 서식 복사]를 선택하여 서식을 입력하거나 [서식]에서 직접 바꿀 서식을 지정할 수 있습니다. 이렇게 하면 찾은 셀의 서식을 새로운 서식으로 바꿀 수 있습니다.

❸ **범위**: 찾고자 하는 범위를 선택합니다. [시트]를 선택하면 현재 시트의 모든 셀에서 찾고 [워크북]을 선택하면 열려 있는 모든 시트에서 찾습니다.

❹ **검색**: [행]을 선택하면 행 방향으로 찾고 [열]을 선택하면 열 방향으로 찾습니다.

❺ **찾는 위치**: 찾는 위치를 선택합니다. [값]을 선택하면 셀의 값을 기준으로 찾고 [서식]을 선택하면 셀의 서식을 기준으로 찾습니다.

❻ **대/소문자 구분**: 체크 표시하면 영문자의 대소문자를 구분하여 찾습니다.

❼ **전체 셀 내용 일치**: 체크 표시하면 셀의 전체 내용이 입력한 값과 정확히 일치하는 경우에만 찾습니다.

❽ **전자/반자 구분**: 문자를 입력하는 기본값은 반자로 되어 있고 전자로 입력한 문자를 찾을 경우에는 체크 표시하여 찾습니다.

❾ **옵션**: [찾기] 및 [바꾸기] 옵션을 더 보거나 숨깁니다.

❿ **모두 바꾸기**: 찾은 모든 내용을 [바꿀 내용]으로 한 번에 바꿉니다.

⓫ **바꾸기**: 찾은 내용 중 현재 선택한 것 하나만 [바꿀 내용]으로 바꿉니다.

⓬ **모두 찾기**: 입력한 [찾을 내용]이 있는 모든 셀을 목록으로 보여줍니다.

⓭ **다음 찾기**: 입력한 [찾을 내용]이 있는 다음 셀을 찾습니다.

모르는 한자를 한글로 변환할 수 있나요?

Q 음훈을 모르는 한자를 한글로 변환하고 싶은데 한자를 직접 입력하여 찾거나 변환할 수 있을까요?

A 문자 입력 도구인 **확장 입력기**로 직접 한자를 입력할 수 있습니다.

1 한글로 변경할 '(株)'가 포함된 **[C5:C12]** 영역을 선택한 상태에서 Ctrl+H 를 눌러 [찾기 및 바꾸기] 창의 [바꾸기] 탭을 표시합니다.

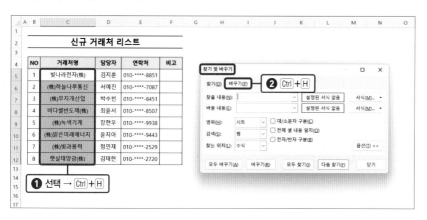

2 [찾을 내용]에 여는 괄호 '('를 입력합니다.

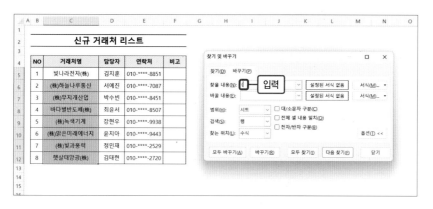

3 찾을 한자를 직접 입력하기 위해 윈도우 작업 표시줄의 **[언어(한국어) 입력 모드]**를 마우스 오른쪽 버튼으로 클릭한 다음 **[확장 입력기]**를 선택합니다.

4 [확장 입력기] 창이 표시되면 필기 인식 입력 탭에 마우스 왼쪽 버튼을 클릭하여 한자를 그려넣습니다. 오른쪽 창에 한자가 검색되면 음훈을 모르더라도 검색된 한자 위에 마우스 포인터를 올려놓고 그려 넣은 한자의 음훈을 확인할 수 있습니다. 입력한 한자와 같은 **[株]**를 클릭하면 [찾기 및 바꾸기] 창의 [찾을 내용]에 해당 한자가 입력됩니다.

5 [찾을 내용]에 '(株'가 입력된 것을 확인한 다음 ')'를 입력합니다. 이번에는 [바꿀 내용]에 '(주)'를 입력한 다음 **[모두 바꾸기]**를 클릭하면 음훈을 알 수 없었던 **(株)**가 **(주)**로 변경됩니다. 메시지 창의 **[확인]**을 클릭하고 [찾기 및 바꾸기] 창에서 **[닫기]**를 클릭해 완료합니다.

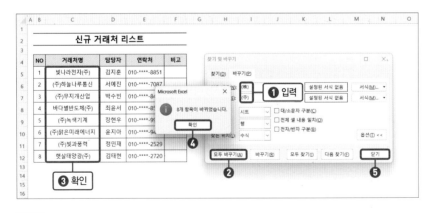

TIP
입력/수정한 한자의 음훈을 알고 있다면 [한자]를 눌러 한자를 입력하고 음훈을 모를 경우 [확장 입력기]를 사용하면 됩니다.

자동 합계 단축키는 Alt + = 아닌가요?

자동 합계의 단축키를 Alt + = 로 알고 있다면 반은 맞고 반은 틀렸습니다. Alt + = 는 영문 키보드에서만 사용할 수 있는 자동 합계 단축키로, 한글 키보드에서 Alt + = 를 입력하면 다음 그림과 같이 영어 입력이 전자/반자로 변경됩니다.

한글 키보드에서 단축키로 자동 합계를 실행하려면 Alt → H → U → S 를 차례대로 눌러야 합니다. 만약 단축키 Alt + = 를 눌러 영문이 전자로 입력된다면 다시 Alt + = 를 눌러도 아무것도 실행되지 않습니다. 영문 상태에서 Alt + = 를 누르면 영어를 입력할 경우 다음 그림과 같이 전자/반자로 변경됩니다.

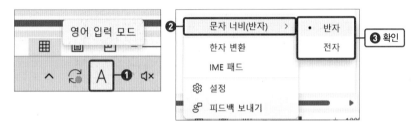

[자동 합계] 기능을 단축키로 지정하려면 20쪽의 실습과 같이 빠른 실행 도구 모음에 추가해 보세요.

이동 옵션으로
빠르게 수정하기

엑셀의 [이동 옵션] 기능은 특정 셀, 행, 열 등을 원하는 위치로 빠르고 효과적으로 이동하는 기능입니다. [이동 옵션] 기능을 활용하면 데이터의 위치를 일일이 변경하는 수작업을 줄일 수 있습니다. 그리고 불필요한 데이터를 다른 위치로 이동하거나 중요한 데이터를 우선적으로 보여주는 등의 작업으로 데이터의 구조를 재조정하여 가독성을 높이고 매우 유용하게 분석할 수 있습니다.

🔗 주간 의류 판매 데이터 | #이동 옵션

빈 셀에 원하는 데이터를 한 번에 입력할 수 있나요?

Q '주간 의류 판매 데이터' 표에서 판매 데이터가 없는 빈 셀만 선택하여 원하는 값을 한 번에 입력할 수 있을까요?

A [이동 옵션] 창에서 [빈 셀]을 선택하면 데이터가 없는 셀만 선택하여 원하는 값을 한 번에 입력할 수 있습니다.

1 빈 셀을 포함한 '일자별 판매 수량' 데이터 영역([D8:J27])을 선택한 상태에서 [홈]-[찾기 및 선택]-[이동 옵션]을 차례대로 선택합니다.

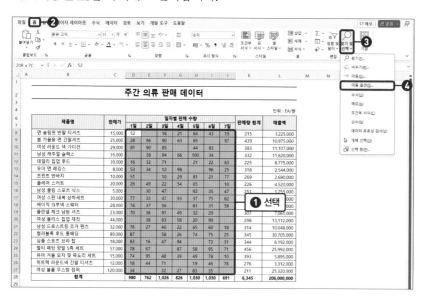

TIP

F5 또는 Ctrl+G를 누른 다음 [옵션]을 클릭해도 [이동 옵션] 창을 표시할 수 있습니다.

2 [이동 옵션] 창이 표시되면 [종류]에서 **[빈 셀]**을 선택하고 **[확인]**을 클릭합니다.

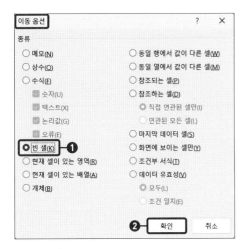

3 선택한 영역에서 빈 셀만 선택됩니다.

제품명	판매가	일자별 판매 수량							판매량 합계	매출액
		1일	2일	3일	4일	5일	6일	7일		
면 슬림핏 반팔 티셔츠	15,000	52	0	16	21	64	43	19	215	3,225,000
봄 가을용 면 긴팔셔츠	25,000	28	96	90	63	65		97	439	10,975,000
여성 라운드 넥 가디건	29,000	81	90	85		44	83		383	11,107,000
남성 캐주얼 슬랙스	35,000		38	94	66	100	34		332	11,620,000
데일리 집업 후드	39,000	16	32	71		21	22	63	225	8,775,000
유아 면 레깅스	8,000	53	34	12	98		96	25	318	2,544,000
프린트 반바지	10,000	51		10	29	81	21	77	269	2,690,000
플레어 스커트	20,000	26	49	22	54	65		10	226	4,520,000
남성 쿨링 스포츠 삭스	5,000		30	47		92	35	47	251	1,255,000
여성 스판 내복 상하세트	30,000	77	33	47	93	37	75	62		12,720,000
베이직 크루넥 스웨터	28,000	76	37	56		61	31	58		8,932,000
플란넬 체크 남방 셔츠	23,000	70	36	91	49	32	29		307	7,061,000
여성 플리스 집업 재킷	44,000		38	83	58	20	99		298	13,112,000
남성 드로스트링 조거 팬츠	32,000	76	27	46	22	65	60	18	314	10,048,000
컬러블록 후드 롱패딩	89,000	87		58	26	74	75	25	345	30,705,000
심플 스포츠 브라 탑	18,000	83	16	47	94		73	31	344	6,192,000
멀티 패턴 양말 5족 세트	57,000	78	67		87	58	95	71	456	25,992,000
유아 겨울 모자 및 목도리 세트	15,000	74	95	48	39	49	78	10	393	5,895,000
히트텍 라운드넥 긴팔 티셔츠	12,000	18	44	71		19	46	78	276	3,312,000
여성 볼륨 무스탕 점퍼	120,000	34		32	27	83	35		211	25,320,000
합계		980	762	1,026	826	1,030	1,030	691	6,345	206,000,000

4 빈 셀이 선택된 상태에서 '0'을 입력하여 현재 선택된 빈 셀 중 가장 왼쪽 위에 있는 **[E8]** 셀에 '0'이 입력된 것을 확인한 다음 Ctrl + Enter 를 누르면 빈 셀에 '0'이 일괄적으로 입력됩니다.

🔗 주간 의류 판매 데이터 | #설정

빈 셀에 원하는 데이터를 입력하는 또 다른 방법이 있나요?

[이동 옵션]이 아닌 또 다른 방법으로 빈 셀에 일괄로 데이터를 입력할 수 있습니다. 빈 셀이 포함된 데이터 범위를 선택한 상태에서 Alt + H 를 눌러 [찾기 및 바꾸기] 창의 [바꾸기] 탭을 표시한 다음 [찾을 내용]은 그대로 두고 [바꿀 내용]에 '0'을 입력하고 [모두 바꾸기]를 클릭해도 비어 있는 셀을 '0'으로 변경할 수 있습니다.

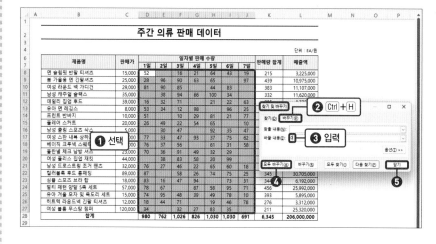

데이터가 비어 있는 행을 한 번에 삭제할 수 있나요?

Q 인터넷에서 다운로드한 '월별가격조사결과(품목별)' 표를 편집하는데 데이터가 없는 비어 있는 행을 한 번에 삭제할 수 있을까요?

A [이동 옵션] 창에서 [빈 셀]을 선택하면 빈 행을 한 번에 삭제할 수 있습니다.

입력 ┆ 수정

1 빈 행을 포함한 데이터 영역([A4:A41])을 선택한 상태에서 F5 를 눌러 [이동] 창을 표시한 다음 [옵션]을 클릭합니다.

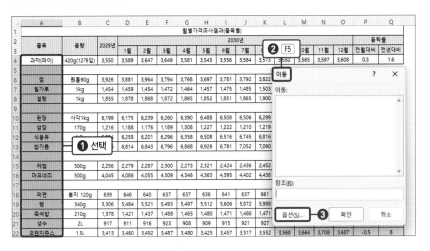

2 [이동 옵션] 창에서 [종류]의 [빈 셀]을 선택하고 [확인]을 클릭합니다.

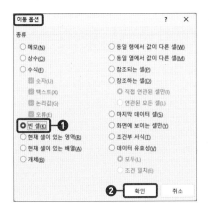

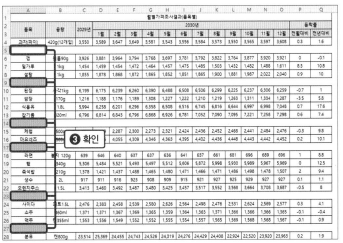

3 지정된 범위 중 빈 셀이 자동으로 선택되면 `Ctrl`+`-`를 누릅니다. [삭제] 창이 표시되면 비어 있는 행 전체를 삭제할 것이므로 **[행 전체]**를 선택한 다음 **[확인]**을 클릭합니다.

	품목	용량	2029년	1월	2월	3월	4월	5월	6월	7월	8월	9월	10월	11월	12월	전월대비	전년대비
4	과자(파이)	420g(12개입)	3,550	3,589	3,647	3,649	3,581	3,543	3,556	3,584	3,573	3,550	3,565	3,597	3,608	0.3	1.6
5																	
6	껌	원통90g	3,926	3,881	3,964	3,794	3,768	3,697	3,781	3,792	3,822	3,764	3,877	3,920	3,921	0	-0.1
7	밀가루	1kg	1,454	1,459	1,454	1,472	1,464	1,457	1,475	1,485	1,503	1,432	1,482	1,488	1,611	8.3	10.8
8	설탕	1kg	1,855	1,878	1,868	1,872	1,865	1,852	1,851	1,865	1,900	1,881	1,987	2,022	2,040	0.9	10
9																	
10	된장	사각1kg	6,199	6,175	6,239	6,260	6,390	6,488	6,508					6,259	-0.7	1	
11	쌈장	170g	1,216	1,188	1,176	1,189	1,308	1,227	1,222	1,21				1,287	-3.5	5.8	
12	식용유	1.8L	5,994	6,258	6,201	6,296	6,358	6,508	6,516	674				7,048	0.7	17.6	
13	참기름	320ml	6,796	6,814	6,843	6,796	6,868	6,926	6,781	7,05				7,298	0.6	7.4	
14																	
15	케첩	500	2,256	2,279	2,287	2,300	2,273	2,321	2,424	2,43				2,476	-0.3	9.8	
16	마요네즈	50		4,055	4,309	4,346	4,363	4,395	4,40					4,452	0.2	10.1	
17																	
18	라면	봉지 120g	639	646	640	637	637	636	641	63				696	1	8.8	
19	햄	340g	5,306	5,484	5,521	5,493	5,497	5,512	5,606	5,87				5,969	0	12.5	
20	즉석밥	210g	1,378	1,421	1,437	1,488	1,465	1,480	1,471	1,466	147	1,486	1,498	1,478	1,507	2	9.4
21	생수	2L	917	911	916	923	908	909	915	921	927	925	929	927	927	0.1	1.1
22	오렌지주스	1.5L	3,413	3,460	3,492	3,487	3,480	3,425	3,457	3,517	3,552	3,568	3,664	3,708	3,687	-0.5	8
23																	
24	사이다	페트1.5L	2,476	2,383	2,458	2,539	2,580	2,626	2,564	2,498	2,476	2,531	2,624	2,569	2,577	0.3	4.1
25	소주	360ml	1,371	1,371	1,367	1,369	1,365	1,359	1,364	1,363	1,371	1,366	1,366	1,366	1,365	-0.1	-0.4
26	맥주	캔355ml	1,553	1,556	1,549	1,552	1,552	1,555	1,554	1,557	1,565	1,569	1,568	1,568	1,567	-0.1	0.9
27																	
28	분유	캔800g	23,514	25,369	24,455	24,743	24,526	24,319	24,276	24,429	24,408	22,924	22,520	23,920	23,963	0.2	1.9
29	시리얼	600g	5,153	5,190	5,165	5,107	5,068	5,118	5,094	5,251	5,171	5,123	4,995	5,158	5,186	0.5	0.6

[삭제] 대화상자
삭제
- ○ 셀을 왼쪽으로 밀기(L)
- ○ 셀을 위로 밀기(U)
- ◉ 행 전체(R) ❷
- ○ 열 전체(C)

[확인] ❸ [취소]

❶ `Ctrl` + `-`

TIP

빈 셀을 마우스 오른쪽 버튼으로 클릭한 다음 [삭제]를 선택해도 됩니다.

4 빈 셀이 포함된 행 전체가 삭제되고 데이터가 있는 셀만 남습니다.

	품목	용량	2029년	1월	2월	3월	4월	5월	6월	7월	8월	9월	10월	11월	12월	전월대비	전년대비
4	과자(파이)	420g(12개입)	3,550	3,589	3,647	3,649	3,581	3,543	3,556	3,584	3,573	3,550	3,565	3,597	3,608	0.3	1.6
5	껌	원통90g	3,926	3,881	3,964	3,794	3,768	3,697	3,781	3,792	3,822	3,764	3,877	3,920	3,921	0	-0.1
6	밀가루	1kg	1,454	1,459	1,454	1,472	1,464	1,457	1,475	1,485	1,503	1,432	1,482	1,488	1,611	8.3	10.8
7	설탕	1kg	1,855	1,878	1,868	1,872	1,865	1,852	1,851	1,865	1,900	1,881	1,987	2,022	2,040	0.9	10
8	된장	사각1kg	6,199	6,175	6,239	6,260	6,390	6,488	6,508	6,506	6,299	6,225	6,237	6,306	6,259	-0.7	1
9	쌈장	170g	1,216	1,188	1,176	1,189	1,308	1,227	1,222	1,210	1,219	1,263	1,311	1,334	1,287	-3.5	5.8
10	식용유	1.8L	5,994	6,258	6,201	6,296	6,358	6,508	6,516	6,745	6,816	6,644	6,997	6,998	7,048	0.7	17.6
11	참기름	320ml	6,796	6,814	6,843	6,796	6,868	6,926	6,781	7,052	7,090	7,095	7,221	7,258	7,298	0.6	7.4
12	케첩	500g	2,256	2,279	2,287	2,300	2,273	2,321	2,424	2,436	2,452	2,468	2,441	2,484	2,476	-0.3	9.8
13	마요네즈	500g	4,045	4,086	4,055	4,309	4,346	4,363	4,395	4,402	4,436	4,448	4,443	4,442	4,452	0.2	10.1
14	라면	봉지 120g	639	646	640	637	637	636	641	637	661	681	696	689	696	1	8.8
15	햄	340g	5,306	5,484	5,521	5,493	5,497	5,512	5,606	5,872	5,998	5,930	5,989	5,967	5,969	0	12.5
16	즉석밥	210g	1,378	1,421	1,437	1,488	1,465	1,480	1,471	1,466	1,471	1,486	1,498	1,478	1,507	2	9.4
17	생수	2L	917	911	916	923	908	909	915	921	927	925	929	927	927	0.1	1.1
18	오렌지주스	1.5L	3,413	3,460	3,492	3,487	3,480	3,425	3,457	3,517	3,552	3,568	3,664	3,708	3,687	-0.5	8
19	사이다	페트1.5L	2,476	2,383	2,458	2,539	2,580	2,626	2,564	2,498	2,476	2,531	2,624	2,569	2,577	0.3	4.1
20	소주	360ml	1,371	1,371	1,367	1,369	1,365	1,359	1,364	1,363	1,371	1,366	1,366	1,366	1,365	-0.1	-0.4
21	맥주	캔355ml	1,553	1,556	1,549	1,552	1,552	1,555	1,555	1,557	1,565	1,569	1,568	1,568	1,567	-0.1	0.9
22	분유	캔800g	23,514	25,369	24,455	24,743	24,526	24,319	24,276	24,429	24,408	22,924	22,520	23,920	23,963	0.2	1.9
23	시리얼	600g	5,153	5,190	5,165	5,107	5,068	5,118	5,094	5,251	5,171	5,123	4,995	5,158	5,186	0.5	0.6
24	어묵	300g	2,026	2,016	2,025	2,048	2,021	2,013	2,009	2,024	1,992	2,017	2,031	2,116		4.2	4.5
25	맛살	300g	2,238	2,242	2,216	2,243	2,242	2,265	2,277	2,251	2,247	2,191	2,221	2,231	2,254	2,247	-0.3	0.4
26	계란	1판(30개)	5,103	7,124	8,542	8,032	8,001	8,813	9,204	9,104	8,340	7,697	7,172	7,035	7,229	2.8	41.7
27	두부	300g	2,408	3,274	3,447	3,460	3,469	3,471	3,347	3,341	3,430	3,470	3,416	3,385	3,417	1	41.9
28	우유	종이팩1L	2,742	2,717	2,717	2,716	2,727	2,717	2,732	2,738	2,762	2,889	2,890	0	5.4			
29	냉동만두	1,000g	9,290	8,337	8,323	8,241	8,265	8,283	8,354	8,384	8,357	8,269	8,344	8,322	8,249	-0.9	-11.2
30	두루마리화장지	35m²×24롤	20,237	20,320	20,501	20,515	20,598	20,745	20,484	20,833	21,395	21,520	21,886	21,909	22,293	1.8	10.2
31	생리대	18개입	5,610	5,445	5,478	5,551	5,535	5,517	5,640	5,594	5,552	5,691	5,588	5,522	5,739	3.9	2.3
32	참무	500ml	6,699	7,032	7,075	7,014	6,883	6,735	6,793	6,951	6,978	6,931	6,904	6,810	6,657	-2.2	-0.6
33	참치 캔	100g	1,826	1,815	1,793	1,826	1,780	1,789	1,817	1,838	1,857	1,852	1,770	1,784	1,769	-0.9	-3.1

확인

숨겨진 셀을 제외하고 보이는 셀만 복사/붙여넣기할 수 있나요?

Q 숨겨진 셀이 있는 '상품별 재고현황' 표 데이터에서 화면에 보이는 셀만 복사/붙여넣기할 수 있을까요?

A **[이동 옵션] 창의 [화면에 보이는 셀만]**을 선택하면 숨겨진 셀을 제외하고 화면에 보이는 셀만 복사/붙여넣기할 수 있습니다.

💡 '상품별 재고현황' 표에는 '특이사항'에 '품절'이 입력된 행이 숨겨져 있습니다. 이렇게 숨겨진 셀이 있는 영역을 복사/붙여넣기하면 숨겨진 셀까지 복사되므로 숨겨진 셀을 하나씩 삭제하거나 다시 숨겨야 하죠. 이럴 땐 [이동 옵션]을 활용해 보세요.

1 데이터 영역([B6:E24])을 선택한 상태에서 [이동 옵션] 창을 표시한 다음 [종류]에서 **[화면에 보이는 셀만]**을 선택하고 **[확인]**을 클릭합니다.

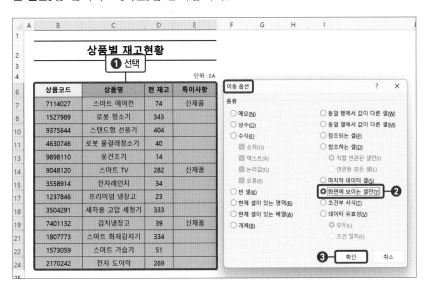

TIP

데이터 영역을 선택한 상태에서 Alt + ; 을 눌러도 보이는 셀만 선택할 수 있습니다. F5 를 누르면 표시되는 [이동] 창에서 [옵션]을 클릭하여 [이동 옵션] 창을 표시할 수 있습니다.

2 달라진 것이 없는 것 같지만 현재 선택된 영역을 복사한 다음 원하는 셀에 데이터를 붙여넣으면 화면에 보이는 셀만 붙여넣기된 것을 확인할 수 있습니다.

 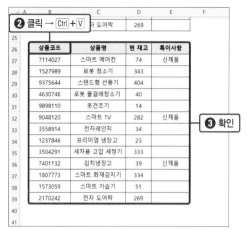

📎 일자별 거래내역 | #이동

행/열 전체를 간편하게 옮길 수 있나요?

Q '일자별 거래내역' 표에서 행/열을 빠르게 옮길 수 있는 방법이 있을까요?

A Shift를 활용하면 선택한 행/열을 원하는 위치로 빠르게 옮길 수 있습니다.

💡 엑셀 작업 중 행/열 전체를 다른 열로 옮기려면 어떻게 해야 할까요? 가장 간단한 방법은 옮겨야 하는 행/열을 복사한 다음 원하는 위치에 붙여넣는 것이지만, 행과 행의 사이나 열과 열 사이로 옮기려면 새로운 행/열을 삽입한 다음 복사/붙여넣기를 실행해야 하므로 번거롭습니다. 특정 행/열을 행과 행 사이나 열과 열 사이로 옮길 때 Shift를 활용해 보세요. 여기서는 [합계] 열과 순서가 잘못 입력된 [날짜] 열을 빠르게 옮기는 방법에 대해 알아보겠습니다.

1 [합계] 열([D6:D30])을 선택한 다음 Shift를 누른 상태에서 [부가세] 열 옆으로 드래그하면 굵은 선이 표시됩니다. 이 상태에서 마우스 버튼에서 손을 떼면 열 범위 전체를 쉽게 옮길 수 있습니다.

2 이번에는 순서가 잘못 입력된 '09월 15일' 행([B16:F16])을 선택한 다음 **1**과 같은 방법으로 드래그합니다.

3 1~2와 같은 방법으로 Shift 를 누른 상태에서 선택 범위를 드래그하면 원하는 위치로 데이터를 옮길 수 있지만 예제와 같이 병합된 셀이 있다면 다음과 같은 오류 메시지 창이 표시됩니다.

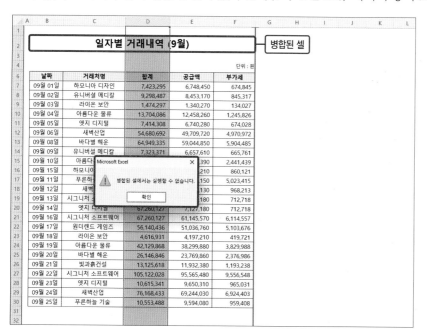

4 이럴 땐 셀 병합을 해제한 다음 Ctrl+1을 눌러 [셀 서식] 창을 표시하고 **[맞춤]** 탭의 **[텍스트 맞춤]**에서 **[가로]**의 **[선택 영역의 가운데로]**를 선택하세요.

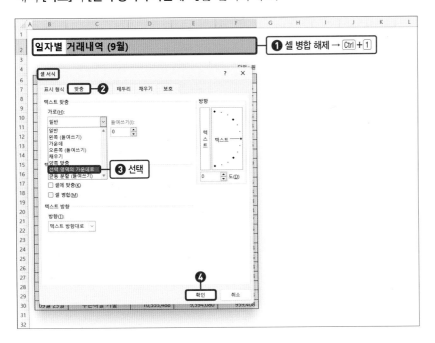

5 **[선택한 영역의 가운데로]**를 설정하면 셀을 병합하지 않고도 선택한 범위의 가운데에 텍스트를 정렬할 수 있습니다. 셀 서식을 **[선택 영역의 가운데로]**로 변경했으면 **[D]** 열 전체를 Ctrl+X로 잘라내고 **[G]** 열을 마우스 오른쪽 버튼으로 클릭한 다음 **[잘라낸 셀 삽입]**을 선택하여 열 전체를 이동합니다.

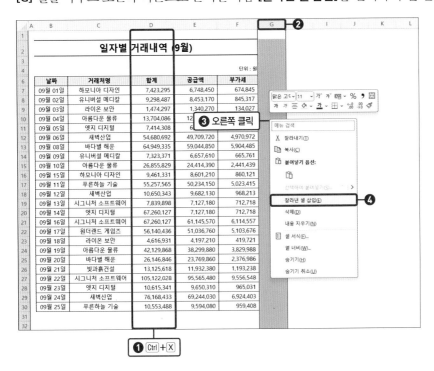

행/열을 간편하게 삽입할 수 있나요?

Shift 를 누른 상태에서 특정 행/열을 드래그하면 원하는 위치에 옮겨넣을 수 있습니다. 하지만 다음 그림과 같이 [제품명] 열과 [창고A] 열 사이에 [단가] 열과 [재고합계] 열을 추가하려면 어떻게 해야 할까요? 이럴 땐 삽입 단축키(Ctrl + +)를 활용해 보세요.

열을 삽입할 범위를 선택한 다음 Ctrl + + 를 누릅니다. [삽입] 창이 표시되면 [제품명] 열의 오른쪽에 열을 삽입할 것이므로 [셀을 오른쪽으로 밀기]를 선택한 다음 [확인]을 클릭합니다.

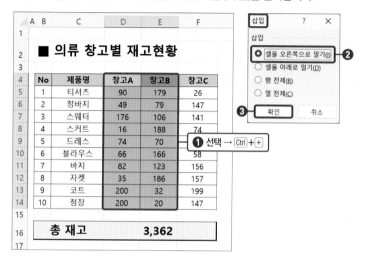

선택한 범위에 열이 삽입됩니다. 만약 지정한 범위의 열을 삭제하려면 Ctrl + - 를 누르면 됩니다.

한 열에 입력되어 있는 텍스트와 숫자를 분리할 수 있나요?

Q 한 열에 입력되어 있는 거래처명과 해당 거래처의 매출액을 분리하여 각각의 열에 정리할 수 있을까요? 하나씩 복사/붙여넣기하지 않고 한 번에 정리하고 싶어요.

A **[이동 옵션] 창**의 **[상수]**를 활용하면 간편하게 텍스트와 숫자 데이터를 분리할 수 있습니다.

1 텍스트와 숫자를 분리할 **[C] 열**을 선택하고 **[홈]-[찾기 및 선택]-[이동 옵션]**을 차례대로 선택합니다.

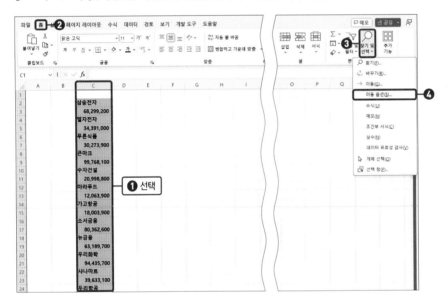

2 [이동 옵션] 창이 표시되면 [종류]에서 **[상수]**를 선택한 다음 **[텍스트]**에만 체크 표시하고 **[확인]**을 클릭합니다.

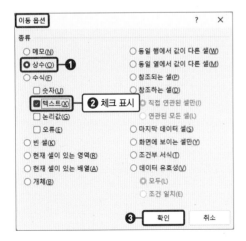

3 [C] 열의 데이터 중 텍스트만 선택됩니다. Ctrl + C를 눌러 복사하고 Ctrl + V를 눌러 텍스트를 적당한 위치에 붙여넣습니다.

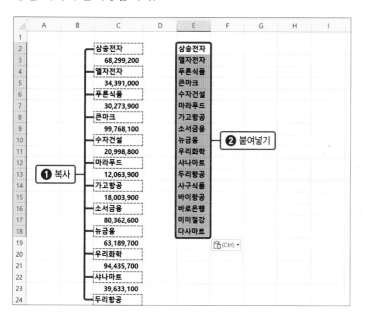

4 이번에는 숫자 데이터를 분리하기 위해 **1**과 같은 방법으로 [C] 열을 선택한 다음 [이동 옵션] 창을 표시합니다. [종류] 중 **[상수]**를 선택한 다음 **[숫자]**만 체크 표시하고 **[확인]**을 클릭합니다.

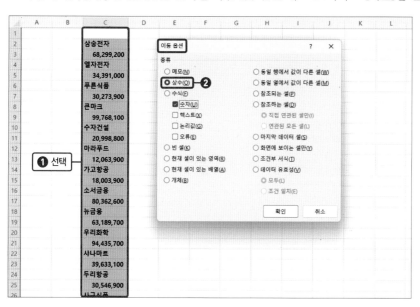

5 [C] 열의 데이터 중 숫자 데이터만 선택됩니다. 다시 Ctrl+C를 눌러 숫자 데이터를 복사하고 [F2] 셀에 Ctrl+V를 눌러 붙여넣으면 간단하게 텍스트와 숫자를 분리할 수 있습니다.

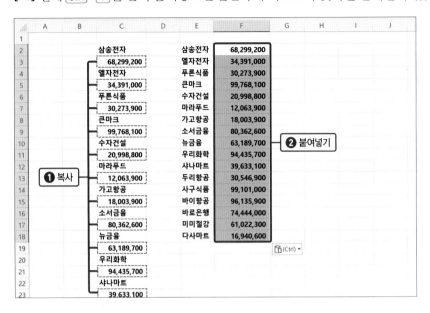

SUMMARY!

[이동 옵션]은 사용자가 특정 영역의 데이터를 선택하거나 재배치할 때 유용한 옵션을 제공합니다. 특히 선택한 범위의 특정 데이터를 쉽게 잘라내어 다른 시트나 범위로 옮길 때 유용하죠. [이동 옵션]의 다양한 옵션을 선택하면 특정 데이터를 일일이 선택해야 했던 반복 작업을 줄여 효율적으로 작업할 수 있습니다.

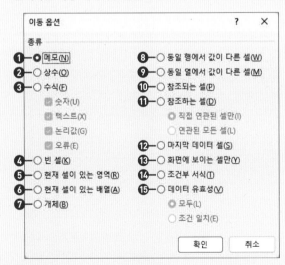

❶ **메모**: 작성된 메모가 있는 셀로 이동합니다.

❷ **상수**: 상수는 특정한 의미를 지닌 고정값이라는 의미로, 상수값을 가진 셀로 이동합니다.

❸ **수식**: 숫자, 텍스트, 논리값, 오류 등 수식이 있는 셀로 이동합니다.

- **숫자**: 수식이 있는 셀 중에서 숫자 결괏값을 가진 셀로 이동합니다. 예를 들어 '=2+3'과 같은 수식이 있는 셀로 이동할 수 있습니다.
- **텍스트**: 수식이 있는 셀 중에서 텍스트 결괏값을 가진 셀로 이동합니다. 예를 들어 =LEFT("Hello", 2) 수식은 문자열의 왼쪽부터 2개의 문자를 추출하여 'He'라는 결괏값을 반환하고 이와 같은 수식이 있는 셀로 이동할 수 있습니다.
- **논리값**: 이 옵션은 수식이 있는 셀 중에서 논리값(TRUE 또는 FALSE)이 결괏값인 셀로 이동합니다. 예를 들어 '=1>0'과 같은 수식이 있는 셀로 이동할 수 있습니다.
- **오류**: 이 옵션은 수식이 있는 셀 중에서 오류 결괏값을 가진 셀로 이동합니다. 예를 들어 '=1/0'과 같이 오류가 발생하는 수식이 있는 셀로 이동할 수 있습니다.

❹ **빈 셀**: 데이터가 없는 빈 셀로 이동합니다.

❺ **현재 셀이 있는 영역**: 현재 선택한 셀이 속한 영역으로 이동합니다.

❻ **현재 셀이 있는 배열**: 현재 선택한 셀이 속한 배열로 이동합니다.

❼ **개체**: 그래프, 이미지, 도형 등의 개체가 있는 셀로 이동합니다.

❽ **동일 행에서 값이 다른 셀**: 현재 셀과 같은 행 안에서 값이 다른 셀로 이동합니다.

❾ **동일 열에서 값이 다른 셀**: 현재 셀과 같은 열 안에서 값이 다른 셀로 이동합니다.

❿ **참조되는 셀**: 현재 셀에 있는 수식에서 참조하는 셀로 이동합니다.

⓫ **참조하는 셀**: 현재 셀을 참조하는 다른 셀로 이동합니다.
- **직접 연관된 셀만**: 현재 셀을 바로 참조하는 셀로만 이동합니다. [A1] 셀에 '=B1+C1'이라는 수식이 입력되어 있고 [B1] 셀에서 이 옵션을 선택하면 [A1] 셀로 이동합니다.
- **연관된 모든 셀**: 현재 셀을 직접적 또는 간접적으로 참조하는 모든 셀로 이동합니다.

⓬ **마지막 데이터 셀**: 마지막으로 데이터가 입력된 셀로 이동합니다.

⓭ **화면에 보이는 셀만**: 숨겨진 셀을 제외한 현재 화면에 보이는 셀로 이동합니다. [화면에 보이는 셀만]에 대한 자세한 내용은 87쪽을 참고하세요.

⓮ **조건부 서식**: 조건부 서식이 적용된 셀로 이동합니다.

⓯ **데이터 유효성**: 데이터 유효성 검사가 적용된 셀로 이동합니다.
- **모두**: 엑셀 시트 안에서 데이터 유효성 검사가 적용된 모든 셀로 이동합니다.
- **조건 일치**: 데이터 유효성 검사가 적용된 셀 중 특정 조건과 일치하는 셀로 이동하며 사용자가 설정한 조건에 만족하는 셀로 이동하게 합니다.

데이터 유효성 검사로
업무 효율 높이기

[데이터 유효성 검사] 기능은 셀에 입력되는 데이터의 유형이나 값의 범위를 제한하거나, 사용자가 정의한 규칙에 따라 데이터를 검사하는 기능입니다. 데이터의 정확성과 일관성을 확보하는 데 큰 도움이 되는 엑셀의 핵심 기능으로, 데이터 입력 오류를 줄이고 데이터의 신뢰도를 높일 수 있습니다.

📎 외부 출입 방문일지 | #데이터 유효성 검사

입력할 데이터에 맞추어 한글/영문을 자동으로 변환할 수 있나요?

Q '외부인 출입 방문일지' 표에서 [성명], [방문부서] 열은 한글로 입력하고, [출입카드] 열에는 영문과 숫자를 입력해야 하는데, 매번 한/영을 눌러 전환하는 것이 번거롭습니다. 자동으로 한글/영문을 변환할 수 있는 방법이 있을까요?

A [데이터 유효성 검사]의 [IME 모드]를 활용하면 한글/영문을 자동으로 변환할 수 있습니다.

1 한글을 입력하는 [성명] 열과 [방문부서] 열([B5:C25])을 선택하고 [데이터]-[데이터 유효성 검사]를 차례대로 선택합니다. [데이터 유효성 검사] 창이 표시되면 [IME 모드] 탭을 선택한 다음 [모드]를 [한글]로 변경하고 [확인]을 클릭합니다.

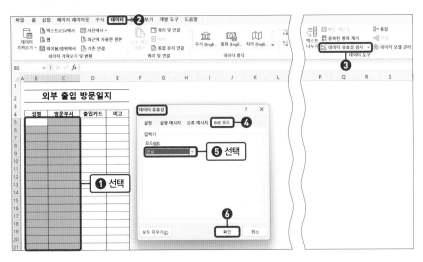

> **TIP**
>
> 'IME'는 'Input Method Editor'의 약자로, 한글이나 영문 키보드에서 문자를 계산하거나 조합하여 입력해 주는 시스템 소프트웨어입니다. 엑셀에서는 '영문 전자', '영문', '한글 전자', '한글'과 같이 네 가지의 IME 모드를 사용할 수 있습니다.

2 1과 같은 방법으로 [출입카드] 열과 [비고] 열([D5:E25])을 선택하고 [데이터 유효성] 대화상자를
표시합니다. **[IME 모드]** 탭의 [모드]를 **[영문]**으로 변경하고 **[확인]**을 클릭합니다.

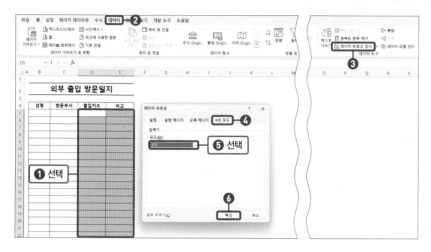

3 [IME 모드]가 활성화된 셀에 데이터를 입력하면 자동으로 한글이나 영문으로 변환됩니다.

TIP

셀에 데이터를 입력한 다음 Tab을 누르면 바로 오른쪽 셀로 이동합니다. 이렇게 하면 수동으로 마우스를 사용하거나 방향키를 사용하는 것보
다 더욱 효율적으로 작업할 수 있습니다.

지정된 항목만 입력할 수 있게 원하는 목록을 삽입할 수 있나요?

Q '주문서' 표의 [상품명] 열에 지정된 항목만 입력할 수 있도록 원하는 목록을 삽입할 수 있을까요?

A [데이터 유효성 검사] 기능을 사용해서 특정 셀에 입력할 수 있는 내용을 제한할 수 있습니다.

1 [주문표] 시트에서 목록을 삽입할 [상품명] 열([C7:C19])을 선택하고 [데이터]-[데이터 유효성 검사]를 차례대로 선택합니다.

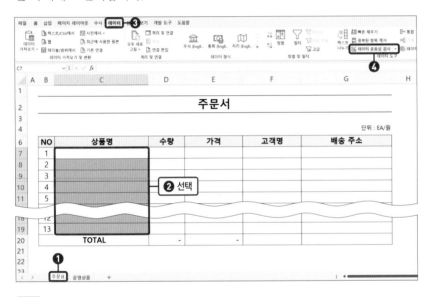

TIP

[데이터 유효성 검사] 창을 표시하는 단축키는 Alt → A → V → V 입니다.

2 [데이터 유효성] 창이 표시되면 [설정] 탭을 선택한 다음 [제한 대상]을 [목록]으로 변경합니다.

3 [원본]의 🔼를 클릭한 다음 목록으로 삽입할 **[운영상품]** 시트의 [상품명] 열([C2:C18])을 드래그하여 선택합니다. [원본]에 범위가 지정된 것을 확인한 다음 **[확인]**을 클릭합니다.

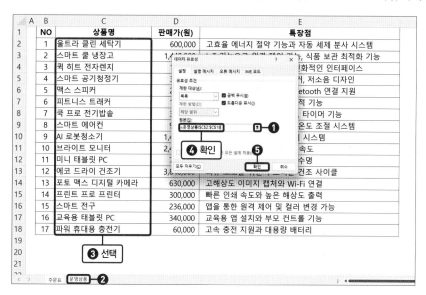

TIP
[원본]에 원하는 항목을 직접 입력해도 목록으로 지정할 수 있습니다. 이때 각 항목은 쉼표(,)로 구분하면 됩니다. (예: 울트라 클린 세탁기, 스마트 쿨 냉장고, …)

4 [상품명] 열([C6:C19])에 표시되는 목록 버튼을 클릭하거나 Alt + ↓를 누르면 **3**에서 지정한 목록이 표시되어 목록의 항목만 입력할 수 있습니다.

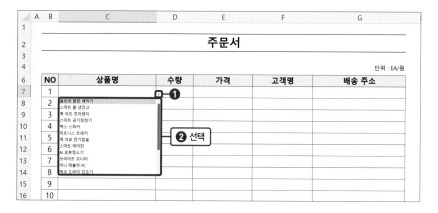

5 목록을 삽입한 영역에 데이터를 직접 입력할 경우 목록으로 지정한 영역의 상품명과 동일한 데이터만 입력할 수 있습니다. 만약 지정한 목록이 아닌 내용을 입력하면 경고 창이 표시됩니다.

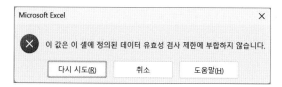

6 삽입한 목록을 삭제하려면 데이터 입력이 제한된 영역([C7:C19])을 선택한 상태에서 [데이터 유효성 검사] 창을 표시한 다음 [설정] 탭의 [모두 지우기]와 [확인]을 차례대로 클릭하면 됩니다.

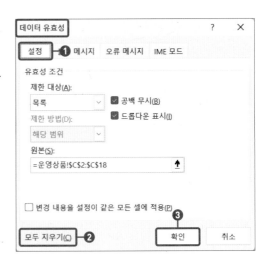

⏣ 2월 가계부 | #데이터 유효성 검사

여러 개의 목록과 하위 목록을 만들 수 있나요?

Q '2월 가계부' 표의 [수입/지출] 열에 수입과 지출의 목록을 만들고 각 목록에 해당하는 하위 목록을 만들 수 있을까요?

A [데이터 유효성] 기능과 문자열을 셀 참조로 변환하는 INDIRECT 함수를 사용하면 하위 목록을 만들 수 있습니다.

1 '수입/지출' 목록을 삽입할 영역([C5:C24])을 선택하고 [데이터]-[데이터 유효성 검사]를 차례대로 선택하여 [데이터 유효성] 창을 표시합니다. 목록을 삽입할 것이므로 [설정] 탭의 [제한 대상]에서 [목록]을 선택하고 [원본]에 '수입, 지출'을 입력한 다음 [확인]을 클릭합니다.

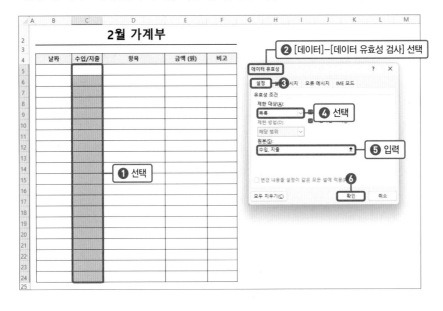

2 [C5:C24] 영역에 있는 셀을 선택하면 목록이 표시되어 [수입]과 [지출] 중 하나를 선택할 수 있습니다.

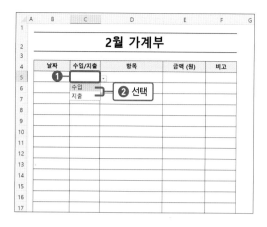

3 하위 목록을 삽입하기 위해 **[항목]** 시트를 선택한 다음 하위 목록으로 삽입할 영역([B4:C20])을 선택하고 [Ctrl]+[Shift]+[F3]을 누르거나 **[수식]-[선택 영역에서 만들기]**를 차례대로 선택합니다. [선택 영역에서 이름 만들기] 창이 표시되면 [이름 만들기]에서 **[첫 행]**에만 체크 표시한 다음 **[확인]**을 클릭합니다. 그러면 첫 행의 [수입]과 [지출]이 이름으로 정의됩니다.

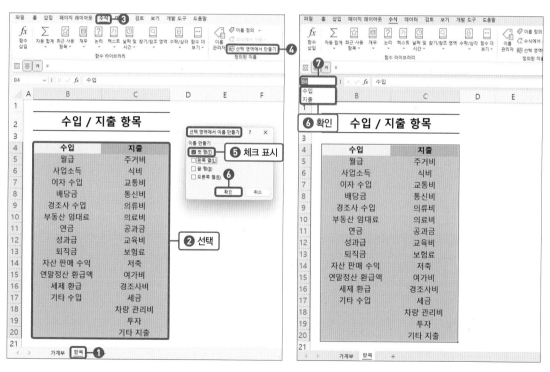

TIP

이름 상자를 클릭하면 정의된 이름 목록을 확인할 수 있습니다. 이름 상자에 대한 자세한 내용은 74쪽을 참고하세요.

4 **[가계부]** 시트로 돌아와 하위 목록을 삽입할 **[D5:D24]** 영역을 선택하고 [데이터 유효성] 창을 표시합니다. **[설정]** 탭의 [제한 대상]에서 **[목록]**을 선택하고 [원본]에 다음의 함수식을 입력한 다음 **[확인]**을 클릭합니다.

 =INDIRECT("항목!"&C5)

- **INDIRECT(참조할 셀 주소)**

INDIRECT 함수는 문자열을 실제 셀 참조로 간주하고 그 참조의 셀 값을 반환하는 함수입니다. 예를 들어 [A1] 셀에 '1'이 입력되어 있는 경우 [B1] 셀에 '=INDIRECT("A1")'을 입력하면 [A1] 셀의 값인 '1'이 반환됩니다. 여기서는 [가계부] 시트의 [C5] 셀에 '수입'이 입력되면 [항목] 시트의 [수입] 범위를 참조하여 '수입'으로 이름 정의한 목록을 참조하고 '수입'에 해당하는 목록을 가져오는 것입니다.

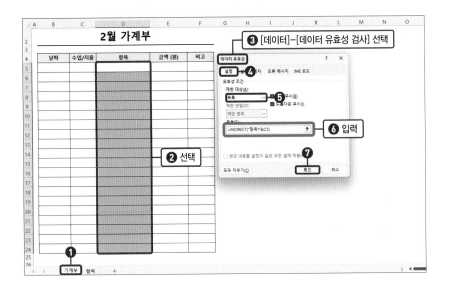

5 [데이터 유효성] 창에서 **[확인]**을 클릭하면 경고 창이 표시되지만 상위 목록([수입/지출] 열)에 선택된 값이 없어 표시되는 메시지이므로 **[예]**를 클릭하면 됩니다.

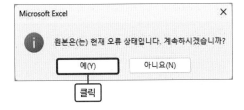

6 [수입/지출] 열에 표시되는 목록 중 하나를 선택하면 해당 목록에 대한 하위 목록을 선택할 수 있습니다.

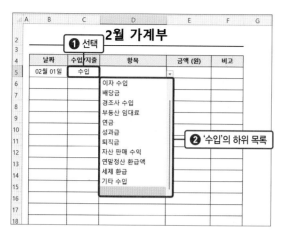

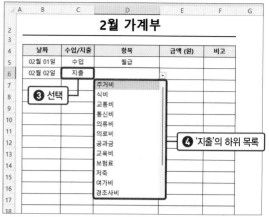

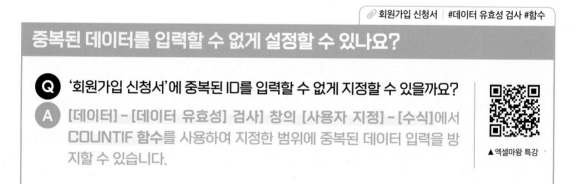

🖉 회원가입 신청서 | #데이터 유효성 검사 #함수

중복된 데이터를 입력할 수 없게 설정할 수 있나요?

Q '회원가입 신청서'에 중복된 ID를 입력할 수 없게 지정할 수 있을까요?

A [데이터] – [데이터 유효성 검사] 창의 [사용자 지정] – [수식]에서 COUNTIF 함수를 사용하여 지정한 범위에 중복된 데이터 입력을 방지할 수 있습니다.

▲ 엑셀마왕 특강

1 중복된 데이터 입력을 제한할 [ID] 항목의 **[B5:B21]** 영역을 선택한 상태에서 **[데이터]-[데이터 유효성 검사]**를 선택하여 [데이터 유효성] 창을 표시합니다.

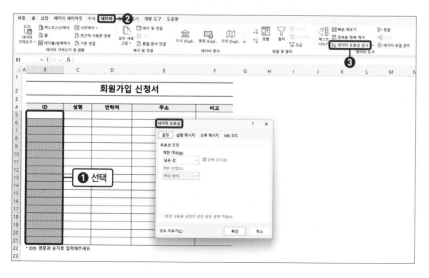

2 [설정] 탭의 [제한 대상]에서 [**사용자 지정**]을 선택하고 [수식]에 다음의 함수식을 입력한 다음 [**확인**]을 클릭합니다.

 =COUNTIF($B$5:$B$21,B5)=1

- **COUNTIF(찾을 범위, 찾을 셀)=1**

COUNTIF 함수는 조건에 맞는 셀의 개수가 구하는 함수이고 '='는 '같다'라는 의미의 비교 연산자입니다. 예제의 함수식은 '지정한 범위 안에서 선택한 값이 하나만 있어야 한다(true).'는 의미로, 동일한 값이 한 개 이상일 경우(false) 오류 메시지가 표시됩니다.

데이터 유효성 검사는 각 셀에 개별적으로 적용되므로 조건 범위를 고정해야($B$5:$B$21) 합니다. 조건 범위를 고정하지 않을 경우 함수식을 자동 채우기하면 조건 범위가 아래로 한 개씩 변경되어 데이터 중복 입력 방지 규칙이 설정되지 않습니다.

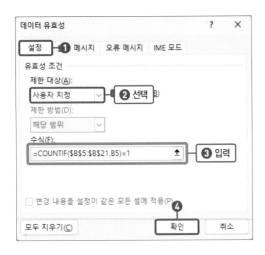

3 [B5:B21] 영역에 중복된 ID를 입력하면 경고 창이 표시됩니다. 경고 창에서 [**다시 시도**]를 클릭하면 다른 값을 입력할 수 있고 [**취소**]를 클릭하면 입력되어 있던 값이 삭제됩니다.

4 데이터 유효성 검사로 중복 입력을 제한한 영역에 같은 데이터를 복사/붙여넣기할 경우에는 경고 창이 표시되지 않습니다. 이렇게 복사/붙여넣기로 중복된 데이터가 있으면 **[데이터]-[데이터 유효성 검사]-[잘못된 데이터]**를 선택하세요.

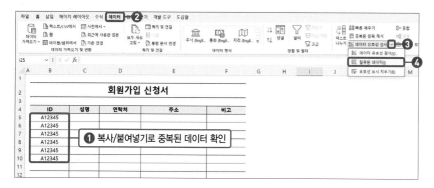

5 중복된 데이터에 빨간색 동그라미가 표시됩니다. 중복된 데이터를 수정하면 빨간색 동그라미도 사라집니다.

6 중복된 값을 입력했을 때 표시되는 경고 창의 메시지를 직접 설정할 수 있습니다. 메시지를 설정하려면 [데이터 유효성] 창을 표시한 다음 **[오류 메시지]** 탭을 선택합니다.

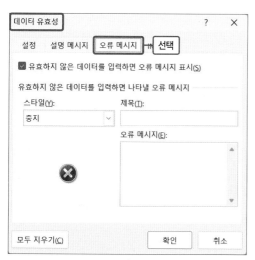

7 [스타일]을 **[중지]**로 변경하고 [제목]과 [오류 메시지]에 원하는 내용을 입력한 다음 **[확인]**을 클릭합니다.

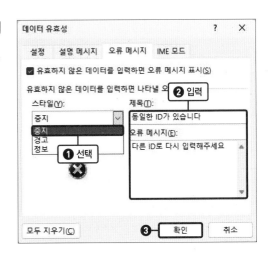

8 중복된 데이터를 입력하면 **7**에서 설정한 오류 메시지가 표시됩니다.

잠 깐 만 요

비교 연산자가 뭐예요?

비교 연산자는 두 값을 비교하는 데 사용하며, 이를 통해 특정 조건이 참인지, 거짓인지를 판단할 수 있습니다. 비교 연산자의 결과는 보통 참(TRUE) 또는 거짓(FALSE)으로 표현됩니다. 엑셀에서 자주 사용하는 비교 연산자는 다음과 같습니다.

연산자	설명	예시	반환값
> (크다)	[A1] 셀 값이 [B1] 셀 값보다 클 경우	A1 > B1	참(True)
>= (크거나 같다)	[A1] 셀 값이 [B1] 셀 값보다 크거나 같을 경우	A1 >= B1	참(True)
< (작다)	[A1] 셀 값이 [B1] 셀 값보다 작을 경우	A1 < B1	참(True)
= (같다)	[A1] 셀 값이 [B1] 셀 값과 같을 경우	A1 = B1	참(True)
<= (작거나 같다)	[A1] 셀 값이 [B1] 셀 값보다 작거나 같을 경우	A1 <= B1	참(True)
<> (같지 않다)	[A1] 셀 값이 [B1] 셀 값과 다를 경우	A1 <> B1	참(True)

SUMMARY!

오류 메시지의 스타일은 다음의 세 가지 중 하나를 선택할 수 있습니다. 각 스타일에 따라 표시되는 경고 창의 버튼과 내용이 다르므로 상황에 맞추어 원하는 스타일을 선택하면 됩니다. 주로 중요한 정보가 정확해야 하는 경우에는 [중지] 스타일을, 일부 예외 사항을 허용하는 경우에는 [경고] 또는 [정보] 스타일을 지정하여 사용합니다.

- **중지**: 사용자가 잘못된 값을 입력하면 더 이상 진행하지 못하도록 막아줍니다. 오류 메시지 창에서 [다시 시도]를 클릭하여 값을 수정하거나 [취소]를 클릭하여 입력 동작 자체를 취소해야 합니다.

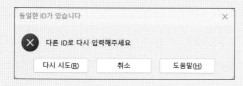

- **경고**: 잘못된 값이 입력되었다고 알려주지만, 그래도 사용자가 선택적으로 해당 값을 유지할 수 있게 해줍니다. 오류 메시지 창에서 [예]를 클릭하면 값이 그대로 유지되며 [아니요]를 클릭하면 값을 수정할 수 있는 상태로 돌아갑니다.

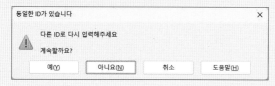

- **정보**: 잘못된 값이 입력되었다고 알려주고 사용자가 그 정보를 확인하기만 하면 됩니다. 오류 메시지 창에서 [확인]을 클릭하면 값이 그대로 유지됩니다.

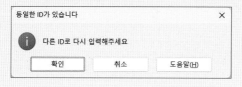

엑셀 시트에 데이터 입력 방법을 알려주는 메시지를 삽입할 수 있나요?

Q '견적서'에 데이터 입력 방법을 알려주는 도움말 메시지를 추가할 수 있을까요?

A [데이터]-[데이터 유효성 검사]-[데이터 유효성] 창의 [설명 메시지] 기능으로 데이터 입력 방법을 알려줄 수 있습니다.

💡 내가 만든 엑셀 시트는 별도의 설명이 필요 없으나, 여러 사람과 공유할 경우에는 데이터 입력 방법을 안내해야 합니다. 복잡한 수식이나 특정 데이터 형식이 요구되는 엑셀 시트에는 [설명 메시지] 기능을 활용해 공유하면 훨씬 효율적으로 작업할 수 있습니다.

1 날짜를 입력할 [B4] 셀을 선택하고 [데이터]-[데이터 유효성 검사]를 차례대로 선택하여 [데이터 유효성] 창을 표시합니다. [설명 메시지] 탭을 선택한 다음 [셀을 선택하면 설명 메시지 표시]에 체크 표시합니다. 설명 메시지는 [제목]과 [설명 메시지]를 구분하여 입력할 수 있는데, 여기서는 [제목]에는 '날짜 형식으로 입력해주세요.'를 입력하고 [설명 메시지]에는 '(예 : 9/20)'을 입력한 다음 [확인]을 클릭합니다.

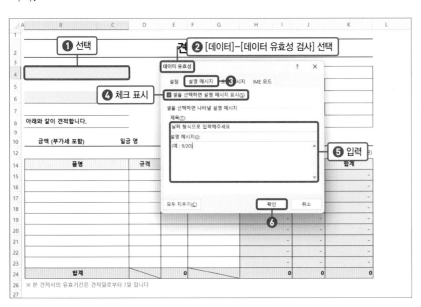

2 설명 메시지를 설정한 [C4] 셀에 마우스 포인터를 올려놓으면 **1**에서 입력한 설명 메시지가 표시됩니다.

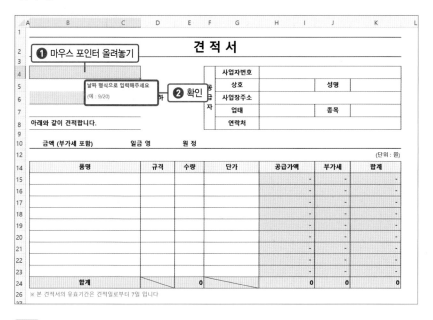

TIP

유사한 기능 중 간단한 주석이 필요할 때 [메모](Microsoft Excel 365 버전: 새 노트) 기능을 사용하기도 합니다. 사용 방법은 지정한 셀을 마우스 오른쪽 버튼으로 클릭하고 [메모 또는 새 노트]를 선택하거나 Shift + F2 를 눌러 메모를 할 수 있습니다. [데이터 유효성] 창의 [설명 메시지] 탭에서는 주로 사용자가 어떤 값을 해당 셀에 입력해야 하는지 안내하는 데 사용하고 [메모]는 추가적인 정보나 설명을 간단히 제공하는 데 사용하는 것이 좋습니다.

입력 | 수정

데이터 유효성 검사

야근 없이 빠르게
데이터 입력 및 수정하기

엑셀 작업은 반복적이고 수동적인 작업을 최소화하고 데이터로서 활용할 수 있도록 데이터의 구조를 최적화하는 것이 중요합니다. 데이터를 입력하고 수정할 때 효율성을 높일 수 있는 다양한 기능과 함수를 유용하게 활용한다면 더욱 빠르고 효율적으로 데이터를 입력하거나 수정할 수 있으므로 업무량이 많아 야근이 필요한 상황에서도 작업 부담을 줄일 수 있습니다.

🔗 3월 일정 정리 ｜ #채우기 #연속 데이터

주말을 제외한 평일 날짜를 빠르게 입력할 수 있나요?

Q 주말을 제외한 3월의 날짜를 한 번에 입력할 수 있을까요?

A [홈]-[채우기]-[계열]-[연속 데이터] 창에서 평일만 한 번에 채울 수 있습니다.

1 [B6] 셀에 3월의 첫 날짜를 '연/월/일' 또는 '월/일'의 날짜 형식으로 입력합니다.

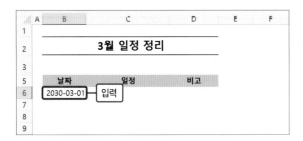

2 [B6] 셀을 선택한 상태에서 [홈]-[채우기]-[계열]을 차례대로 선택합니다.

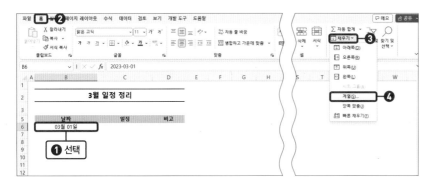

3 [연속 데이터] 창에서는 일정한 규칙으로 연속되는 데이터를 자동으로 채울 수 있습니다. 여기서는 열 방향으로 평일에 해당하는 날짜 데이터를 채울 것이므로 다음과 같이 입력한 다음 [확인]을 클릭합니다.

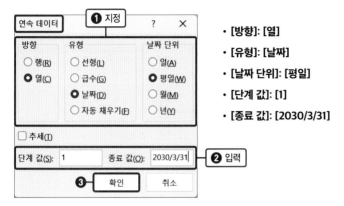

· [방향]: [열]
· [유형]: [날짜]
· [날짜 단위]: [평일]
· [단계 값]: [1]
· [종료 값]: [2030/3/31]

TIP

[단계 값]을 '5'로 변경하여 입력할 경우 7일을 이동하면서 토요일과 일요일 제외한 7일 뒤에 평일을 반환하게 됩니다.

4 3월 중 토요일과 일요일을 제외한 날짜가 열 방향으로 채워집니다.

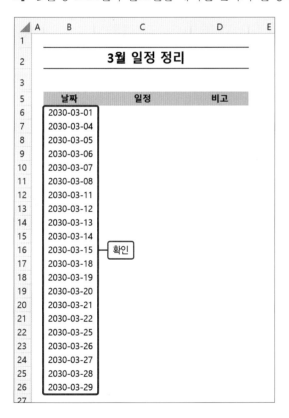

5 채워진 날짜가 평일인지 확인해 보겠습니다. **[B6:B26]** 영역을 선택하고 Ctrl+1을 눌러 [셀 서식] 창을 표시한 다음 **[표시 형식]** 탭의 [범주]에서 **[날짜]**를 선택합니다. 날짜 형식 중 **[####년 #월 ##일 #요일]**을 선택하고 **[확인]**을 클릭합니다.

6 날짜 데이터와 함께 요일이 표시됩니다. 토요일과 일요일을 제외한 날짜 데이터가 채워진 것을 확인할 수 있습니다.

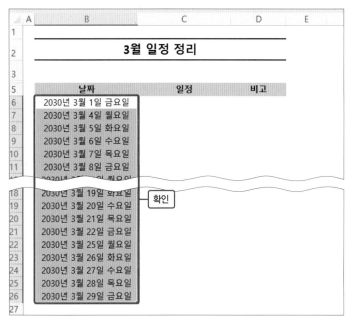

TIP

'##월과 ##일'과 같이 월과 일을 두 자리로 표시하려면 [사용지 지정] 범주의 [형식]에 'yyyy"년" mm"월" dd"일" aaaa'를 입력하면 됩니다. 사용자 표시 형식에 대한 자세한 내용은 42쪽을 참고하세요.

1부터 100까지의 열 번호를 한 번에 입력할 수 있나요?

Q 표 데이터를 만들기 위해 열로 순번을 1~100까지 빠르게 입력해야 하는데, 한 번에 입력하는 방법이 있을까요?

A **[홈]-[채우기]-[계열]-[연속 데이터]** 창에서 지정한 수까지의 열 번호를 한 번에 채울 수 있습니다.

▲ 엑셀마왕 특강

1 [B6] 셀에 열의 첫 번째 번호인 '1'을 입력한 다음 Alt → H → F → I → S 를 차례대로 눌러 **[연속 데이터]** 창을 표시합니다. 열 방향으로 '1'씩 증가하는 번호를 삽입할 것이므로 다음과 같이 지정하고 **[확인]**을 클릭합니다.

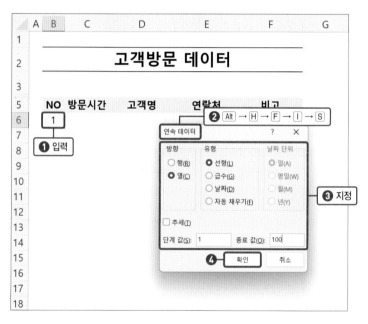

- **[방향]: [열]**
- **[유형]: [선형]**
- **[단계 값]: [1]**
- **[종료 값]: [100]**

TIP

[홈]-[채우기]-[계열]을 차례대로 선택해도 [연속 데이터] 창을 표시할 수 있습니다.

2 1부터 100까지의 열 번호가 자동으로 채워집니다.

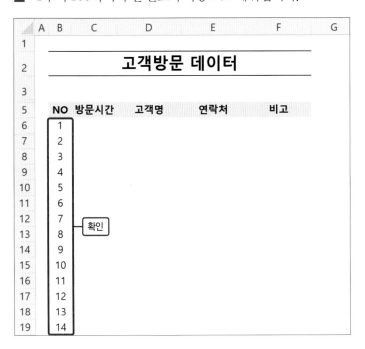

SUMMARY!

[연속 데이터] 기능은 사용자가 설정한 규칙에 따라 데이터를 자동으로 채워 넣을 수 있도록 다양한 옵션을 제공합니다. 예를 들어 날짜나 숫자와 같은 연속된 데이터를 빠르게 입력하거나 사용자가 정의한 패턴에 따라 데이터를 채워 넣는 데 유용합니다.

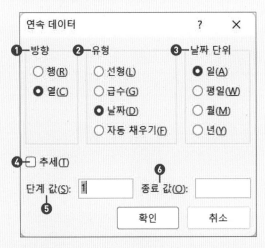

❶ **방향**: 데이터를 채울 방향을 선택합니다. [열]을 선택하면 데이터가 수직으로 채워지고 [행]을 선택하면 데이터가 수평으로 채워집니다.

❷ **유형**: 데이터의 종류를 선택하는 항목입니다.

- **선형**: 선택한 셀들 사이의 차이를 동일하게 유지하면서 값을 채워갑니다. 예를 들어 '2'와 '4'를 선택하고 선형으로 채우기를 실행하면 '6', '8', '10' 등으로 채워집니다.
- **급수**: 선택한 셀들의 급수를 동일하게 유지하면서 값을 채워갑니다. 예를 들어 '2'와 '4'를 선택하고 급수로 채우기를 실행하면 '8', '16', '32' 등으로 채워집니다.
- **날짜**: 일, 월, 년 단위로 증가하는 날짜 데이터를 생성합니다. 예를 들어 '2030-01-01'을 입력하고 [날짜] 옵션을 선택하여 채우기를 실행하면 '2030-01-02', '2030-01-03' 등으로 채워집니다.
- **자동 채우기**: 일련의 숫자, 날짜, 또는 사용자 지정 리스트에 따라 셀을 채웁니다. 예를 들어 '월', '화'를 입력하고 자동 채우기를 실행하면 '수', '목', '금', '토', '일' 등으로 채워집니다.

❸ **날짜 단위**: [유형]에서 [날짜]를 선택하면 활성화되는 항목으로, 연속 데이터로 채울 날짜 단위를 선택할 수 있습니다.

- **일**: 일자가 1씩 증가하면서 날짜 데이터가 채워집니다. 예를 들어 '2030-01-01'을 입력하고 일 단위로 채우기를 실행하면 '2030-01-02', '2030-01-03' 등으로 채워집니다.
- **평일**: 주말(토요일과 일요일)을 제외한 평일을 고려하여 날짜 데이터가 채워집니다. 예를 들어 금요일인 '2030-03-01'을 입력하고 평일로 채우기를 실행하면 다음 날짜는 주말을 건너뛰고 월요일인 '2030-03-04(월요일)'이 채워집니다.
- **월**: 날짜 데이터가 한 달씩 증가합니다. 예를 들어 '2030-01-01'을 입력하고 월 단위로 채우기를 실행하면 '2030-02-01', '2030-03-01' 등으로 채워집니다.
- **년**: 날짜 데이터가 1년씩 증가합니다. 예를 들어 '2030-01-01'을 입력하고 년 단위로 채우기를 실행하면 '2031-01-01', '2032-01-01' 등으로 채워집니다.

❹ **추세**: 선택한 셀의 값이 증가하거나 감소하는 추세를 분석하여 이를 반영한 데이터를 생성합니다. 예를 들어 '2', '4', '6'을 입력하고 [추세]에 체크 표시하면 '8', '10', '12' 등으로 증가하는 데이터가 채워집니다.

❺ **단계 값**: 셀에 채워질 값이 얼마나 증가하거나 감소할 것인지를 설정합니다. 예를 들어 '2'를 입력하고 [단계 값]을 '3'으로 설정하면 그 다음 셀의 값은 '5', '8', '11' 등으로 채워집니다.

❻ **종료 값**: 연속 데이터의 마지막 값, 즉 생성할 데이터의 최댓값을 설정합니다. 예를 들어 '2'를 입력하고 [단계 값]은 [3], [종료 값]은 [10]으로 설정하면 생성되는 데이터는 '2', '5', '8', 이렇게 세 개입니다. 다음 단계값인 '11'은 설정된 종료값 '10'을 초과하므로 생성되지 않습니다.

직급을 순서대로 바로바로 입력할 수 있나요?

Q 회사의 직급을 순서대로 입력해야 하는 경우가 많은데, 매번 입력하기 번거로워요. 지정한 직급을 자동으로 입력할 수 있는 방법이 있을까요?

A [사용자 지정 목록]에서 원하는 목록을 생성하면 [자동 채우기]로 원하는 내용을 바로 채울 수 있습니다.

1 [파일]-[옵션]을 선택하여 [Excel 옵션] 창을 표시한 다음 **[고급]** 범주의 [일반]에서 **[사용자 지정 목록 편집]**을 클릭합니다.

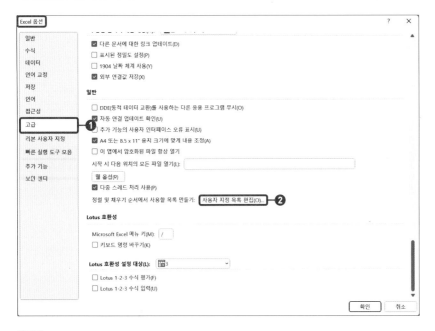

TIP

Alt → F → T를 차례대로 눌러도 [Excel 옵션] 창을 표시할 수 있습니다.

2 [사용자 지정 목록] 창이 표시되면 [목록 항목]에 원하는 직급을 순서대로 입력한 다음 **[추가]**를 클릭합니다. [사용자 지정 목록]에 목록이 추가된 것을 확인한 다음 **[확인]**을 클릭합니다.

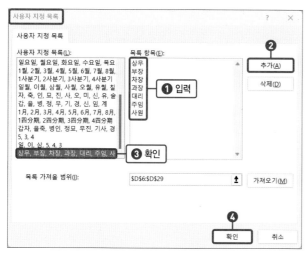

입력 | 수정

데이터 입력 및 수정

TIP

각 직급은 Enter 나 ,를 눌러 구분할 수 있습니다.

3 [B8] 셀에 [사용자 지정 목록] 창에 추가한 직급 중 첫 번째 항목인 '상무'를 입력한 다음 [B8] 셀의 자동 채우기 핸들을 [B14] 셀까지 드래그하면 [사용자 지정 목록]에 저장한 직급 순서대로 데이터가 채워집니다.

TIP

이렇게 추가한 목록은 데이터를 정렬하는 데도 활용할 수 있습니다. 데이터를 원하는 순서대로 정렬하는 자세한 방법은 62쪽을 참고하세요.

여러 개의 시트를 한 번에 만들 수 있나요?

Q 월별로 시트를 만들어 데이터를 관리하는데 매번 1월~12월까지 12개의 시트를 만들고 있어요. 시트를 한 번에 만들 수 있을까요?

A [피벗 테이블]-[보고서 필터 페이지 표시]를 활용하면 많은 시트를 한 번에 생성할 수 있습니다.

▲ 엑셀마왕 특강

1 [A1] 셀에 머리글에 해당하는 '월'을 입력한 다음 [A2:A13] 영역에 생성할 시트명을 차례대로 입력합니다.

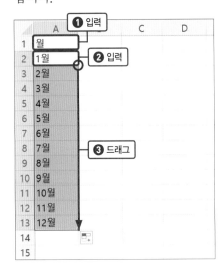

TIP

[A2] 셀에 '1월'을 입력한 다음 [A2] 셀의 자동 채우기 핸들을 [A13] 셀까지 드래그하면 연속 데이터를 한 번에 채울 수 있습니다. 연속 데이터 채우기에 대한 자세한 내용은 110쪽을 참고하세요.

2 [A1] 셀을 선택하고 [삽입]-[피벗 테이블]을 선택합니다. [표 또는 범위의 피벗 테이블] 창이 표시되면 피벗 테이블을 배치할 위치를 [기존 워크시트], [B1] 셀로 지정한 다음 [확인]을 클릭합니다.

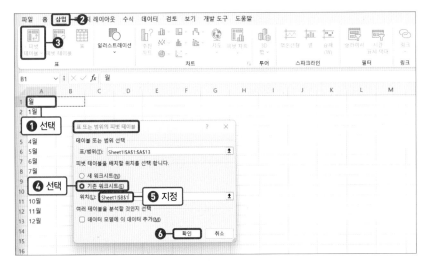

3 [피벗 테이블 필드] 창에 추가되어 있는 [월]을 [필터] 필드로 드래그합니다.

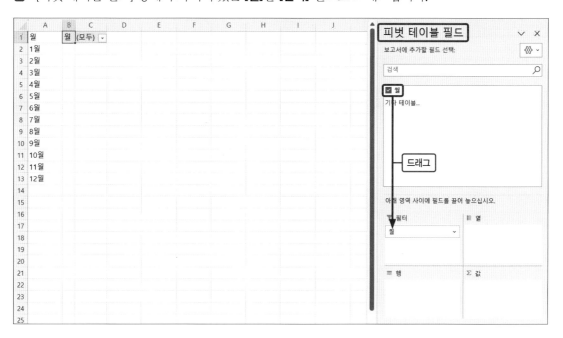

4 [B1] 셀을 선택한 다음 [피벗 테이블 분석]-[옵션]-[보고서 필터 페이지 표시]를 차례대로 선택합니다.

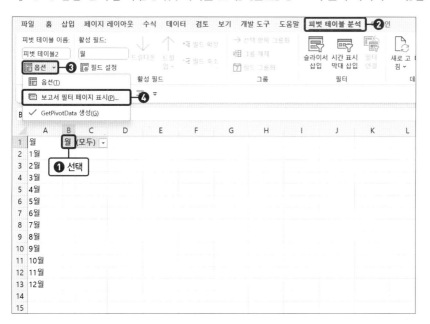

5 [보고서 필터 페이지 표시] 창이 표시되면 목록에서 **[월]**을 선택하고 **[확인]**을 클릭합니다.

6 1월부터 12월까지 시트가 한 번에 생성됩니다.

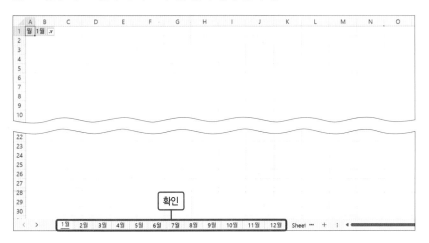

7 시트를 한 번에 생성했지만 각 시트에는 피벗 테이블 보고서가 삽입되어 있습니다. 삽입된 피벗 테이블 보고서를 삭제하기 위해 **[1월]** 시트의 **[A1:B1]** 영역을 선택한 다음 Shift를 누른 상태에서 **[12월]** 시트를 클릭합니다. 삽입된 시트를 모두 선택한 다음 Delete를 누르면 각 시트에 삽입되어 있는 피벗 테이블이 한 번에 삭제됩니다.

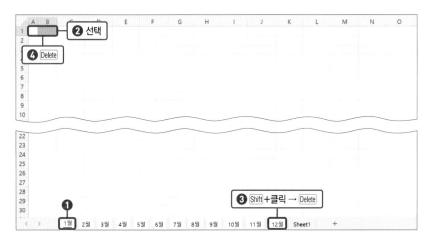

여러 시트의 데이터 합계를 한 번에 계산할 수 있나요?

Q 정기적으로 같은 형태의 시트에 정리하는 매출 집계를 한 번에 계산할 수 있을까요?

A 같은 형태의 시트에 정리한 데이터라면 **여러 시트의 셀을 한 번에 참조할 수 있습니다.**

💡 실습 예제에는 1월부터 12월까지의 지점별 매출 집계가 같은 형태로 정리되어 있습니다. 이렇게 각 시트별로 참조하는 셀이 동일하다면 여러 시트의 셀을 한 번에 참조할 수 있습니다.

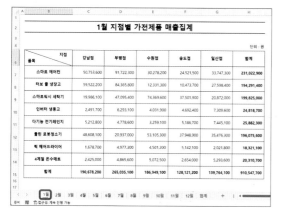

▲ 같은 형태로 정리된 데이터

1 1월부터 12월까지의 각 지점별 누계를 계산할 **[합계]** 시트의 **[C7]** 셀에 '=SUM('을 입력한 다음 **[1월]** 시트의 **[C7]** 셀을 선택합니다.

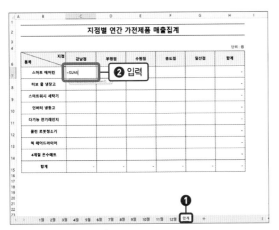 

2 **1**에 이어서 ⬚Shift를 누른 상태에서 **[12월]** 시트를 클릭한 다음 ⬚Enter를 누릅니다.

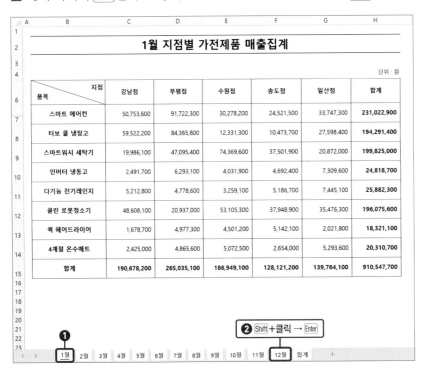

3 [1월] 시트부터 [12월] 시트의 [C7] 셀이 참조(['1월:12월!'C7])된 합계가 반환됩니다.

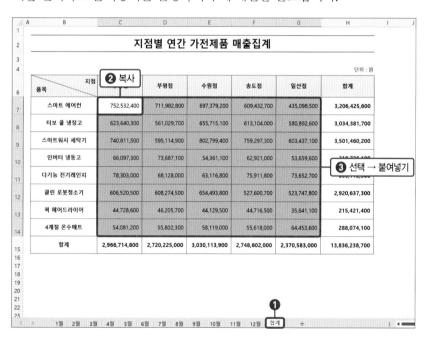

4 나머지 셀의 누계를 계산하기 위해 [합계] 시트의 [C7] 셀을 복사한 다음 [합계] 시트의 [C7:G15] 영역을 선택하고 붙여넣기를 실행하여 누계 계산을 완료합니다.

TIP

여러 시트의 동일한 셀을 참조하여 계산하려면 계산에 참조할 데이터가 각 시트의 동일한 셀에 있어야 합니다.

여러 시트에 동일한 작업을 한 번에 할 수 있나요?

앞의 실습과 같이 동일한 형태로 정리된 데이터가 있다면 수식을 활용한 계산뿐만 셀 서식도 한 번에 변경할 수 있습니다. 여러 시트에 동일한 변경 사항을 적용해야 할 때 매우 유용합니다. 다만 여러 시트를 그룹화하여 동일한 작업을 적용하려면, 각 시트에서 작업을 수행할 셀이 같은 위치에 있어야 합니다.

[1월]~[12월] 시트를 선택한 상태에서 서식을 변경할 영역([B6:E6])을 선택한 다음 원하는 서식을 적용합니다. 여기에서는 머리글 영역의 글꼴을 굵게 변경했습니다. 이렇게 선택한 시트 그룹에서 수행한 작업은 선택한 시트에 동시에 적용됩니다.

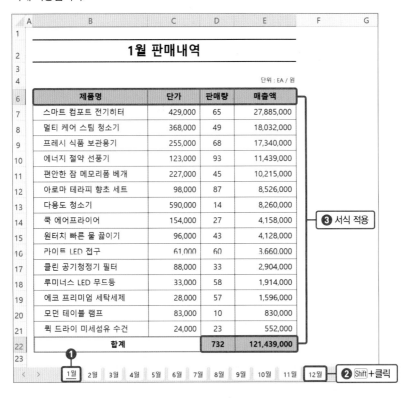

공백은 제외하고 내용이 있는 셀만 복사할 수 있나요?

Q '사원정보'의 한글 이름을 영문으로 변경할 때 공백은 복사하지 않고 내용이 있는 셀만 복사할 수 있을까요?

A **[선택하여 붙여넣기]** 창에서 **[내용이 있는 셀만 붙여넣기]**를 지정하여 해결할 수 있습니다.

▲ 엑셀마왕 특강

1 복사할 영문 이름이 있는 **[D3:D34]** 영역을 Ctrl+C를 눌러 복사합니다.

구분	사원 정보	영문 이름
사원번호	19640	
이름	김예림	Kim Yerim
직급	과장	
부서명	인사팀	
사원번호	91640	
이름	최진우	Choi Jinwoo
직급	대리	
부서명	기획부	
사원번호	74529	
이름	허민석	Heo Minseok
직급	차장	
부서명	회계팀	
사원번호	15734	
이름	남윤성	Nam Yoonseong
직급	부장	
부서명	C/S팀	
사원번호	77371	
이름	이경민	Lee Gyeongmin
직급	대리	
부서명	개발부	
사원번호	61265	
이름	박승희	Park Seunghee
직급	사원	
부서명	구매팀	
사원번호	58298	
이름	서지훈	Seo Jihun
직급	과장	
부서명	IT팀	
사원번호	26963	
이름	장하나	Jang Hana
직급	사원	
부서명	영업팀	

선택 → Ctrl+C

2 붙여넣기할 [사원 정보] 영역([C3:C34])이나 [C3] 셀을 선택하고 마우스 오른쪽 버튼으로 클릭한 후 **[선택하여 붙여넣기]**를 선택합니다. [선택하여 붙여넣기] 창이 표시되면 **[내용 있는 셀만 붙여넣기]**에 체크 표시한 다음 **[확인]**을 클릭합니다.

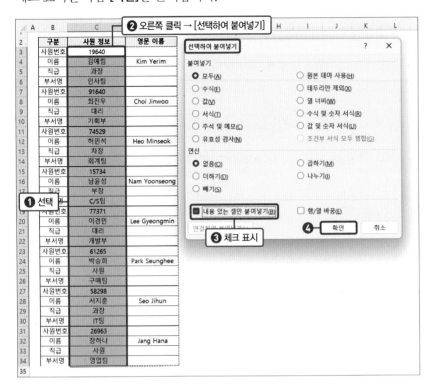

TIP

붙여넣을 셀을 선택한 상태에서 Ctrl + Alt + V를 눌러도 [선택하여 붙여넣기] 창을 표시할 수 있습니다.

3 [D3:D34] 영역의 공백까지 복사했지만 [내용 있는 셀만 붙여넣기]를 선택하여 복사한 **[D3:D34]** 영역의 공백은 붙여넣기 되지 않습니다.

구분	사원 정보	영문 이름
사원번호	19640	
이름	Kim Yerim	Kim Yerim
직급	과장	
부서명	인사팀	
사원번호	91640	
이름	Choi Jinwoo	Choi Jinwoo
직급	대리	
부서명	기획부	
사원번호	74529	
이름	Heo Minseok	확인 seok
직급	차장	
부서명	회계팀	
사원번호	15734	
이름	Nam Yoonseong	Nam Yoonseong
직급	부장	
부서명	C/S팀	
사원번호	77371	
이름	Lee Gyeongmin	Lee Gyeongmin
직급	대리	

SUMMARY! ▶

[선택하여 붙여넣기] 기능은 복사한 데이터를 다양한 방식으로 활용할 수 있게 하는 다양한 옵션을 제공합니다. 예를 들어 복사한 데이터의 서식만 붙여넣거나, 선택한 데이터의 결괏값만 붙여넣는 데 유용합니다.

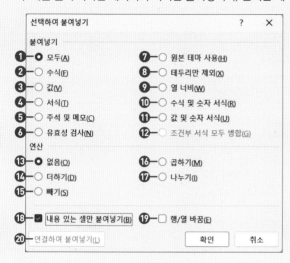

❶ **모두**: 복사한 셀의 모든 정보(값, 수식, 서식 등)를 그대로 붙여넣습니다.

❷ **수식**: 복사한 셀의 수식만 붙여넣습니다.

❸ **값**: 복사한 셀의 값만 붙여넣습니다.

❹ **서식**: 복사한 셀의 서식(글꼴, 색상, 테두리 등)만 붙여넣습니다.

❺ **주석 및 메모**: 복사한 셀의 주석과 메모만 붙여넣습니다.

❻ **유효성 검사**: 복사한 셀의 데이터 유효성 검사 설정만 붙여넣습니다.

❼ **원본 테마 사용**: 복사한 셀의 테마(글꼴, 색상 등)를 그대로 유지하여 붙여넣습니다. 서식 붙여넣기와 유사하지만 서식 붙여넣기는 복사한 셀의 서식만 붙여넣기하고 [원본 테마 사용]은 복사한 셀의 전체 테마(서식을 포함한 디자인 요소 전체)를 그대로 유지하며 붙여넣는 것이 차이점입니다.

❽ **테두리만 제외**: 복사한 셀의 테두리만 제외하고 붙여넣습니다.

❾ **열 너비**: 복사한 셀의 열 너비를 그대로 유지하여 붙여넣습니다.

❿ **수식 및 숫자 서식**: 복사한 셀의 수식과 숫자 서식을 그대로 유지하여 붙여넣습니다.

⓫ **값 및 숫자 서식**: 복사한 셀의 값과 숫자 서식을 그대로 유지하여 붙여넣습니다.

⓬ **조건부 서식 모두 병합**: 복사한 셀의 조건부 서식을 병합하여 붙여넣습니다.

⓭ **없음**: 연산을 수행하지 않고 복사한 셀을 그대로 붙여넣습니다.

⓮ **더하기**: 복사한 셀의 값과 붙여넣기 대상 셀의 값을 더합니다.

⓯ **빼기**: 붙여넣기 대상 셀의 값에서 복사한 셀의 값을 뺍니다.

⓰ **곱하기**: 복사한 셀의 값과 붙여넣기 대상 셀의 값을 곱합니다.

⓱ **나누기**: 붙여넣기 대상 셀의 값을 복사한 셀의 값으로 나눕니다.

⓲ **내용 있는 셀만 붙여넣기**: 복사한 범위 안에서 값이 있는 셀만 붙여넣고 값이 없는 셀은 무시합니다.

⓳ **행/열 바꿈**: 복사한 범위의 행과 열을 바꾸어 붙여넣습니다.

⓴ **연결하여 붙여넣기**: 여러 개의 셀을 복사하고 하나의 셀에 붙여넣으면 복사한 셀의 모든 내용이 하나의 셀에 연결되어 붙여넣기됩니다.

단축키 사전

▶ CTRL

분류	단축키	기능
기본	Ctrl + A	전체 선택
	Ctrl + C	복사
	Ctrl + V	붙여넣기
	Ctrl + X	잘라내기
	Ctrl + Z	실행 취소
	Ctrl + Y	되돌리기(실행 취소)
	Ctrl + N	새 통합 문서 만들기
	Ctrl + O	문서 열기
	Ctrl + P	[인쇄] 창 열기
	Ctrl + S	파일 저장하기
	Ctrl + W	파일 닫기
	Ctrl + F2	[인쇄] 창 열기
셀 서식	Ctrl + -	셀 삭제
	Ctrl + +	셀 삽입
	Ctrl + 0	선택한 세로 열 전체 숨기기
	Ctrl + 1	[셀 서식] 창 열기
	Ctrl + 2	굵게
	Ctrl + 3	기울임꼴
	Ctrl + 4	밑줄
	Ctrl + 5	취소선
	Ctrl + 8	윤곽 설정
	Ctrl + 9	선택한 가로 행 전체 숨기기
	Ctrl + B	굵게
	Ctrl + I	기울임꼴
	Ctrl + K	하이퍼링크 삽입
	Ctrl + U	밑줄
	Ctrl + Shift + -	모든 테두리 지우기

분류	단축키	기능
셀 서식	Ctrl + Shift + 0	세로 열 숨기기 취소
	Ctrl + Shift + 1	숫자 서식 적용(천 단위마다 콤마)
	Ctrl + Shift + 2	시간 서식 적용
	Ctrl + Shift + 3	날짜 서식 적용
	Ctrl + Shift + 4	통화 서식 적용(₩)
	Ctrl + Shift + 5	백분율 서식 적용(%)
	Ctrl + Shift + 6	숫자 데이터 지수 서식 적용(4.44E+02)
	Ctrl + Shift + 7	바깥쪽 테두리 적용
	Ctrl + Shift + 9	가로 행 숨기기 취소
	Ctrl + Shift + F	[셀 서식] 창의 [글꼴] 탭 열기
입력 및 수정	Ctrl + ;	오늘 날짜 입력
	Ctrl + →	(셀 편집 모드에서) 오른쪽 단어/문장 이동
	Ctrl + ←	(셀 편집 모드에서) 왼쪽 단어/문장 이동
	Ctrl + D	현재 셀의 위쪽 셀 복제
	Ctrl + R	현재 셀의 왼쪽 셀 복제
	Ctrl + E	빠른 채우기
	Ctrl + F	[찾기 및 바꾸기] 창의 [찾기] 탭 열기
	Ctrl + H	[찾기 및 바꾸기] 창의 [바꾸기] 탭 열기
	Ctrl + Enter	선택한 셀에 동시 입력
	Ctrl + Spacebar	세로 열 전체 선택
	Ctrl + Delete	(셀 편집 모드에서) 현재 위치에서 오른쪽 끝까지 삭제
	Ctrl + Insert	셀 복사
	Ctrl + Alt + V	값만 붙여넣기
이동	Ctrl +]	현재 셀을 참조하는 셀로 이동
	Ctrl + \	선택된 범위에서 값이 다른 셀 선택
	Ctrl + ↑	데이터가 있는 위쪽 마지막 셀로 이동
	Ctrl + →	데이터가 있는 오른쪽 마지막 셀로 이동
	Ctrl + ↓	데이터가 있는 아래쪽 마지막 셀로 이동
	Ctrl + ←	데이터가 있는 왼쪽 마지막 셀로 이동

분류	단축키	기능
이동	Ctrl + End	데이터가 있는 영역의 마지막 셀로 이동
	Ctrl + G	[이동] 창 열기
	Ctrl + Home	첫 번째 셀([A1])로 이동
	Ctrl + PgDn	현재 시트의 오른쪽 시트로 이동
	Ctrl + PgUp	현재 시트의 왼쪽 시트로 이동
보기 설정	Ctrl + Alt + -	화면 축소
	Ctrl + Alt + +	화면 확대
	Ctrl + F1	리본 메뉴 축소/확장
	Ctrl + Shift + F1	전체 화면 모드 실행/취소
	Ctrl + F10	창 축소/최대화
	Ctrl + F5	작업 창 축소
	Ctrl + F9	작업 창 최소화
	Ctrl + W	현재 문서 닫기
	Ctrl + F4	현재 문서 닫기
기타	Ctrl + 6	개체 숨기기/표시
	Ctrl + L	[표 만들기] 창 표시
	Ctrl + T	[표 만들기] 창 표시
	Ctrl + Shift + T	표 요약 행 표시/숨기기
	Ctrl + -	피벗 테이블 안의 항목 숨기기
	Ctrl → Alt → F5	피벗 테이블 데이터 새로 고침
	Ctrl + ~	시트에 수식 표시
	Ctrl + Shift + Enter	배열 수식 적용
	Ctrl + Shift + U	수식 입력줄 확대/축소
	Ctrl + Shift + L	자동 필터 실행/취소
	Ctrl + F3	[이름 관리자] 창 열기
선택	Ctrl + 클릭	셀 다중 선택
	Ctrl + Shift + [	현재 셀이 수식을 참조하는 셀 선택
	Ctrl + Shift + \	선택한 범위 중 값이 다른 셀 선택
	Ctrl + Shift + End	현재 선택한 셀부터 데이터가 있는 오른쪽 마지막 셀까지 선택

분류	단축키	기능
선택	Ctrl + Shift + Home	현재 선택한 셀부터 첫 번째 셀([A1])까지 선택
입력 및 수정	Ctrl + Shift + ;	현재 시간 입력
	Ctrl + Shift + →	(셀 편집 모드에서) 오른쪽 단어/문장 선택
	Ctrl + Shift + ←	(셀 편집 모드에서) 왼쪽 단어/문장 선택

▶ ALT➕

분류	단축키	기능
이동 및 선택	Alt + ;	보이는 셀만 선택
	Alt + ↓	필터 목록 펼치기
	Alt + Enter	(셀 편집 모드에서) 줄 바꿈
	Alt + PgDn	오른쪽으로 한 페이지 이동
	Alt + PgUp	왼쪽으로 한 페이지 이동
	Alt + Shift + PgDn	오른쪽 한 페이지 선택
	Alt + Shift + PgUp	왼쪽 한 페이지 선택
기타	Alt + F1	차트 삽입
	Alt + F2	다른 이름으로 저장
	Alt + F3	이름 상자로 이동
	Alt + F4	작업 중인 워크시트 닫기
	Alt + Shift + →	그룹 설정
	Alt + Shift + ←	그룹 해제

▶ ALT➡

분류	단축키	기능
셀 서식	Alt → I → E	셀 삽입
	Alt → I → R	행 삽입
	Alt → I → C	열 삽입
	Alt → E → D	셀 삭제
	Alt → E → A → F	셀 서식만 삭제
	Alt → E → A → C	셀 내용만 삭제
	Alt → E → A → A	셀 내용 및 서식 모두 삭제

분류	단축키	기능
셀 서식	Alt → I → M	메모 삽입
	Alt → R → D	메모 삭제
	Alt → H → W	자동 줄 바꿈
	Alt → H → L	조건부 서식
	Alt → H → H	셀 채우기 색
	Alt → H → H → N	셀 채우기 색 없음 적용
	Alt → H → O → I	열 너비 자동 맞춤
	Alt → H → O → A	행 높이 자동 맞춤
	Alt → H → F → C	글꼴 색
	Alt → H → B → A	모든 테두리 적용
	Alt → H → A → R	오른쪽 정렬
	Alt → H → A → L	왼쪽 정렬
	Alt → H → A → C	가운데 정렬
메뉴	Alt → A	[데이터] 탭으로 이동
	Alt → F	[파일] 탭으로 이동
	Alt → H	[홈] 탭으로 이동
	Alt → M	[수식] 탭으로 이동
	Alt → N	[삽입] 탭으로 이동
	Alt → P	[페이지 레이아웃] 탭으로 이동
	Alt → W	[보기] 탭으로 이동
	Alt → D → E	[텍스트 나누기] 창 열기
	Alt → D → L	[데이터 유효성] 창 열기
	Alt → D → N	[통합] 창 열기
	Alt → D → S	[정렬] 창 열기
	Alt → E → B	[클립보드] 창 열기
	Alt → F → D	[계정] 창 열기
	Alt → F → T	[엑셀 옵션] 창 열기
	Alt → F → W	[인쇄] 창 열기
	Alt → I → H	[차트 삽입] 창 열기

분류	단축키	기능
메뉴	Alt → I → O	[개체] 창 열기
	Alt → N → U	[기호] 창 열기
	Alt → O → A	[자동 서식] 창 열기
	Alt → O → D	[조건부 서식 규칙 관리자] 창 열기
	Alt → O → S	[스타일] 창 열기
	Alt → T → A	[자동 고침] 창 열기
	Alt → T → B	[통합 문서 통계] 창 열기
	Alt → T → E	[시나리오 관리자] 창 열기
	Alt → T → I	[추가 기능] 창 열기
	Alt → T → O	[Excel 옵션] 창 열기
	Alt → V → V	[사용자 지정 보기] 창 열기
	Alt → W → A	[창 정렬] 창 열기
	Alt → T → P → P	[시트 보호] 창 열기
	Alt → D → D → D	[데이터 원본 선택] 창 열기
	Alt → N → V → T	[표 또는 범위의 피벗 테이블] 창 열기
	Alt → H → F → I → S	[연속 데이터] 창 열기
기타	Alt → D → F → F	자동 필터 삽입/삭제
	Alt → W → F	틀 고정
	Alt → W → F → F	틀 고정 설정/해제
	Alt → D → R	데이터 새로 고침
	Alt → V → F	수식 입력줄 표시/숨기기
	Alt → V → H	머리글/바닥글 설정
	Alt → W → N	현재 작업 중인 워크시트를 새 창에 열기
	Alt → F → C	파일 닫기
	Alt → F → A	다른 이름으로 저장
	Alt → H → U → S	자동 합계
	Alt → E → L	현재 워크시트 삭제
	Alt → E → M	워크시트 [이동/복사] 창 열기
	Alt → H → O → R	워크시트 제목 수정

분류	단축키	기능
	Alt → I → W	워크시트 삽입
기타	Alt → O → H → H	현재 워크시트 숨기기
	Alt → J → Y → P → T	피벗 테이블 보고서 테이블 형식으로 변환
	Alt → J → Y → P → D	피벗 테이블 부분합 삭제

▶ SHIFT

분류	단축키	기능
	Shift + ↑	현재 셀 포함 위쪽 셀 선택
	Shift + →	현재 셀 포함 오른쪽 셀 선택
	Shift + ↓	현재 셀 포함 아래쪽 셀 선택
	Shift + ←	현재 셀 포함 왼쪽 셀 선택
	Shift + Enter	선택한 범위 안에서 위로 이동
	Shift + Tab	선택한 범위 안에서 왼쪽으로 이동
이동 및 선택	Shift + Spacebar	가로 행 전체 선택
	Shift + Home	현재 셀 포함 왼쪽 셀 모두 선택
	Shift + PgDn	현재 셀 포함 아래 1페이지의 모든 셀 선택
	Shift + PgUp	현재 셀 포함 위 1페이지의 모든 셀 선택
	Shift + Ctrl + End	현재 셀 포함 데이터가 있는 오른쪽 아래 셀까지 모두 선택
	Shift + Ctrl + Home	현재 셀 포함 데이터가 있는 왼쪽 위 셀까지 모두 선택
	Shift + 클릭	연속된 셀이나 워크시트 선택
	Shift + F2	메모 삽입
	Shift + F3	[함수 마법사] 창 열기
	Shift + F8	셀 다중 선택 모드 설정/해제
기타	Shift + F9	현재 시트 새로 고침
	Shift + F10	마우스 오른쪽 버튼 클릭과 같음
	Shift + F11	새 워크시트 생성
	Shift + F12	파일 저장

▶ 기타

단축키	기능
F2	셀 편집 모드
F3	[이름 붙여넣기] 창 열기
F4	이전 작업 반복
F5	[이동] 창 열기
F7	[맞춤법 검사] 창 열기
F8	셀 확장 선택 모드 설정/해제
F9	통합 문서의 모든 워크시트 새로고침
F11	선택한 범위의 데이터를 새 시트에 차트로 삽입
F12	[다른 이름으로 저장] 창 표시
Enter	아래쪽 셀로 이동
Tab	오른쪽 셀로 이동
Home	현재 행의 첫 셀로 이동
□+한자	특수 문자 입력
⊞+.	특수 문자 및 이모지 입력

2장

함수
이럴 땐, 이렇게!

엑셀은 업무 처리에 필수적인 도구로 자리매김했습니다. 엑셀의 다양한 기능 중에서도 함수는 데이터를 처리하고 분석하는 데 많은 도움을 줍니다. 많은 사용자가 엑셀의 함수를 알고는 있지만 실제 업무에 적절히 사용하거나 필요에 따라 다른 함수와 중첩해서 사용하는 데 어려움을 겪고 있습니다. 이러한 문제는 엑셀의 함수 사용을 제한하고 업무 효율성을 떨어트리는 원인이 됩니다. 따라서 실무에서 엑셀 함수의 사용법을 정확하게 학습하고 이해하는 것이 매우 중요합니다. 다양한 함수가 어떻게 작동하고 서로 다른 함수를 어떻게 중첩하는지 이해하면 복잡한 데이터를 간단하게 분석할 수 있어 효율적으로 산적한 업무를 처리할 수 있습니다. 엑셀 함수는 데이터 분석, 보고서 작성, 의사 결정 과정 등 다양한 영역에서 활용할 수 있습니다. 이번 장에서는 실무에서 만나게 되는 다양한 상황에서 엑셀 함수를 활용하여 해결하는 방법에 대해 알아보겠습니다.

EXCEL. IN THIS CASE, LIKE THIS! ▼

- ✓ 이런 것도 함수로 할 수 있어요

- ✓ 함수로 시간 및 날짜 계산하기

- ✓ 복잡한 계산/분석에 함수 제대로 활용하기

- ✓ 찾기/데이터베이스 함수로 빠르게 데이터 처리하기

- ✓ 엑셀 오류 메시지 해결하기

이런 것도 **함수**로 할 수 있어요

엑셀에서는 일반적으로 함수를 사용할 수 없다고 여겨지는 많은 작업까지도 함수로 수행할 수 있습니다. 이러한 함수들은 실무에서 데이터 처리와 분석을 효율적이고 유용하게 만들어 줍니다. 엑셀의 다양한 함수를 활용해 보세요.

🔗 새 통합 문서 | #설정 #함수

사용하는 PC의 엑셀 버전을 확인할 수 있나요?

Q 엑셀 버전을 확인하는 방법이 있을까요?

A [파일]-[계정]을 선택하거나 **INFO 함수**로 엑셀 버전을 확인할 수 있습니다.

1 [파일]-[계정]을 차례대로 선택하여 현재 사용 중인 엑셀의 버전을 확인할 수 있습니다.

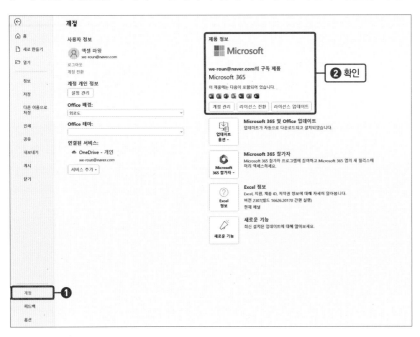

TIP

Alt → F → D를 차례대로 눌러도 [계정] 창을 표시할 수 있습니다.

2 시트에서 버전을 확인하거나 작업한 엑셀 파일의 버전을 포함해서 공유하려면 INFO 함수를 활용해 보세요. 버전 정보를 표시할 셀에 다음의 함수식을 입력한 다음 Enter를 누릅니다.

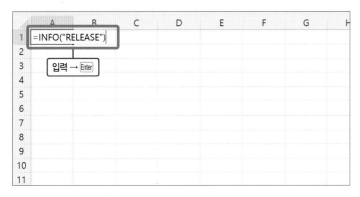

=INFO("RELEASE")

· **INFO(버전 정보)**

TIP

INFO 함수의 다른 인수에 대한 자세한 내용은 아래쪽의 'SUMMARY!'를 참고하세요.

3 반환되는 숫자에 따라 버전 정보를 확인할 수 있습니다.

반환 숫자	버전 정보
11.0	2003 이상
12.0	2007 이상
14.0	2010 이상
15.0	2013 이상
16.0	2016 이상

TIP

구독형 M365 버전의 경우 16.0이 반환됩니다. 반환 숫자는 인터페이스를 의미하는 것으로, 엑셀 2016 이상의 버전은 16.0 인터페이스를 유지하고 있다는 의미입니다.

SUMMARY!

=INFO("DIRECTORY"): 현재 엑셀 파일의 디렉터리 경로를 반환합니다.

=INFO("NUMFILE"): 현재 엑셀 시트에 활성화되어 있는 워크시트 수를 반환합니다.

=INFO("OSVERSION"): 현재 사용 중인 운영체제의 버전 정보를 반환합니다.

=INFO("RECALC"): 마지막으로 수행한 계산 모드를 반환합니다. '1'은 수동, '0'은 자동을 의미합니다.

=INFO("RELEASE"): 현재 사용 중인 엑셀 버전을 반환합니다.

=INFO("SYSTEM"): 현재 사용 중인 운영체제를 반환합니다.

입력한 점수만큼 '★'을 자동으로 표시할 수 있나요?

Q '시식 평가표'에 점수를 입력하면 자동으로 점수만큼 ★을 표시할 수 있을까요?

A 특정 텍스트를 지정한 횟수만큼 반복하여 표시하는 **REPT 함수**로 '★'을 표시할 수 있습니다.

 지정한 횟수만큼 텍스트를 반복하여 표시할 수 있는 REPT 함수는 특정 기호나 문자열을 반복하여 표시해서 우선순위, 중요도, 상태와 같은 정보를 표현하는 데 유용하게 활용할 수 있습니다. 여기서는 점수만큼 '★'을 표시하는 방법에 대해 알아보겠습니다.

1 '별점 평가' 항목인 **[D5]** 셀에 다음의 함수식을 입력하고 Enter 를 누릅니다.

fx =REPT("★",C5)

• **REPT(반복할 텍스트, 반복 횟수)**
첫 번째 인수인 반복할 텍스트는 "텍스트"의 형식으로 입력해야 합니다. 여기서는 점수만큼 별(★)을 반복할 것이므로 "★"을 입력했습니다. 두 번째 인수는 원하는 텍스트를 반복할 횟수로 여기서는 [C5] 셀을 인수로 사용했습니다.

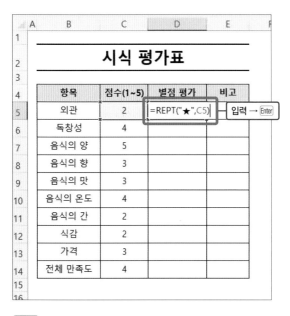

항목	점수(1~5)	별점 평가	비고
외관	2	=REPT("★",C5)	
독창성	4		
음식의 양	5		
음식의 향	3		
음식의 맛	3		
음식의 온도	4		
음식의 간	2		
식감	2		
가격	3		
전체 만족도	4		

TIP

□ → 한자 를 누르거나 ⊞+. 또는 ⊞+: 을 누르면 특수 문자 '★'을 입력할 수 있습니다.

2 [D5] 셀에 [C5] 셀의 점수만큼 '★'이 표시됩니다. [D5] 셀의 자동 채우기 핸들을 더블클릭하여 자동 채우기를 실행합니다.

3 5점 만점을 기준으로 바탕색이 채워진 별(★)과 바탕색이 채워지지 않을 별(☆)을 함께 표시하려면 [D5] 셀에 다음의 함수식을 입력하고 Enter를 누릅니다.

 =REPT("★",C5)&REPT("☆",5-C5)

'REPT("★", C5)'는 [C5] 셀의 점수만큼 '★'을 표시합니다. 여기서는 [C5] 셀의 점수가 '2'이므로 '★★'이 반환됩니다.
'REPT("☆", 5-C5)'는 [C5] 셀의 점수에서 5를 뺀 수만큼 '☆'을 표시합니다. 여기서는 [C5] 셀의 점수가 '2'이므로 5에서 2를 뺀 값인 3만큼 '☆'을 반복하여 표시하므로 '☆☆☆'가 반환됩니다. 마지막으로 연결 연산자 '&'를 사용하여 두 문자열을 연결하면 '★★☆☆☆'이 반환됩니다.

공백이 불규칙한 텍스트 데이터를 한 번에 정리할 수 있나요?

Q 인터넷에서 다운로드한 데이터에 불필요한 공백이 포함되어 있는데 공백을 한 번에 정리할 수 있을까요?

A TRIM 함수를 사용하면 불필요한 공백을 일일이 제거하지 않고 한 번에 정리할 수 있습니다.

1 불필요한 공백을 제거하기 위해 **[G5]** 셀에 다음의 함수식을 입력한 다음 [Enter]를 누릅니다.

fx **=TRIM(F5)**

• **TRIM(공백을 제거할 셀 또는 공백을 제거할 텍스트)**

TRIM은 '다듬다', '자르다'라는 뜻으로, TRIM 함수는 지정한 셀 중 텍스트의 양 끝 공백을 한 칸만 남기고 제거하는 함수입니다.

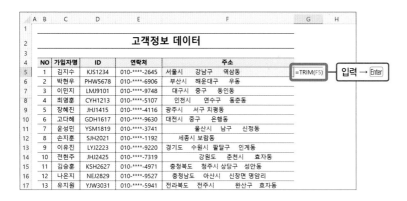

2 [G5] 셀에 공백이 제거된 텍스트가 반환됩니다. 나머지 주소 데이터의 공백을 제거하기 위해 **[G5]** 셀에 표시되는 자동 채우기 핸들을 더블클릭하여 자동 채우기를 실행합니다.

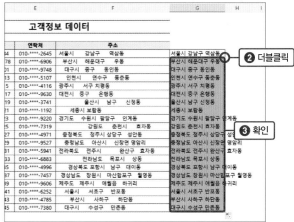

3 불필요한 공백이 제거된 **[G5:G24]** 영역을 복사하고 **[F5:F24]** 영역을 선택한 다음 (Ctrl)+(Alt)+(V)를 눌러 [선택하여 붙여넣기] 창을 표시합니다. [붙여넣기]에서 **[값]**을 선택하고 **[확인]**을 클릭합니다.

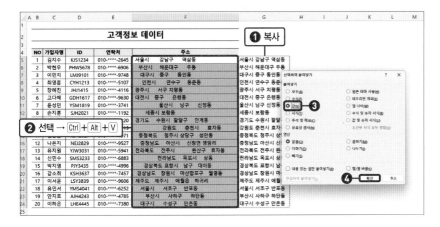

4 **[F5:F24]** 영역에 TRIM 함수의 결괏값만 붙여넣기하고 **[G]** 열을 삭제합니다.

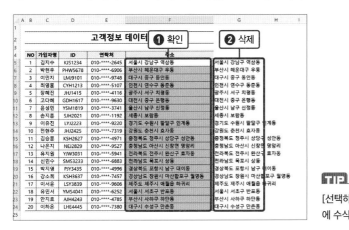

[선택하여 붙여넣기] 창의 [값]을 선택하면 붙여넣기하는 셀에 수식의 결괏값만 붙여넣기할 수 있습니다.

참 깐 만 요

결괏값만 복사/붙여넣기할 수 있나요?

다른 셀을 참조하는 셀의 데이터를 복사/붙여넣기할 경우 참조 셀이 변경되어 엉뚱한 값이 출력되거나 오류 메시지가 표시됩니다. 이럴 땐 복사할 셀의 값만 복사하여 붙여넣을 수 있습니다. 값만 복사하려면 복사할 데이터를 복사한 다음 붙여넣을 셀에서 (Ctrl)+(Alt)+(V) 또는 (Alt)+(E)+(S)를 눌러 [선택하여 붙여넣기] 창을 표시하고 [붙여넣기]에서 [값]을 선택하면 됩니다.

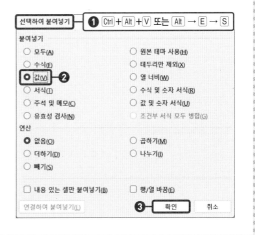

영어로 입력한 성과 이름의 첫 글자만 대문자로 변경할 수 있나요?

Q '임직원 정보' 표에서 영문 소문자로 입력한 임직원의 성과 이름 중 첫 글자만 대문자로 변경할 수 있을까요?

A PROPER 함수를 활용하면 영어 텍스트의 첫 글자만 대문자로 변경할 수 있습니다.

1 [E] 열을 선택하고 Ctrl+ + 를 눌러 열을 추가합니다

2 [E5] 셀에 다음의 함수식을 입력하고 Enter를 누릅니다.

fx =PROPER(D5)

・PROPER(변환할 텍스트나 텍스트가 있는 셀)

PROPER 함수는 인수로 지정된 텍스트의 각 단어 중 첫 번째 텍스트를 대문자로 변환하고 나머지 텍스트는 소문자로 변환하는 텍스트 함수입니다. 여기서는 성과 이름을 띄어쓰기로 구분하여 성과 이름의 첫 번째 텍스트를 대문자로 변환합니다.

3 [E5] 셀에 [D5] 셀의 텍스트 중 성과 이름의 첫 글자가 대문자로 변환된 텍스트가 반환됩니다. [E5] 셀의 자동 채우기 핸들을 더블클릭하여 자동 채우기를 실행합니다.

4 [E5:E28] 영역을 복사한 다음 [D5:D28] 영역을 선택하고 Ctrl+Shift+V를 눌러 값을 붙여넣고 [E] 열을 삭제합니다.

함수

기초함수

TIP Ctrl+Shift+V를 누르면 복사한 영역의 값만 붙여넣을 수 있습니다. 엑셀 2021 이하 버전에서는 [선택하여 붙여넣기]-[값]을 선택하면 됩니다.

SUMMARY! ▶

PROPER: 텍스트의 각 단어 중 첫 번째 텍스트를 대문자로 변환하고 나머지 텍스트는 소문자로 변환합니다.

- PROPER(변환할 텍스트나 텍스트가 있는 셀)

💡 **비슷한 함수**

UPPER: 전체 텍스트를 모두 대문자로 변환합니다.

LOWER: 전체 텍스트를 모두 소문자로 변환합니다.

🔗 회원 명단 | #함수

행을 삭제해도 연번을 순서대로 유지할 수 있나요?

Q '회원 명단' 표에서 탈퇴한 회원의 행을 삭제해도 [NO] 행의 연번을 그대로 유지할 수 있을까요?

A 현재 셀의 행 번호를 반환하는 **ROW 함수**를 사용하면 특정 행을 삭제해도 순번을 유지할 수 있습니다.

▲ 엑셀마왕 특강

---

1 [B5] 셀에 다음의 함수식을 입력한 다음 Enter를 누릅니다.

fx **=ROW( )-4**

• ROW(행 번호를 구하려는 셀)

ROW 함수는 행 번호를 반환하는 함수입니다. [B5] 셀에 함수식 '=ROW( )'를 입력하면 [B5] 셀의 행 번호인 '5'가 반환되지만 회원 명단 중 첫 번째 행으로 행 번호 1을 반환하기 위해 '-4'를 입력하여 '1'을 반환합니다.

TIP

행 번호가 아닌 열 번호를 반환하는 함수는 COLUMN 함수이며 위 예제와 같은 방법으로 활용할 수 있습니다.

2 함수식이 완성된 [B5] 셀의 자동 채우기 핸들을 더블클릭하여 [B17] 셀까지 함수식을 채워 완료합니다.

3 [비고] 열에 '탈퇴'가 입력되어 있는 [D9], [D12], [D15] 셀을 다중 선택합니다. 선택 영역을 마우스 오른쪽 버튼으로 클릭하고 [삭제]를 선택하여 [삭제] 창을 표시하고 [행 전체]를 선택하면 행 전체를 삭제해도 순번이 유지됩니다.

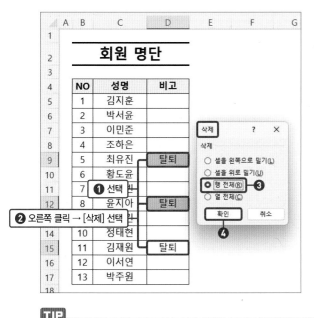

TIP

Ctrl을 누른 상태에서 셀을 차례대로 클릭하면 한 번에 여러 셀을 선택할 수 있습니다.

147

ROW: 지정한 셀의 행 번호를 반환합니다.
- ROW(행 번호를 반환할 셀)

💡 **비슷한 함수**

COLUMN: 지정한 셀의 열 번호를 반환합니다.

ROWS: 참조 영역이나 배열의 행 수를 반환합니다.

COLUMNS: 참조 영역이나 배열의 열 수를 반환합니다.

🔗 해외여행 패키지 | #함수 #오류

텍스트와 숫자가 혼용된 셀의 숫자만 추출하여 계산할 수 있나요?

Q 숫자와 텍스트를 혼용한 '해외여행 패키지' 표에서 연산을 했더니 '#VALUE!'라는 오류 메시지가 표시됩니다. 숫자와 텍스트가 혼용된 셀의 연산을 할 수 있는 방법이 있을까요?

A 텍스트와 숫자는 연산할 수 없으므로 '#VALUE!' 오류가 발생합니다. 이럴 땐 SUBSTITUTE 함수를 활용해 보세요.

💡 '해외여행 패키지' 표의 인당 금액과 신청 인원에는 텍스트와 숫자가 함께 입력되어 있습니다. 이런 경우 합계를 구하기 위해 인당 '금액×신청 인원([D5]×[E5])' 연산을 하면 #VALUE! 오류가 발생하죠. '값'이라는 의미인 '#VALUE!' 오류는 계산할 수 없는 값을 계산할 때 발생합니다. 이럴 땐 셀의 텍스트 중 일부를 변경할 수 있는 SUBSTITUTE 함수를 활용하여 숫자와 텍스트가 혼용된 셀의 연산을 할 수 있습니다.

1 합계를 계산할 [F2] 셀에 다음의 함수식을 입력하고 Enter를 누릅니다.

 =SUBSTITUTE(D5,"원","")*(SUBSTITUTE(E5,"명",""))

- **SUBSTITUTE(텍스트 또는 텍스트가 있는 셀, 변경하려는 텍스트, 변경할 텍스트, [변경할 위치])**

SUBSTITUTE 함수는 특정 텍스트가 있는 셀이나 텍스트 중 일부를 원하는 텍스트로 변경하는 텍스트 함수입니다. 여기서는 [D5] 셀의 '원'과 [E5] 셀의 '명'이라는 텍스트를 공백(" ")으로 변경하여 숫자만 남겨 연산하기 위해 SUBSTITUTE 함수를 사용했습니다.

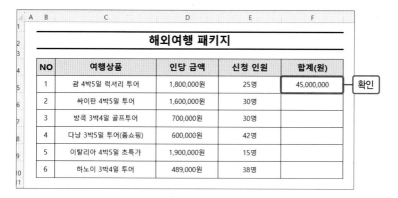

2 [F5] 셀에 '#VALUE!' 오류 없이 연산된 값이 표시됩니다.

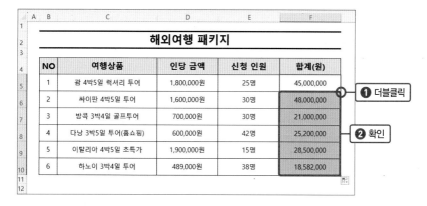

3 [F5] 셀의 자동 채우기 핸들을 더블클릭하여 자동 채우기를 실행합니다.

데이터를 입력하면 자동으로 연번이 입력되게 지정할 수 있나요?

 Q '등산 동호회 회원명단' 표에서 [소속부서] 항목에 데이터를 입력하면 [NO] 항목에 자동으로 입력되게 지정할 수 있을까요?

A 논리 함수인 **IF 함수**와 행 값을 반환하는 **ROW 함수**를 활용해서 특정 셀에 데이터가 입력되면 자동으로 연번이 입력되도록 지정할 수 있습니다.

▲ 엑셀마왕 특강

1 [B5] 셀에 다음의 함수식을 입력하고 Enter 를 누릅니다.

 =IF(C5<>"",ROW( )-4,"")

· **IF(참/거짓 판별식, 참일 경우 반환할 값, 거짓인 경우 반환할 값)**

IF 함수는 지정한 판별식이 참인 경우와 거짓인 경우 지정한 값을 반환하는 논리 함수입니다. 여기서는 참/거짓 판별식은 'C5<>'로, [C5] 셀의 값이 공백(" ")이 아닐 경우에는 참에 해당하는 ROW 함수의 값을 출력하고 거짓(공백)일 경우에는 공백("")을 반환합니다. 이때 '<>' 기호는 '같지 않음'을 의미하는 연산자입니다.

여기서는 [소속부서] 항목에 데이터를 입력하면 [NO] 항목에 행 번호가 표시되며 [B5] 셀에서 IF 함수의 조건문을 수식으로 입력한 것으로, 행 번호를 반환하기 위해 ROW 함수를 사용했습니다. 행 번호를 반환하는 ROW 함수와 '-4'의 빼기 연산을 함께 입력하여 행을 삭제해도 연번이 유지됩니다.

	등산 동호회 회원명단			
NO	소속부서	직급	회원명	비고
=IF(C5<>"",ROW()-4,"")	입력 → Enter			

TIP
ROW 함수에 대한 자세한 내용은 146쪽을 참고하세요.

2 [B5] 셀의 자동 채우기 핸들을 더블클릭하여 자동 채우기를 실행합니다.

함수

기본 함수

TIP

함수식을 입력한 다음 입력한 함수식이 제대로 작동되는지 확인하는 것이 좋습니다. 자동 채우기를 실행하기 전 [소속부서] 항목에 데이터를 입력하여 [NO] 항목에 행 번호가 반환되는지 확인해 보세요.

3 [C] 열에 데이터를 입력하면 [B] 열에 해당 행의 번호가 표시됩니다.

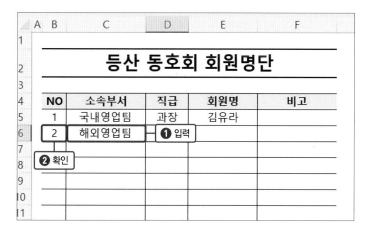

SUMMARY!

IF: 참/거짓의 판별식을 지정하여 참인 경우와 거짓인 경우에 해당하는 값을 반환합니다.
- IF(참/거짓 판별식, 참인 경우 반환할 값, 거짓인 경우 반환할 값)

💡 **비슷한 함수**

IFS: 엑셀 2019 이상 버전에서 사용할 수 있으며 한 개 이상의 참/거짓 판별식을 지정하여 참인 경우와 거짓인 경우에 해당하는 값을 반환합니다.

일치하는 값을 모두 한 셀에 가져올 수 있나요?

Q '임직원 명절 선물세트 신청내역' 표를 참조해서 같은 선물을 신청한 사람의 이름을 하나의 셀로 가져올 수 있을까요?

A 조건에 맞는 셀의 내용을 하나로 결합할 수 있는 **TEXTJOIN 함수**와 **IF 함수**를 사용하면 원하는 조건의 텍스트를 한 번에 취합할 수 있습니다.

▲ 엑셀마왕 특강

---

1 '선물세트별 신청자' 표의 [K5] 셀에 다음의 함수식을 입력하고 `Ctrl`+`Shift`+`Enter`를 누릅니다.

 =TEXTJOIN(", ",,IF(I5=$D$5:$D$19,$C$5:$C$19,""))

- **=TEXTJOIN(구분 기호, 빈 셀 무시 여부, 범위 1, [범위 2], …)**
- **=IF(참/거짓 판별식, 참일 경우 반환할 값, 거짓일 경우 반환할 값)**

TEXTJOIN 함수는 구분 기호를 사용하여 텍스트를 결합하는 텍스트 함수입니다. 여기서는 IF 함수를 중첩하여 판별식의 참/거짓에 해당하는 텍스트를 하나의 셀에 표시합니다.

- **구분 기호**: 텍스트를 결합할 때 각 텍스트 사이에 삽입할 텍스트로, 여기서는 ','로 결합한 텍스트를 ','로 구분합니다.
- **빈 셀 무시 여부**: TRUE 또는 FALSE로 설정합니다. TRUE를 설정하면 빈 셀은 무시하고 텍스트를 결합하며 FALSE를 설정하면 빈 셀도 구분자와 함께 포함하여 텍스트를 결합합니다. 사용한 함수식과 같이 '빈 셀 무시 여부'를 생략하면 기본값인 TRUE(빈 셀 무시)를 사용합니다.
- **범위**: 함수식 '=IF(I5=$D$5:$D$19,$C$5:$C$19,"")'를 사용하여 [D5:D19] 영역 중 [I5] 셀과 값이 같아 참일 경우 '고급 한우 세트' 상품명이 '임직원 명절 선물세트 신청내역' 표에서 [상품명] 항목의 [D5:D19] 영역에 있는 셀 중 일치하는 셀이 있는지 검사하는 조건입니다. 이 조건이 참일 경우에는 [신청자] 항목의 [C5:C19] 영역에서 동일한 위치의 셀 값을 반환하고 거짓일 경우에는 빈 문자열(" ")을 반환합니다.

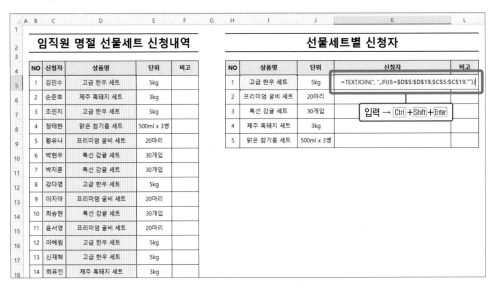

TIP

TEXTJOIN 함수는 엑셀 2016 및 M365 이상 버전에서 사용할 수 있습니다.

2 [K5] 셀에 '고급 한우 세트'의 신청자가 취합됩니다. [K5] 셀의 자동 채우기 핸들을 더블클릭하여 자동 채우기를 실행합니다.

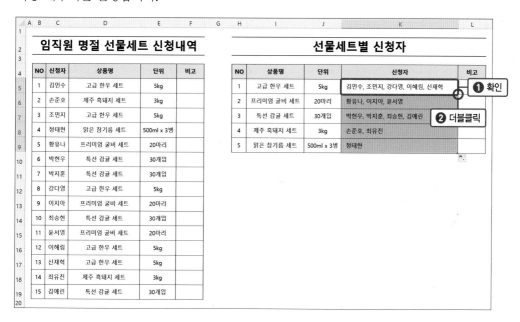

SUMMARY!

TEXTJOIN: 구분 기호를 사용하여 텍스트를 결합합니다.

- =TEXTJOIN(구분 기호, 빈 셀 무시 여부, [범위 1], [범위 2], …)

여러 셀에 입력되어 있는 텍스트를 하나로 결합할 수 있나요?

Q '임직원 사원번호' 표의 [입사년도], [부서코드], [내선번호] 열을 결합하여 [사원번호]를 한 번에 생성할 수 있을까요?

A CONCAT 함수를 활용해서 성과 이름을 결합하여 입력할 수 있습니다

---

1 사원번호를 생성할 [G5] 셀에 다음의 함수식을 입력하고 Enter를 누릅니다.

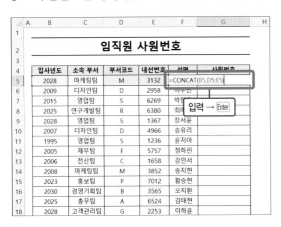

=CONCAT(B5,D5:E5)

- **=CONCAT(텍스트 1, [텍스트 2], …)**

엑셀 2019 이상 버전에서 사용할 수 있는 CONCAT 함수는 여러 개의 텍스트를 결합하는 함수로, 1개부터 255개까지의 텍스트를 결합할 수 있습니다. '=CONCAT(B5,D5:E5)'는 [B5] 셀의 입사년도, [D5:E5] 영역의 부서코드와 내선번호를 결합하여 '2028M3132'의 사원번호를 반환하는 함수식입니다.

2 [G5] 셀에 사원번호가 반환된 것을 확인한 다음 [G5] 셀의 자동 채우기 핸들을 더블클릭하여 자동 채우기를 실행합니다.

SUMMARY!

CONCAT: 인수로 지정한 텍스트를 결합하여 하나의 텍스트로 반환합니다.

- =CONCAT(텍스트 1, [텍스트 2], …)

💡 **비슷한 함수**

CONCATENATE: 인수로 지정한 텍스트를 결합하여 하나의 텍스트로 반환합니다. CONCAT 함수와 같은 결과가 반환되지만 여러 범위를 인수로 지정할 경우 각각의 인수로 지정해야 합니다.

TEXTJOIN: 구분 기호를 사용하여 텍스트를 결합합니다.

🔗 당일 출고 현황 | #함수

셀 안의 특정 텍스트 개수를 구할 수 있나요?

Q '당일 출고 현황' 표에서 하나의 셀에 하이픈(-)으로 구분한 배송지가 몇 개인지 구할 수 있을까요?

A LEN 함수와 SUBSTITUTE 함수를 활용하면 셀 안의 특정 글자 수를 구할 수 있습니다.

💡 LEN 함수는 텍스트가 입력된 셀의 텍스트 수를 구하는 함수이고 SUBSTITUTE 함수는 특정 텍스트를 원하는 텍스트로 변환하는 함수입니다. 그리고 이 두 함수를 중첩하면 전체 텍스트 중 특정 텍스트의 수만 구할 수 있습니다. 중첩 함수이므로 복잡한 것 같지만 원리는 간단합니다. 전체 텍스트 수에서 알고 싶은 텍스트의 수를 빼 특정 텍스트의 수를 구하는 것이죠.

1 [D7] 셀에 다음의 함수식을 입력한 다음 Enter 를 누르면 [C7] 셀에 입력된 전체 텍스트의 개수를 구할 수 있습니다.

 =LEN(D7)

• **LEN(텍스트 개수를 구할 셀이나 텍스트)**

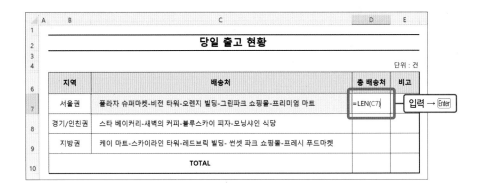

2 [C7] 셀에 입력된 텍스트 개수는 38개입니다. 여기서는 각 배송처를 '-'으로 구분했으므로 [C7] 셀에 입력된 '-'의 개수에 1을 더하면 총 배송처의 수를 확인할 수 있습니다. 그러기 위해서는 '-'을 공백으로 변환해야 합니다.

 [전체 텍스트 수] - ["-"을 제외한 텍스트 수] + [1]

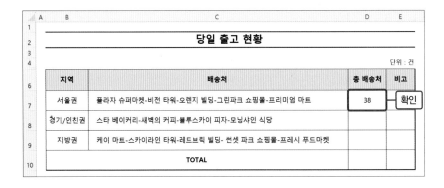

3 '-'을 공백으로 변환하기 위해 **1**에 입력한 함수식 뒤에 다음의 함수식을 입력합니다.

 =LEN(C7)-LEN(SUBSTITUTE(C7,"-",""))

• **LEN(텍스트 개수를 구할 셀)-LEN(SUBSTITUTE(텍스트를 변경할 셀, 변환하려는 텍스트, 변환할 텍스트))**

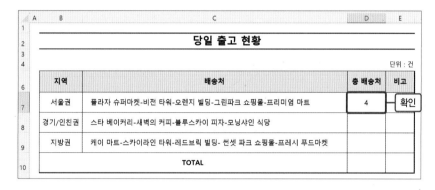

TIP

SUBSTITUTE 함수에 대한 자세한 내용은 148쪽을 참고하세요.

4 전체 텍스트 수에서 '-'을 제외한 텍스트 수는 '4'입니다. 하지만 실제 배송처 개수보다 1개 부족하므로 1을 더해야 전체 배송처 수를 알 수 있습니다.

5 **3**에 입력한 함수식 뒤에 '+1'을 입력하여 함수식을 완성합니다.

 =LEN(C7)-LEN(SUBSTITUTE(C7,"-",""))+1

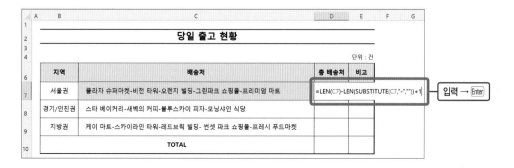

6 [D7] 셀에 배송처 개수가 반환되면 [D7] 셀을 자동 채우기 핸들을 더블클릭하거나 [D9] 셀까지 드래그하여 자동 채우기를 실행하면 각 지역의 총 배송처 수를 확인할 수 있습니다.

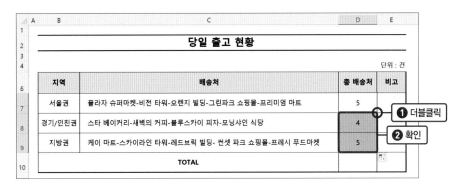

SUMMARY!

LEN: 지정한 문자열의 수를 반환합니다.

· LEN(문자 수를 반환할 구할 특정 셀이나 문자)

💡 **비슷한 함수**

LENB: 지정한 문자열이 차지하는 바이트 수를 계산하여 반환합니다.

COUNT: 지정한 범위에서 숫자가 포함된 셀의 개수를 구합니다.

COUNTA: 지정한 범위에서 비어 있지 않은 셀의 개수를 구합니다.

COUNTBLANK: 지정한 범위에서 빈 셀의 개수를 구합니다.

🖉 임직원 이메일 및 ID 현황 | #함수

특정 텍스트 앞의 텍스트만 추출할 수 있나요?

Q '임직원 이메일 및 ID 현황' 표의 [이메일 주소] 항목을 참고하여 '@' 앞에 입력되어 있는 텍스트를 [ID] 항목으로 추출할 수 있을까요?

A TEXTBEFORE 함수를 사용하면 원하는 텍스트를 추출할 수 있습니다.

1 텍스트를 추출할 **[E6]** 셀에 다음의 함수식을 입력하고 `Enter`를 누릅니다.

 =TEXTBEFORE(D6,"@",,,,"이메일을 입력해주세요")

• **= TEXTBEFORE(검색 텍스트, [구분 기호], [구분 기호 순서], [구분 기호 일치], [텍스트 끝 구분 기호 일치], [오류 표시 텍스트])**

M365 이상 버전에서 사용할 수 있는 TEXTBEFORE 함수는 지정한 텍스트를 검색하여 특정 텍스트 앞의 모든 텍스트를 반환하는 함수입니다. '=TEXTBEFORE(D6,"@",,,,"이메일을 입력해주세요")'는 [D6] 셀에 입력되어 있는 텍스트를 검색하여 '@' 앞의 전체 텍스트를 반환하고 '@'가 없을 경우 '이메일을 입력해주세요'라는 텍스트를 반환합니다.

- **검색 텍스트**: 검색할 전체 텍스트로, 여기서는 [D6] 셀에 입력되어 있는 이메일 주소를 검색합니다.
- **구분 기호**: 검색할 전체 텍스트에서 기준으로 삼을 텍스트를 지정합니다. 여기서는 '@'를 입력하여 [D6] 셀에 입력되어 있는 이메일 주소 중 '@'가 기준이 됩니다.
- **구분 기호 순서**: 검색할 텍스트에 같은 구분 기호가 1개 이상일 경우 지정한 순서의 기호를 기준으로 삼습니다. 생략할 경우 기본값 1이 적용되어 같은 구분 기호 중 첫번째 기호가 기준이 됩니다. 음수(-)를 입력할 경우 구분 기호를 역순으로 검색합니다. 생략 가능하며 생략할 경우 기본값 1이 적용됩니다.
- **구분 기호 일치**: 대/소문자를 구분합니다. '1'을 입력할 경우 영문자의 대/소문자를 무시하며 '0'을 입력할 경우 영문자의 대/소문자가 일치할 경우에만 기준이 됩니다. 생략 가능하며 생략할 경우 기본값 '1'이 적용됩니다.
- **텍스트 끝 구분 기호 일치**: 구분 기호가 없을 경우 반환 방법으로 '1'을 입력하면 검색 텍스트를 그대로 반환하고 '0'을 입력하면 오류 표시 텍스트를 반환합니다. 생략할 경우 기본값 0이 적용됩니다.
- **오류 표시 텍스트**: 구분 기호가 없을 경우 표시되는 오류 메시지(#N/A) 대신 반환할 텍스트를 지정합니다. 여기서는 구분 기호(@)가 없을 경우 '이메일을 입력해주세요'가 반환됩니다.

	A B	C	D	E	F	G	H
1							
2			**임직원 이메일 및 ID 현황**				
3							
4							
5	**No**	**성명**	**이메일 주소**	**ID**			
6	1	김영수	Youngsoo.Kim@samworld.com	=TEXTBEFORE(D6,"@",,,,"이메일을 입력해주세요")			
7	2	이지은	Jieun.Lee@samworld.com				
8	3	박준호	Kjunho.Par@samworld.com	입력 → Enter			
9	4	최현진	Ihyunjin.Cho@samworld.com				
10	5	정미영	Ngmiyoung.Jeo@samworld.com				
11	6	송유진	Gyujin.Son@samworld.com				
12	7	김지훈	Jihun.Kim@samworld.com				
13	8	이승민					
14	9	박성현	Ksunghyun.Par@samworld.com				
15	10	최지우	Ijiwoo.Cho@samworld.com				
16	11	정승호	Ngseungho.Jeo@samworld.com				
17	12	송민지	Gminji.Son@samworld.com				
18	13	김현우	Hyunwoo.Kim@samworld.com				
19	14	이예진					
20	15	박지훈	Kjihun.Par@samworld.com				
21	16	최승현	Isunghyun.Cho@samworld.com				
22	17	정유리	Ngyuri.Jeo@samworld.com				
23	18	송지훈					
24	19	김서윤	Seoyun.Kim@samworld.com				
25	20	이준영	Junyoung.Lee@samworld.com				
26							

TIP

TEXTBEFORE 함수를 사용할 수 없는 경우 '=IFERROR(LEFT(D6, FIND("@", D6) - 1),"이메일 주소를 입력해주세요")'의 함수식으로 이메일 주소에서 ID를 추출할 수 있습니다.

2 [E7] 셀에 ID가 추출된 것을 확인한 다음 [E7] 셀의 자동 채우기 핸들을 더블클릭하여 자동 채우기를 실행하면 ID를 추출할 수 없는 셀에 '이메일을 입력해주세요'라는 텍스트가 반환됩니다.

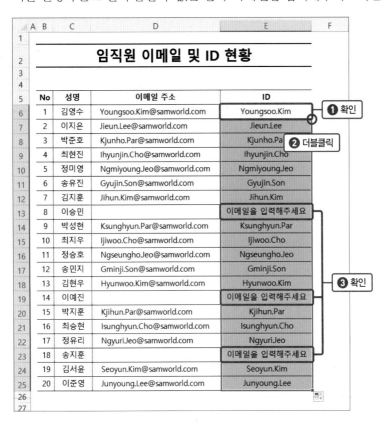

SUMMARY!

TEXTBEFORE: 지정한 텍스트를 검색하여 특정 텍스트 앞의 모든 텍스트를 반환합니다.

- = TEXTBEFORE(검색 텍스트, 구분 기호, [구분 기호 순서], [구분 기호 일치], [텍스트 끝 구분 기호 일치], [오류 표시 텍스트])

💡 비슷한 함수

TEXTAFTER: 지정한 텍스트를 검색하여 특정 텍스트 뒤의 모든 텍스트를 반환합니다.

함수로 시간 및 날짜 계산하기

엑셀에서 시간과 날짜 계산은 특정한 방식으로 처리하므로 일반적인 숫자 계산과는 다르게 작동합니다. 예를 들어 엑셀에서는 1900년 1월 1일을 '1'로 표현하고 하루 안의 시간을 소수점으로 나타낸 다음 그 안의 소수점으로 표현하는 방식으로 시간을 처리합니다. 이런 특성 때문에 일반적인 수학 연산만으로는 정확한 결과를 얻기 어렵습니다. 그래서 엑셀의 시간과 날짜 관련 함수와 기능을 활용하는 것이 중요합니다. 이러한 함수를 잘 활용하면 복잡한 날짜와 시간도 효과적이고 정확하게 계산할 수 있습니다.

🔗 탄력근무 | #함수 #사용자 지정 서식

점심 시간을 제외한 누적 근무 시간을 계산할 수 있나요?

Q 점심 시간을 제외한 근무 시간과 누적 근무 시간을 계산할 수 있을까요?

A TIME 함수와 **사용자 지정 서식**을 활용하면 간단하게 누적 근무 시간을 계산할 수 있습니다.

▲ 엑셀마왕 특강

💡 근무 시간을 계산하려면 퇴근 시간에서 출근 시간을 빼면 됩니다. 하지만 점심 시간은 어떻게 제외할 수 있을까요? 그리고 **SUM** 함수로 근무 시간의 합계를 구하면 누적 시간이 아닌 경과 시간이 표시됩니다. 여기서는 **TIME** 함수로 시간 데이터를 계산하는 방법과 누적 시간을 표시하는 방법에 대해 알아보겠습니다.

1 근무 시간을 구하기 위해 **[E5]** 셀에 다음의 함수식을 입력하고 Enter를 누릅니다.

	A	B	C	D	E	F
1						
2			(탄력) 근무시간			
3						
4		**날짜**	**출근**	**퇴근**	**근무시간**	
5		2030-03-01	9:00	18:00	=D5-C5-TIME(1,0,0)	
6		2030-03-04	10:00	20:00		
7		2030-03-05	9:00	18:00	입력 → Enter	
8		2030-03-06	8:00	17:00		
9		2030-03-07	9:00	18:00		
10		2030-03-08	10:00	19:00		
11		2030-03-11	9:00	19:00		
12		2030-03-12	10:00	19:00		
13		2030-03-13	9:00	18:00		
14		2030-03-14	10:00	19:00		
15		2030-03-15	8:00	19:00		
16		2030-03-18	9:00	18:00		

fx =D5-C5-TIME(1,0,0)

• **[퇴근 시간]-[출근 시간]-[TIME(시, 분, 초)]**

근무 시간(퇴근 시간(18:00)-출근 시간(9:00))에서 TIME 함수의 시간에 해당하는 인수(1,0,0)을 계산하여 점심 시간 1시간을 제외할 수 있습니다.

2 근무 시간이 계산된 **[E5]** 셀의 자동 채우기 핸들을 더블클릭하여 자동 채우기를 실행합니다.

3 누적 근무 시간을 계산하기 위해 **[E26]** 셀에 다음의 함수식을 입력하고 Enter 를 누릅니다.

fx =SUM(E5:E25)

- **SUM(합계를 구하려는 값이나 셀)**

13	2030-03-13	9:00	18:00	8:00
14	2030-03-14	10:00	19:00	8:00
15	2030-03-15	8:00	19:00	10:00
16	2030-03-18	9:00	18:00	8:00
17	2030-03-19	10:00	19:00	8:00
18	2030-03-20	9:00	18:00	8:00
19	2030-03-21	10:00	19:00	8:00
20	2030-03-22	10:00	19:00	8:00
21	2030-03-25	9:00	20:00	10:00
22	2030-03-26	10:00	19:00	8:00
23	2030-03-27	9:00	18:00	8:00
24	2030-03-28	8:00	17:00	8:00
25	2030-03-29	9:00	19:00	9:00
26	TOTAL			=SUM(E5:E25)
28	※ 점심시간 1시간은 근무시간에서 제외합니다			
29				

① 입력 → Enter

13	2030-03-13	9:00	18:00	8:00
14	2030-03-14	10:00	19:00	8:00
15	2030-03-15	8:00	19:00	10:00
16	2030-03-18	9:00	18:00	8:00
17	2030-03-19	10:00	19:00	8:00
18	2030-03-20	9:00	18:00	8:00
19	2030-03-21	10:00	19:00	8:00
20	2030-03-22	10:00	19:00	8:00
21	2030-03-25	9:00	20:00	10:00
22	2030-03-26	10:00	19:00	8:00
23	2030-03-27	9:00	18:00	8:00
24	2030-03-28	8:00	17:00	8:00
25	2030-03-29	9:00	19:00	9:00
26	TOTAL			7:00
28	※ 점심시간 1시간은 근무시간에서 제외합니다			
29				

② 확인

엑셀의 시간은 24시간 형식을 기본으로 하고 있어서 24시간을 초과하면 다시 1시간으로 표시됩니다.

4 계산된 시간을 누적 시간으로 표시하려면 [E26] 셀을 선택한 상태에서 Ctrl + 1 을 눌러 [셀 서식] 창을 표시하고 **[표시 형식]** 탭의 **[사용자 지정]** 범주를 선택합니다. [형식]에 '[h]:mm'을 입력하고 **[확인]** 을 클릭하면 전체 누적 근무 시간이 표시됩니다.

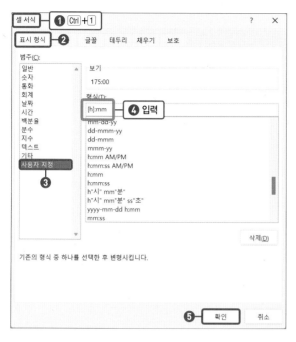

6	2030-03-04	10:00	20:00	9:00
7	2030-03-05	9:00	18:00	8:00
8	2030-03-06	8:00	17:00	8:00
9	2030-03-07	9:00	18:00	8:00
10	2030-03-08	10:00	19:00	8:00
11	2030-03-11	9:00	19:00	9:00
12	2030-03-12	10:00	19:00	8:00
13	2030-03-13	9:00	18:00	8:00
14	2030-03-14	10:00	19:00	8:00
15	2030-03-15	8:00	19:00	10:00
16	2030-03-18	9:00	18:00	8:00
17	2030-03-19	10:00	19:00	8:00
18	2030-03-20	9:00	18:00	8:00
19	2030-03-21	10:00	19:00	8:00
20	2030-03-22	10:00	19:00	8:00
21	2030-03-25	9:00	20:00	10:00
22	2030-03-26	10:00	19:00	8:00
23	2030-03-27	9:00	18:00	8:00
24	2030-03-28	8:00	17:00	8:00
25	2030-03-29	9:00	19:00	9:00
26	TOTAL			175:00	**6** 확인
28	※ 점심시간 1시간은 근무시간에서 제외합니다			

🔗 임직원 출근시간 데이터 | #함수

하나의 셀에 입력된 날짜와 시간을 분리할 수 있나요?

Q 임직원 출근 시간 데이터를 정리하고 있는데, 하나의 셀에 입력된 날짜와 시간을 분리할 수 있을까요?

A 시간과 날짜 데이터를 이해하면 정수를 반환하는 INT 함수와 소수를 반환하는 MOD 함수로 날짜와 시간을 분리할 수 있습니다.

날짜와 시간 데이터의 특성을 이해한다면 숫자만으로 날짜와 시간을 표현할 수 있습니다. 엑셀에서는 날짜와 시간 데이터를 모두 숫자로 표현합니다. '1900년 1월 1일'을 숫자 형식으로 표시하면 숫자 '1'이 표시되고 '1900년 1월 2일'은 숫자 '2', '1900년 1월 3일'은 숫자 '3'으로 표시됩니다. '1900년 1월 1일'을 기준으로 하루가 지날 때마다 정수 '1'씩 증가하는 것이죠. 시간 데이터는 '24시간(1일)'을 '1'로 표시합니다. '오전 12시'를 숫자 형식으로 표시하면 '0'이 표시되고 '오후 12시'를 숫자 형식으로 표시하면 '0.5'로 표시됩니다. '1'을 '24'로 나눈 값인 소수로 시간으로 표시하는 것이죠.

날짜 형식	숫자 형식	시간 형식	숫자 형식	날짜와 시간 형식	숫자 형식
1900-01-01	1	12:00:00 AM	0.000	1900-01-01 12:00:00 AM	1.000
1900-01-02	2	03:00:00 AM	0.125	1900-01-01 03:00:00 AM	1.125
1900-01-03	3	06:00:00 AM	0.250	1900-01-01 06:00:00 AM	1.250
1900-01-04	4	09:00:00 AM	0.375	1900-01-01 09:00:00 AM	1.375
1900-01-05	5	12:00:00 PM	0.500	1900-01-01 12:00:00 PM	1.500

그리고 이러한 날짜와 시간 데이터의 특성을 이해한다면 **INT** 함수와 **MOD** 함수를 활용하여 하나의 셀에 입력된 날짜와 시간 데이터를 분리하여 표시할 수 있습니다.

1 날짜 데이터를 추출할 **[F5]** 셀에 다음의 함수식을 입력한 다음 [Enter]를 누릅니다.

 =INT(E5)

- **INT(정수로 내림하려는 실수 또는 정수로 내림하려는 실수가 있는 셀)**

INT 함수는 소수점 아래를 버리고 가장 가까운 정수만 반환하는 함수입니다. [E5] 셀의 '2030-09-10 8:55'는 '47736. 3715…'이므로 INT 함수로 날짜에 해당하는 정수만 추출합니다.

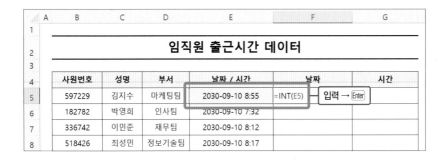

2 이번에는 시간 데이터를 추출하기 위해 **[G5]** 셀에 다음의 함수식을 입력하고 [Enter]를 누릅니다.

 =MOD(E5,1)

- **MOD(나누려는 수 또는 나누려는 수가 있는 셀, 나누는 수)**

MOD 함수는 나눗셈의 나머지 값을 반환하는 함수입니다. [E5] 셀의 '2030-09-10 8:55'는 '47736.3715…'이므로 MOD 함수로 시간에 해당하는 나머지인 소수만 추출합니다.

3 날짜와 시간 데이터를 추출했지만 날짜와 시간이 모두 표시되므로 표시 형식을 수정해야 합니다. **[F5]** 셀의 표시 형식은 날짜 형식(YYYY-MM-DD)으로 수정하고 **[G5]** 셀의 표시 형식은 시간 형식(HH:MM)으로 수정합니다.

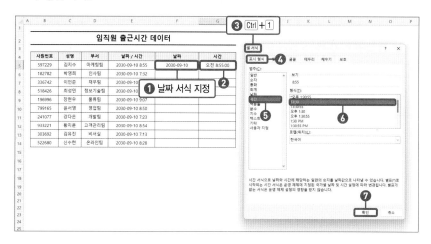

TIP

셀 서식에 대한 자세한 내용은 42쪽을 참고하세요.

4 **[F5:G5]** 영역을 선택한 다음 **[G5]** 셀의 자동 채우기 핸들을 더블클릭하여 자동 채우기를 실행합니다.

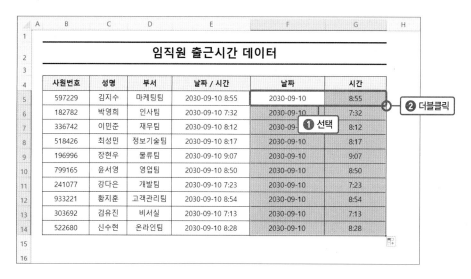

하나의 셀에 입력된 날짜 데이터에서 연, 월, 일을 분리할 수 있나요?

Q ‘임직원 리스트’ 표에서 [입사일자] 항목을 입사년도, 입사월, 입사일로 각각 분리해서 데이터를 관리할 수 있을까요?

A YEAR, MONTH, DAY 함수를 활용하면 연, 월, 일 데이터 중 원하는 날짜 데이터를 추출할 수 있습니다.

1 날짜 데이터에서 연, 월, 일을 추출하기 위해 **[H5]** 셀, **[I5]** 셀, **[J5]** 셀에 다음의 함수식을 입력하고 Enter를 누릅니다.

fx
❶ [H5]: =YEAR(G5)
❷ [I5]: =MONTH(G5)
❸ [J5]: =DAY(G5)

- **YEAR(날짜 일련번호 또는 날짜 데이터):** 1900부터 9999 사이의 정수에서 연도를 구합니다. 빈 셀에 ‘=YEAR(2050-01-31)’을 입력하면 연도에 해당하는 ‘2050’을 출력합니다. 여기서는 인수에 ‘G5’를 입력하여 [G5] 셀의 날짜 데이터 중 연도에 해당하는 ‘2015’를 출력합니다.
- **MONTH(날짜 일련번호 또는 날짜 데이터):** 1부터 12 사이의 정수에서 월을 구합니다. 빈 셀에 ‘=MONTH(2050-01-31)’을 입력하면 인수 중 월에 해당하는 ‘01’을 출력합니다. 여기서는 인수에 ‘G5’를 입력하여 [G5] 셀의 날짜 데이터 중 월에 해당하는 ‘03’을 출력합니다.
- **DAY(날짜 일련번호 또는 날짜 데이터):** 1부터 31 사이의 정수에서 일을 구합니다. 빈 셀에 ‘=YEAR(2050-01-31)’을 입력하면 인수 중 일에 해당하는 ‘31’을 출력합니다. 여기서는 인수에 ‘G5’를 입력하여 [G5] 셀의 날짜 데이터 중 일에 해당하는 ‘21’을 출력합니다.

임직원 리스트

사번	이름	소속	직위	내선 번호	입사일자	입사년도	입사월	입사일
ST-70388	김영수	마케팅팀	차장	1188	2015-03-21	=YEAR(G5)	=MONTH(G5)	=DAY(G5)
ST-25570	박지원	인사팀	과장	9969	2020-08-14			
ST-92507	이지훈	영업팀	대리	3056	2025-06-03			
ST-30348	최우진	물류팀	부장	7896	2010-10-19			
ST-85555	장은영	개발팀	과장	6638	2021-04-25			
ST-94948	조아름	인사팀	이사	6592	2005-07-03			
ST-46820	고빈이	물류팀	대리	5156	2026-11-25			
ST-94305	한주희	영업팀	사원	2578	2029-04-26			
ST-16972	강민준	회계팀	차장	1847	2018-09-28			
ST-98053	남지희	인사팀	사원	1487	2030-06-28			
ST-66801	손인영	회계팀	사원	2804	2027-07-21			
ST-46961	문상우	개발팀	부장	7019	2014-09-18			
ST-47223	윤다은	마케팅팀	대리	1674	2026-03-08			
ST-65327	권예지	영업팀	대리	4756	2025-01-09			
ST-31599	정태환	회계팀	사원	2909	2030-10-05			

2 각 셀에 연, 월, 일이 표시됩니다. [H5:J5] 영역을 선택한 다음 [J5] 셀의 자동 채우기 핸들을 더블 클릭하여 자동 채우기를 실행합니다.

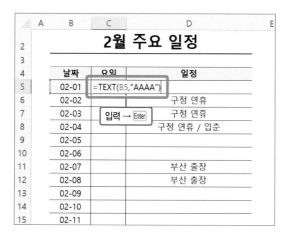

TIP

YEAR, MONTH, DAY 함수는 날짜 함수로, 날짜 함수를 사용하려면 참조하는 셀의 데이터가 날짜 형식으로 입력되어 있어야 합니다. 날짜 형식 데이터에 대한 자세한 내용은 42쪽을 참고하세요.

📎 2월 주요 일정 | #함수

날짜를 참조하여 요일을 구할 수 있나요?

Q '2월 주요 일정'에 입력된 [날짜] 항목의 데이터를 참조하여 요일을 표시할 수 있을까요?

A TEXT 함수를 활용해서 날짜에 맞는 요일을 구할 수 있습니다.

1 [C5] 셀에 다음의 함수식을 입력한 다음 Enter 를 누릅니다.

날짜	요일	일정
02-01	=TEXT(B5,"AAAA")	
02-02		구정 연휴
02-03		구정 연휴
02-04		구정 연휴 / 입춘
02-05		
02-06		
02-07		부산 출장
02-08		부산 출장
02-09		
02-10		
02-11		

2월 주요 일정

입력 → Enter

 =TEXT(B5,"AAAA")

• **TEXT(텍스트로 변환할 숫자나 셀, 변환할 형식)**

TEXT 함수는 숫자를 원하는 형식의 텍스트로 변환하는 함수입니다. 여기서는 날짜([B5])를 참조하여 한글 요일("AAAA")을 반환합니다.

2 참조한 [B5] 셀의 숫자에 해당하는 요일이 표시된 것을 확인한 다음 [B5] 셀의 자동 채우기 핸들을 더블클릭하여 자동 채우기를 실행합니다.

SUMMARY!

TEXT 함수는 참조하는 셀이나 숫자를 원하는 형식의 텍스트로 변환합니다.

- TEXT(텍스트로 변환할 숫자나 셀, 변환할 형식)

- **"AAA"**: 한글 요일의 약어 (예: 월)
- **"AAAA"**: 한글 요일의 전체 이름 (예: 월요일)
- **"DDD"**: 영문 요일의 약어 (예: Mon)
- **"DDDD"**: 영문 요일의 전체 이름 (예: Monday)

🔗 진급대상자 근속년수 정보 | #함수

임직원의 현재까지 재직 기간을 구할 수 있나요?

 '차장.과장.대리 진급대상자 근속년수 정보' 표에서 근속년수를 구할 수 있을까요?

 두 날짜 사이의 차이를 계산해 주는 **DATEDIF** 함수로 근속년수를 구할 수 있습니다.

두 날짜 간의 차이를 계산하는 DATEDIF 함수를 사용하면 간단하게 재직 기간을 구할 수 있습니다. DATEDIF 함수는 엑셀이 등장하기 전에 개발된 'Lotus 1-2-3' 프로그램에 포함되어 있던 함수로, 엑셀의 함수 마법사에는 검색되지 않습니다. 하지만 지금의 엑셀에서도 사용할 수 있는 호환 함수로, DATEDIF 함수를 사용하려면 함수 표시줄에서 직접 함수와 인수를 입력해야 합니다.

1 근속년수를 계산할 [H4] 셀에 다음의 함수식을 입력하고 Enter를 누릅니다.

fx **=DATEDIF(F7,$H$4,"Y")**

- **DATEDIF(시작 날짜, 종료 날짜, 계산 단위)**

DATEDIF 함수는 시작 날짜와 종료 날짜의 차이를 계산하는 함수로, 두 날짜 간의 차이를 원하는 계산 단위로 반환할 수 있습니다. 여기서는 계산 단위에 'Y'를 입력하여 '기준날짜'와 '입사일'의 차이를 연 단위로 반환하며 참조할 시작 날짜를 고정하기 위해 F4를 눌러 절대 참조($H$4)로 고정했습니다.

NO	사원번호	이름	직급	입사일	근속년수	비고
			차장.과장.대리 진급대상자 근속년수 정보			
					기준날짜	2030-10-22
1	911817	박영희	과장	2020-07-10	=DATEDIF(F7,$H$4,"Y")	
2	832294	이민준	과장	2021-07-07	입력 → Enter	
3	188965	최현우	과장	2019-10-02		
4	631085	정유진	과장	2023-09-06		
5	173644	송하은	과장	2022-06-03		
6	936224	김태현	과장	2021-09-10		
7	454131	박서연	과장	2021-11-13		

2 [H4] 셀의 날짜를 기준으로 근속년수가 계산됩니다.

NO	사원번호	이름	직급	입사일	근속년수	비고
			차장.과장.대리 진급대상자 근속년수 정보			
					기준날짜	2030-10-22
1	911817	박영희	과장	2020-07-10	10	확인
2	832294	이민준	과장	2021-07-07		
3	188965	최현우	과장	2019-10-02		
4	631085	정유진	과장	2023-09-06		
5	173644	송하은	과장	2022-06-03		
6	936224	김태현	과장	2021-09-10		
7	454131	박서연	과장	2021-11-13		

함수

시간 및 날짜 함수

3 나머지 근속년수를 계산하기 위해 **[H4]** 셀의 자동 채우기 핸들을 더블클릭하여 자동 채우기를 실행합니다.

차장.과장.대리 진급대상자 근속년수 정보

기준날짜 2030-10-22

NO	사원번호	이름	직급	입사일	근속년수	비고
1	911817	박영희	과장	2020-07-10	10	❶ 더블클릭
2	832294	이민준	과장	2021-07-07	9	
3	188965	최현우	과장	2019-10-02	11	
4	631085	정유진	과장	2023-09-06	7	
5	173644	송하은	과장	2022-06-03	8	
6	936224	김태현	과장	2021-09-10	9	
7	454131	박서연	과장	2021-11-13	8	
8	384118	이지훈	대리	2025-09-12	5	
9	472363	최서준	대리	2025-11-23	4	❷ 확인
10	406824	정나연	대리	2024-07-06	6	
11	771020	송지아	대리	2025-02-12	5	
12	438280	김유찬	주임	2028-09-21	2	
13	705631	박재원	주임	2027-01-15	3	
14	326451	이하린	주임	2027-08-27	3	
15	234513	최수빈	주임	2027-03-05	3	
16	139255	정민석	주임	2026-08-23	4	
17	609531	송승희	주임	2027-04-28	3	

TIP

계산된 근속년수와 '년'을 함께 표시하려면 셀 서식을 변경하면 됩니다. 셀 서식 변경에 대한 자세한 내용은 42쪽을 참고하세요.

SUMMARY! ▼

DATEDIF: 시작 날짜와 종료 날짜 사이의 차이를 계산합니다.
- =DATEDIF(시작 날짜, 종료 날짜, 계산 단위)

- **Y(년)**: 시작 날짜와 종료 날짜 사이의 전체 연도 수. =DATEDIF("2030-01-01", "2031-01-01", "Y")를 입력하면 '1'을 반환합니다.
- **M(월)**: 시작 날짜와 종료 날짜 사이의 전체 개월 수. =DATEDIF("2030-01-01", "2031-01-01", "M")을 입력하면 '12'를 반환합니다.
- **D(일)**: 시작 날짜와 종료 날짜 사이의 전체 일 수. =DATEDIF("2030-01-01", "2031-01-01", "D")를 입력하면 '365'를 반환합니다.

연월일로 구분된 1년 누적 데이터의 월별 합계를 구할 수 있나요?

Q '자사몰 일자별 회원 가입자 현황' 표에서 월별 가입자 합계를 구할 수 있을까요?

A SUM 함수와 MONTH 함수를 중첩하여 배열 수식으로 입력하면 간단하게 해결할 수 있습니다.

함수

시간 및 날짜 함수

1 1월 가입자 수를 구할 **[G7]** 셀에 다음의 함수식을 입력하고 Ctrl + Shift + Enter 를 눌러 배열 수식을 입력합니다.

 =SUM((MONTH($B$7:$B631)=F7)*($C$7:$C$631))

- **MONTH($B$7:$B631)=F7**: [B7] 셀부터 [B631] 셀에 들어있는 '가입일자' 날짜에서 '월'을 추출하고, 이 월이 [F7] 셀의 값과 같은 지 비교합니다. 결괏값은 TRUE(일치) 또는 FALSE(불일치)의 배열로 반환됩니다.

- **(MONTH($B$7:$B631)=F7)*(C7:C631)**: 위에서 구한 TRUE/FALSE 배열과 '가입자 수' 항목인 [C7] 셀부터 [C631] 셀까지의 값을 곱합니다. 여기서 TRUE는 1, FALSE는 0으로 계산되므로, '가입 월'이 F7 셀의 값과 일치하는 경우에만 해당하는 [C] 열의 값이 배열에 포함됩니다.

- **{=SUM((MONTH($B$7:$B631)=F7)*(C7:C631))}**: 마지막으로 이 결과 배열의 모든 값을 합산합니다. 이때 중괄호({ }) 는 배열 수식임을 나타내며 수식을 입력할 때 Ctrl + Shift + Enter 를 눌러야 생성됩니다.

엑셀에서 수식을 입력할 때 일반 수식과 배열 수식이 있습니다. 일반 수식은 가장 일반적으로 사용하는 수식으로, 하나의 값에 대해 연산을 수행합니다. 예를 들어 =A1+B1이라는 수식은 [A1] 셀의 값과 [B1] 셀의 값을 더하는 일반 수식입니다. 배열 수식은 여러 개의 값에 대해 연산을 수행하는 수식입니다. 즉 하나가 아닌 여러 개의 값(배열)을 동시에 처리합니다. 예를 들어 =SUM(A1:A10*B1:B10)이라는 함수식은 [A1] 셀부터 [A10] 셀까지의 값과 [B1] 셀부터 [B10] 셀까지의 값을 각각 곱한 후 모두 더하는 배열 수식입니다. 이처럼 배열 수식은 여러 개의 값을 한 번에 처리해야 하는 복잡한 계산을 효율적으로 수행할 수 있습니다.

	자사몰 일자별 회원 가입자 현황				월별 가입자 합계		
			단위 : 명				단위 : 명
	가입일자	가입자 수	비고		월	가입자 수	비고
	2030-01-01	76			1	=SUM((MONTH($B$7:$B$631)=F7)*($C$7:$C$631))	
	2030-01-01	55			2		
	2030-01-02	113			3	입력 → Ctrl + Shift + Enter	
	2030-01-02	46			4		
	2030-01-03	130			5		
	2030-01-03	81			6		
	2030-01-04	14			7		
	2030-01-04	18			8		
	2030-01-05	68			9		
	2030-01-06	46			10		
	2030-01-07	18			11		
	2030-01-07	104			12		
	2030-01-08	17			TOTAL	0	
	2030-01-08	133					

TIP

MONTH 함수에 대한 자세한 내용은 166쪽을 참고하세요.

2 [G7] 셀에 전체 가입자 중 가입일자가 1월인 가입자의 합계가 반환됩니다.

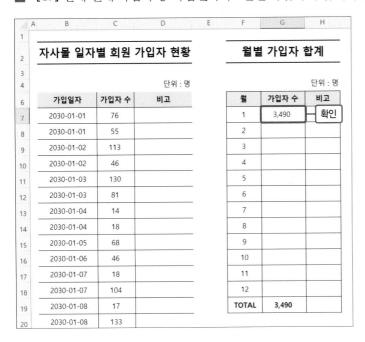

3 [G7] 셀의 자동 채우기 핸들을 더블클릭하여 자동 채우기를 실행합니다.

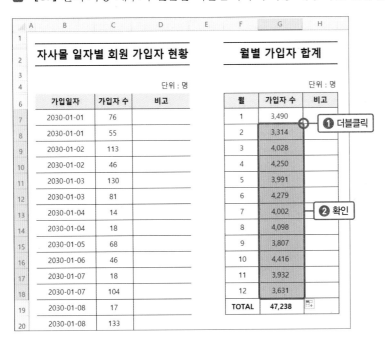

복잡한 계산/분석에 함수 제대로 활용하기

엑셀에서는 다양한 상황에서 데이터를 계산하거나 분석해야 할 때가 많습니다. 이럴 때 순위를 확인하거나, 평균값을 구하고 값을 반올림하거나, 나머지를 계산하는 등의 작업이 필요하게 됩니다. 이런 상황에서 특정 함수들의 활용법을 알면 엑셀 작업의 효율성을 크게 향상시킬 수 있어서 각 함수의 기능과 적용 방법을 이해하고 활용하는 것이 중요합니다.

                                                     🔗 제품별 매출액 | #함수

자동으로 순위를 구할 수 있나요?

Q 제품명이 오름차순으로 정렬되어 있는 '제품별 매출액 순위'에서 '매출액'을 기준으로 순위를 표시할 수 있을까요?

A RANK.EQ 함수를 사용하면 데이터의 순위를 구할 수 있습니다.

1 매출액 기준 순위를 표시할 **[E7]** 셀에 다음의 함수식을 입력한 다음 Enter를 누릅니다.

fx =RANK.EQ(D7,$D$7:$D$32)

• RANK.EQ(순위를 구하려는 수, 순위를 구할 데이터 범위, [순위를 정할 방법])

RANK.EQ 함수는 데이터 범위 안에서 주어진 숫자의 순위를 반환합니다. 값이 동일한 항목이 1개 이상 있을 경우 모두 같은 순위로 출력합니다. RANK.EQ 함수의 세 번째 인수는 '0'을 입력하거나 생략할 경우 내림차순으로 순위를 반환하고 '1'을 입력하면 오름차순으로 순위를 반환합니다. RANK.EQ 함수는 엑셀 2010 버전 이후에 RANK 함수 대신 사용하는 함수로, 버전 호환성 유지를 위해 RANK 함수를 RANK.EQ 함수와 같은 방법으로 사용할 수 있습니다. 여기서는 순위를 구할 데이터 범위인 [D7:D32] 영역을 고정하기 위해 F4를 눌러 절대 참조 [$D$7:$D$32]로 고정했습니다.

A	B	C	D	E	F	G
1						
2		**제품별 매출액**				
3						
4				단위 : 원		
6	NO	제품명	매출액	순위		
7	1	2인용 가죽 소파	57,873,320	=RANK.EQ(D7,$D$7:$D$32)		
8	2	4인 패브릭 소파	72,381,540			
9	3	6인 원목식탁 테이블	19,192,020	입력 → Enter		
10	4	고메피자	3,564,840			
11	5	골프 거리측정기	4,891,360			
12	6	골프가방	18,423,500			
13	7	그레인 시리얼 바 (15개입)	3,469,190			
14	8	메모리 폼 매트리스	63,593,620			
15	9	모던 스타일 책상	55,139,500			
16	10	비즈 클러치 가방	8,870,690			

2 전체 매출액 중 [D7] 셀에 해당하는 순위가 표시됩니다. [D7] 셀의 자동 채우기 핸들을 더블클릭하여 자동 채우기를 실행합니다. 자동 채우기를 실행하면 서식까지 채워지므로 [E32] 셀에 표시되는 [자동 채우기 옵션] 🔳을 클릭하고 **[서식 없이 채우기]**를 선택하여 서식을 제외한 값을 자동 채우기를 실행할 수 있습니다.

NO	제품명	매출액	순위
1	2인용 가죽 소파	57,873,320	3
2	4인 패브릭 소파	72,381,540	1
3	6인 원목식탁 테이블	19,192,020	10
4	고메피자	3,564,840	22
5	골프 거리측정기	4,891,360	19
6	골프가방	18,423,500	11
7	그래인 시리얼 바 (15개입)	3,469,190	23
8	메모리 폼 매트리스	63,593,620	2
9	모던 스타일 책상	55,139,500	4
10	비즈 클러치 가방	8,870,690	15
11	소프트 목욕 타올 세트	4,274,430	20
12	아로마테라피 에센셜 오일 세트	2,739,050	25
13	아웃도어 액티브 백팩	31,409,530	7
14	아카시아 우드 접시세트	26,843,950	8
15	안전장갑 세트	2,789,860	24
16	얇은만두	9,087,570	14
17	오가닉 그린 티 (20개입)	4,939,740	18
18	오가닉 코튼 베개 커버	3,632,900	21
19	우드 커피 테이블	17,136,940	12
20	원형 라운드 테이블	20,673,790	9
21	유기농 애플 사이다 식초 (750ml)	6,867,680	17
22	접이식 식탁 테이블	42,271,980	5
23	차렵이불 베개 세트	11,437,400	13
24	티테이블	8,763,970	16
25	홈 디럭스 오피스 의자	39,731,530	6
26	홈메이드 땅콩 버터 (500g)	1,595,580	26

① 확인
② 더블클릭
③
○ 셀 복사(C)
○ 서식만 채우기(F)
⊙ 서식 없이 채우기(O) ④
○ 빠른 채우기(F)

SUMMARY! ▼

RANK.EQ: 지정한 범위 안에서 지정한 수의 순위를 반환합니다. 같은 값이 두 개 이상 있을 경우 각 집합에서 가장 높은 순위가 반환됩니다.

- RANK.EQ(순위를 구하려는 수, 순위를 구할 데이터 범위, [순위를 정할 방법])

💡 **비슷한 함수**

RANK.AVG: 지정한 범위 안에서 지정한 수의 순위를 반환합니다. 같은 값이 두 개 이상 있을 경우 평균 순위가 반환됩니다.

여러 개의 표로 나누어진 데이터의 전체 순위를 구할 수 있나요?

Q '임직원 실무엑셀 능력 평가' 표에 각 팀의 순위와 전체 순위를 한 번에 구할 수 있을까요?

A RANK.EQ 함수와 [이름 정의] 기능을 활용하면 팀 순위와 전체 순위를 구할 수 있습니다.

함수

계산/분석 함수

1 각 팀의 팀 순위를 구하기 위해 각 팀의 첫 번째 셀에 다음의 함수식을 입력한 다음 자동 채우기를 실행합니다.

❶ [D6]: =RANK.EQ(C6,$C$6:$C$11,0)

❷ [I6]: =RANK.EQ(H6,$H$6:$H$11,0)

❸ [D16]: =RANK.EQ(C16,$C$16:$C$21,0)

❹ [I16]: =RANK.EQ(H16,$H$16:$H$21,0)

• **RANK.EQ(순위를 구하려는 수, 순위를 구할 데이터 범위, [순위를 정할 방법])**

RANK.EQ 함수는 데이터 범위 안에서 주어진 숫자의 순위를 반환합니다. 세 번째 인수에 '0'을 입력하거나 생략하면 내림차순으로 순위가 반환되며 값이 같은 경우 동일한 순위를 반환합니다. 예를 들어 '90', '90', '80'의 세 개의 값이 있을 때 90은 '1', 80은 '3'이 반환됩니다. 여기서는 순위를 구할 데이터 범위를 각 팀으로 제한하기 위해 절대 참조로 고정했습니다.

TIP

각 팀의 점수 영역은 절대 참조로 고정해야 합니다. RANK.EQ 함수에 대한 자세한 내용은 173쪽을 참고하세요.

175

2 '전체 순위'를 구하기 위해 [Ctrl]을 누른 상태에서 각 팀의 점수 범위([C6:C11], [H6:H11], [C16:C21], [H16:H21])를 선택한 다음 '전체점수'라는 이름으로 정의합니다.

이름 정의에 대한 자세한 내용은 74쪽을 참고하세요.

3 [E6] 셀에 다음의 함수식을 입력하고 [Enter]를 누릅니다.

 =RANK.EQ(C6,전체점수,0)

2에서 이름 정의한 '전체점수' 범위에서 [C6] 셀의 순위를 반환합니다.

함수 입력 중 [F3]을 누르면 정의한 이름을 직접 선택하여 인수로 사용할 수 있습니다.

4 전체 순위가 반환된 [E6] 셀의 자동 채우기 핸들을 더블클릭하여 자동 채우기를 실행합니다.

5 [E6:E11] 영역을 선택하여 복사한 다음 나머지 전체 순위 셀에 붙여넣기를 하여 각 팀별로 전체 순위를 반환합니다.

최댓값과 최솟값을 구할 수 있나요?

Q '지점별 상반기 매출액 현황' 표에서 지점별 월 매출액 중 최대 매출액과 최소 매출액을 구할 수 있을까요?

A 지정한 범위에서 가장 큰 값을 반환하는 **MAX 함수**와 가장 작은 값을 반환하는 **MIN 함수**로 최대/최소 매출액을 구할 수 있습니다.

1 '지점별 상반기 매출액 현황' 표의 **[J7]** 셀에 다음의 함수식을 입력하고 Enter 를 누르면 '강남점'의 월별 매출 중 최대 매출액이 반환됩니다.

 **=MAX(C7:H7)**

• **MAX(최댓값을 구하려는 범위)**

MAX 함수는 지정한 범위에서 가장 큰 값을 반환해 주는 함수입니다.

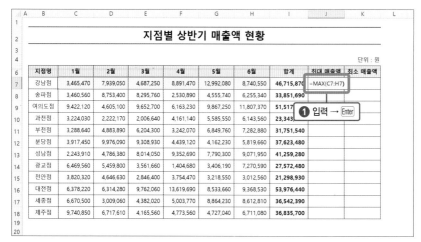

지점별 상반기 매출액 현황

단위 : 원

지점명	1월	2월	3월	4월	5월	6월	합계	최대 매출액	최소 매출액
강남점	3,465,470	7,939,050	4,687,250	8,891,470	12,992,080	8,740,550	46,715,870	=MAX(C7:H7)	
송파점	3,460,560	8,753,400	8,295,760	2,530,890	4,555,740	6,255,340	33,851,690		
여의도점	9,422,120	4,605,100	9,652,700	6,163,230	9,867,250	11,807,370	51,517,770		
과천점	3,224,030	2,222,170	2,006,640	4,161,140	5,585,550	6,143,560	23,343,090		
부천점	3,288,640	4,883,890	6,204,300	3,242,070	6,849,760	7,282,880	31,751,540		
분당점	3,917,450	9,976,090	9,308,930	4,439,120	4,162,230	5,819,660	37,623,480		
성남점	2,243,910	4,786,380	8,014,050	9,352,690	7,790,300	9,071,950	41,259,280		
광교점	6,469,560	5,459,800	3,561,660	1,404,680	3,406,190	7,270,590	27,572,480		
천안점	3,820,320	4,646,630	2,846,400	3,754,470	3,218,550	3,012,560	21,298,930		
대전점	6,378,220	6,314,280	9,762,060	13,619,690	8,533,660	9,368,530	53,976,440		
세종점	6,670,500	3,009,060	4,382,020	5,003,770	8,864,230	8,612,810	36,542,390		
제주점	9,740,850	6,717,610	4,165,560	4,773,560	4,727,040	6,711,080	36,835,700		

단위 : 원

합계	최대 매출액	최소 매출액
6,715,870	12,992,080	
3,851,690		
1,517,770		
3,343,090		
1,751,540		
7,623,480		
1,259,280		
7,572,480		
1,298,930		
3,976,440		
6,542,390		
6,835,700		

① 입력 → Enter

② 확인

2 이번에는 [K7] 셀에 다음의 함수식을 입력한 다음 Enter를 누르면 '강남점'의 월별 매출 중 최소 매출액이 반환됩니다.

 =MIN(C7:H7)

· MIN(최솟값을 구하려는 범위)
MIN 함수는 지정한 범위에서 가장 작은 값을 반환해 주는 함수입니다.

지점명	1월	2월	3월	4월	5월	6월	합계	최대 매출액	최소 매출액
강남점	3,465,470	7,939,050	4,687,250	8,891,470	12,992,080	8,740,550	46,715,870	12,992,080	=MIN(C7:H7)
송파점	3,460,560	8,753,400	8,295,760	2,530,890	4,555,740	6,255,340	33,851,690		
여의도점	9,422,120	4,605,100	9,652,700	6,163,230	9,867,250	11,807,370	51,517,770		
과천점	3,224,030	2,222,170	2,006,640	4,161,140	5,585,550	6,143,560	23,343,090		
부천점	3,288,640	4,883,890	6,204,300	3,242,070	6,849,760	7,282,880	31,751,540		
분당점	3,917,450	9,976,090	9,308,930	4,439,120	4,162,230	5,819,660	37,623,480		
성남점	2,243,910	4,786,380	8,014,050	9,352,690	7,790,300	9,071,950	41,259,280		
광교점	6,469,560	5,459,800	3,561,660	1,404,680	3,406,190	7,270,590	27,572,480		
천안점	3,820,320	4,646,630	2,846,400	3,754,470	3,218,550	3,012,560	21,298,930		
대전점	6,378,220	6,314,280	9,762,060	13,619,690	8,533,660	9,368,530	53,976,440		
세종점	6,670,500	3,009,060	4,382,020	5,003,770	8,864,230	8,612,810	36,542,390		
제주점	9,740,850	6,717,610	4,165,560	4,773,560	4,727,040	6,711,080	36,835,700		

❶ 입력 → Enter

최대 매출액	최소 매출액
12,992,080	3,465,470

❷ 확인

단위 : 원

3 '최대 매출액'과 '최소 매출액'이 반환된 [J7:K7] 영역을 선택하고 [K7] 셀의 자동 채우기 핸들을 더블클릭하여 자동 채우기를 실행합니다.

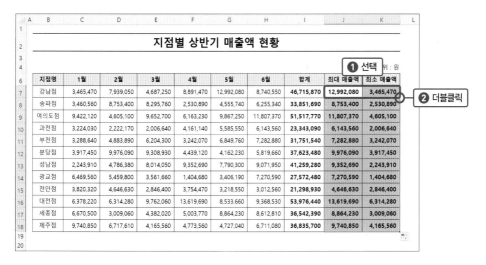

❶ 선택

❷ 더블클릭

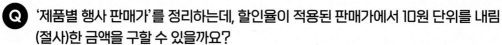

계산된 금액을 원하는 단위로 내림하여 정렬할 수 있나요?

Q '제품별 행사 판매가'를 정리하는데, 할인율이 적용된 판매가에서 10원 단위를 내림 (절사)한 금액을 구할 수 있을까요?

A ROUNDDOWN 함수를 사용하면 숫자 데이터를 내림하여 정렬할 수 있습니다.

---

1 10원 단위를 절사한 값을 구할 **[G7]** 셀에 다음의 함수식을 입력한 다음 Enter 를 누릅니다.

 =ROUNDDOWN(F7,-2)

- **ROUNDDOWN(내림할 실수, 내림할 자릿수)**

내림할 자릿수가 양수라면, 즉 '1'이면 소수점 이하 첫째 자리를, '2'이면 소수점 이하 둘째 자리를 기준으로 그만큼의 소수점 아래 자릿수를 유지하고 나머지는 내림합니다. 반대로 내림할 자릿수가 음수라면, 즉 '-1'이면 10원 자리, '-2'이면 100원 자리 등으로 소수점 위의 자릿수를 기준으로 그만큼 유지하고 나머지는 내림합니다.

예시 값	1234.5678	1234.5678	1234.5678	1234.5678	1234.5678	1234.5678
내림할 자릿수	-2	-1	0	1	2	3
자릿수	10원 자리	1원 자리	소수점 이하 첫째 자리	소수점 이하 둘째 자리	소수점 이하 셋째 자리	소수점 이하 넷째 자리
ROUNDDOWN 결괏값	1200.0000	1230.0000	1234.0000	1234.5000	1234.5600	1234.5670

	NO	제품명	정상 판매가	행사율	행사 판매가	행사 판매가 (10원 단위 절사)	비고
						제품별 행사 판매가	
						단위 : 원	
7	1	초음파 세척 칫솔살균기	129,700	33%	86,899	=ROUNDDOWN(F7,-2)	
8	2	손쉬운 사용 스팀 다리미	84,900	29%	60,279		
9	3	프레시웨이브 공기 청정기	305,500	26%	226,070	입력 → Enter	
10	4	샤인메이트 무선 진공 청소기	428,400	37%	269,892		
11	5	멀티 쿡 전자렌지용 조리기구	395,300	30%	276,710		
12	6	에코그린 에너지 절약 LED 전구	78,400	35%	50,960		

2 [G7] 셀에 10원 단위를 절사한 값이 표시됩니다. [G7] 셀의 자동 채우기 핸들을 더블클릭하여 자동 채우기를 실행합니다.

NO	제품명	정상 판매가	행사율	행사 판매가	행사 판매가 (10원 단위 절사)	비고
1	초음파 세척 칫솔살균기	129,700	33%	**① 확인** 9	86,800 **② 더블클릭**	
2	손쉬운 사용 스팀 다리미	84,900	29%	60,279	60,200	
3	프레시웨이브 공기 청정기	305,500	26%	226,070	226,000	
4	샤인메이트 무선 진공 청소기	438,400	37%	269,892	269,800	
11	듀얼크런치 2in1 아침식사 메이커	177,500	10%	159,750	159,700	
12	그린샵 가정용 재활용 분리수거함	74,500	19%	60,345	60,300	
13	베테랑 부탄가스 포터블 난로	27,200	11%	24,208	24,200	
14	펫클립 동물털 제거 기계	182,200	13%	158,514	158,500	
15	모션 센서 LED 야간등	41,900	18%	34,358	34,300	

단위 : 원

제품별 행사 판매가

SUMMARY!

ROUNDDOWN: 지정한 실수나 셀의 수를 0에 가까워지도록 내림합니다.
- ROUNDDOWN(내림할 실수나 수가 있는 셀, 내림할 자릿수)

비슷한 함수

ROUND: 지정한 실수나 셀의 수를 지정한 자릿수만큼 반올림합니다.
ROUNDUP: 지정한 실수나 셀의 수를 지정한 자릿수만큼 올림합니다.

실무에서 자주 사용하는 ROUND(반올림), ROUNDUP(올림), ROUNDDOWN(내림) 함수는 모두 같은 인수를 사용할 수 있습니다.

예시 값	1234.5678	1234.5678	1234.5678	1234.5678	1234.5678	1234.5678
내림할 자릿수	-2	-1	0	1	2	3
자릿수	10원 자리	1원 자리	소수점 이하 첫째 자리	소수점 이하 둘째 자리	소수점 이하 셋째 자리	소수점 이하 넷째 자리
ROUND 결괏값	1200.0000	1230.0000	1235.0000	1234.6000	1234.5700	1234.5680
ROUNDUP 결괏값	1300.0000	1240.0000	1235.0000	1234.6000	1234.5700	1234.5680
ROUNDDOWN 결괏값	1200.0000	1230.0000	1234.0000	1234.5000	1234.5600	1234.5670

필터링된 셀의 합계를 구할 수 있나요?

Q '주요 카테고리 매출액' 표에서 필터링한 데이터의 '매출액' 합계를 구할 수 있을까요?

A 지정된 범위에서 특정 연산(합계, 평균, 최댓값, 최솟값 등)을 하는 SUBTOTAL 함수를 사용하여 필터링된 범위에 대한 합계를 구할 수 있습니다.

▲ 엑셀마왕 특강

1 합계를 구할 **[E4]** 셀에 다음의 함수식을 입력한 다음 Enter를 누릅니다.

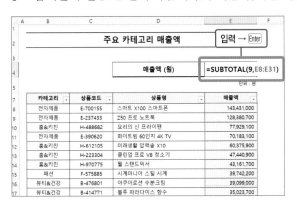

fx =SUBTOTAL(9,E8:E31)

• **SUBTOTAL(필터링된 범위의 합계, 합계를 구할 영역)**

SUBTOTAL 함수는 연산 방식을 지정하고 해당 연산 방식으로 지정한 범위를 연산하는 함수로, 여기서는 필터링된 영역의 합계를 반환하기 위해 '9'를 입력했습니다. SUBTOTAL 함수에 대한 자세한 내용은 183쪽을 참고하세요.

2 **[E4]** 셀에 **1**에서 선택한 범위의 합계가 표시됩니다. **[카테고리]** 항목의 필터 버튼 ▼을 클릭하고 **[전자제품]**에만 체크 표시한 다음 **[확인]**을 클릭하세요.

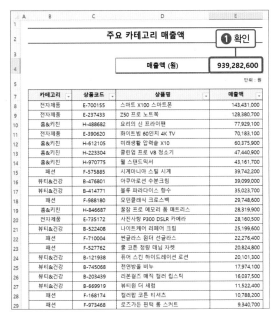

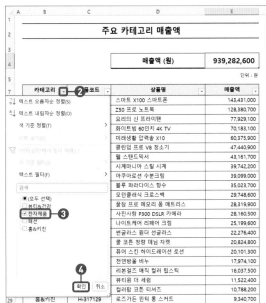

3 SUBTOTAL 함수는 사용자가 지정한 범위를 연산합니다. 여기서는 숨겨진 행이나 필터링된 행을 제외한 범위, 즉 화면에 표시된 영역만 연산하여 필터링된 행이나 숨겨진 행을 제외하고 연산합니다. [E4] 셀에 필터링된 '전자제품' 카테고리에 대한 합계가 표시됩니다.

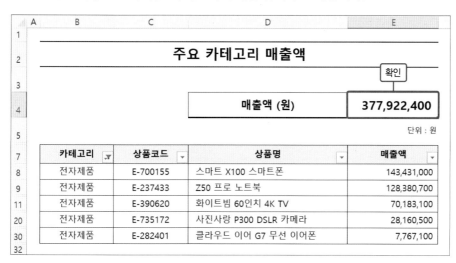

SUMMARY!

SUBTOTAL: 연산 방법과 범위를 지정하여 계산합니다.
- SUBTOTAL(연산 방법, 범위 1, [범위 2], …)

예제와 같이 필터링된 영역의 합계만 구하려면 계산 방식에 '1'을, 숨겨진 셀을 제외하려면 '109'를 입력하면 됩니다.

연산 방법	범위	
	숨긴 셀 포함	숨긴 셀 제외
AVERAGE(평균)	1	101
COUNT(숫자가 있는 셀)	2	102
COUNTA(값이 있는 셀)	3	103
MAX(최댓값)	4	104
MIN(최솟값)	5	105
PRODUCT(곱셈)	6	106
STDEVS(표준 편차)	7	107
STDEVP(표준 집단의 표준 편차)	8	108
SUM(덧셈)	9	109
VAR.S(분산)	10	110
VAR.P(표준 집단의 분산)	11	111

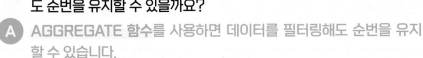

필터링을 해도 순번을 순서대로 유지할 수 있나요?

Q '카테고리별 제품 단가표'에서 [카테고리] 항목에 데이터를 필터링해
도 순번을 유지할 수 있을까요?

A **AGGREGATE 함수**를 사용하면 데이터를 필터링해도 순번을 유지
할 수 있습니다.

▲ 엑셀마왕 특강

---

1 순번이 입력되어 있는 **[B7]** 셀에 다음의 함수식을 입력하고 Enter를 누릅니다.

fx **=AGGREGATE(3,5,$C$7:C7)**

- **AGGREGATE(비어 있지 않은 셀의 개수, 숨겨진 행 무시, 집계할 영역)**

AGGREGATE 함수는 주어진 범위에서 지정된 집계값을 구하는 함수입니다. 여기서는 필터링된 영역 중 비어있지 않은 셀의
개수를 반환하는 방식으로 순번을 반환합니다. 이때 '집계할 영역'을 혼합 참조([$C$7:C7])하여 [C7] 셀을 기준으로 자동 채
우기를 실행하면 상대적인 위치를 참조하므로 [C8] 셀에는 '=AGGREGATE(3,5,$C$7:C8)', [C9] 셀에는 '=AGGREGATE(3,5,
$C$7:C9)', [C10] 셀에는 '=AGGREGATE(3,5,$C$7:C10)'의 함수식이 채워지면서 필터링된 영역의 순번을 순서대로 유지할
수 있습니다.

N	카테고리	상품명	규격	단가	비고
=AGGREGATE(3,5,$C$7:C7)			150g	2,500	
	식품	프리미엄 초콜릿	200g	5,000	
		머스타드 소스	250ml	3,000	
		유기농 그래놀라	500g	7,000	
	식품	프리미엄 오리진 커피	200g	10,000	
	과일	고당도 사과	1kg	5,000	
	과일	맛있는 바나나	1송이	2,000	
	과일	프리미엄 생딸기	500g	4,000	
	과일	명품 꿀 수박	1개	10,000	
	과일	상큼한 오렌지	5개	3,500	
	생활용품	향기 나는 섬유유연제	1.5L	6,000	
	생활용품	신발 정리함	10단	15,000	
	생활용품	화이트 티슈 박스	200매	2,500	
	생활용품	실리콘 주방용품 세트	5개입	12,000	
	주방용품	스테인레스 스틸 냄비	24cm	20,000	
	주방용품	실리콘 조리도구 세트	6개입	15,000	
	주방용품	전기 주전자	1.7L	30,000	
	주방용품	멀티 컷팅 보드	40x30cm	18,000	
	주방용품	칼 날 고정 거치대	2개입	8,000	
	생활가전	스마트 전자레인지	20L	100,000	
	생활가전	고효율 세탁기	10kg	500,000	
	생활가전	클린 공기청정기	30평용	300,000	
	생활가전	스타일리시 냉장고	300L	800,000	
	생활가전	쾌적 가습기	5L	150,000	
	가구	소프트 소파	3인용	500,000	
	가구	고급스러운 침대	퀸사이즈	1,000,000	
	가구	허리가 편안한 책상	120cmx60cm	200,000	
	가구	수납이 용이한 서랍장	4단	150,000	

입력 → Enter

카테고리별 제품 단가표

단위 : 원

TIP

AGGREGATE 함수는 엑셀 2010 이상 버전부터
사용할 수 있는 함수입니다. AGGREGATE 함수
에 대한 자세한 내용은 186쪽을 참고하세요.

2 [$C$7:C7] 영역에 비어 있지 않은 셀은 1개이므로 [B7] 셀에 '1'이 반환됩니다. [B7] 셀의 자동 채우기 핸들을 더블클릭하여 자동 채우기를 실행합니다.

3 [카테고리] 항목에도 필터링을 적용하고 [확인]을 클릭합니다.

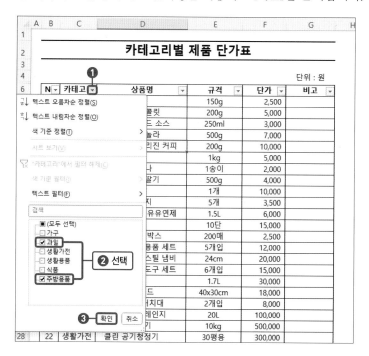

함수

계산/분석 함수

185

4 필터링을 해도 순번을 순서대로 유지
할 수 있습니다.

N	카테고리	상품명	규격	단가	비고
1	과일	고당도 사과	1kg	5,000	
2	과일	맛있는 바나나	1송이	2,000	
3	과일	프리미엄 생딸기	500g	4,000	
4	과일	확인 박	1개	10,000	
5	과일	레지	5개	2,500	
8	주방용품	전기 주전자	1.7L	30,000	
9	주방용품	멀티 컷팅 보드	40x30cm	18,000	
10	주방용품	칼 날 고정 거치대	2개입	8,000	

카테고리별 제품 단가표

단위 : 원

SUMMARY!

AGGREGATE: AGGREGATE 함수는 총 19가지의 집계 방식과 집계 옵션을 선택할 수 있습니다.

　• AGGREGATE(집계 함수를 지정하는 인수, 집계 옵션을 지정하는 인수, 집계할 범위를 지정하는 인수)

예제와 같이 필터링된 영역의 순번을 순서대로 유지하려면 집계 방식에는 '3', 집계 옵션에는 '5', '집계 영역'
에는 혼합 참조 '[$C$7:C7]'을 입력하면 됩니다.

계산 및 집계 방식

NO	집계 방식	NO	집계 방식
1	AVERAGE(평균)	11	VAR.P(모집단 분산)
2	COUNT(개수)	12	MEDIAN(중앙값)
3	COUNTA(비어 있지 않은 셀 개수)	13	MODE.SNGL(최빈값)
4	MAX(최댓값)	14	LARGE(N번째 큰 값)
5	MIN(최솟값)	15	SMALL(N번째 작은 값)
6	PRODUCT(곱셈)	16	PERCENTILE.INC(백분위수)
7	STDEVS(표준 편차)	17	QUARTILE.INC(사분위수)
8	STDEVP(표준 집단의 표준 편차)	18	RANK.EQ(순위)
9	SUM(덧셈)	19	TRIMMEAN(절사 평균)
10	VAR.S(분산)		

계산 및 집계 옵션

NO	집계 옵션
0 또는 생략	중첩된 SUBTOTAL 함수 및 AGGREGATE 함수 무시
1	숨겨진 행, 중첩된 SUBTOTAL 함수 및 AGGREGATE 함수 무시
2	오류값, 중첩된 SUBTOTAL 함수 및 AGGREGATE 함수 무시
3	숨겨진 행, 오류값, 중첩된 SUBTOTAL 함수 및 AGGREGATE 함수 무시
4	모두 무시 안 함
5	숨겨진 행 무시
6	오류값 무시
7	숨겨진 행 및 오류값 무시

각 배열을 참조하여 전체 합계를 한 번에 계산할 수 있나요?

Q [단가]와 [판매량 합계(EA)] 항목을 참조하여 '매출액 합계'를 한 번에 계산할 수 있을까요?

A **SUMPRODUCT 함수**를 사용하여 [단가] 배열과 [판매량 합계(EA)] 배열을 지정하여 '매출액 합계'를 한 번에 구할 수 있습니다.

💡 월별 매출액을 계산하려면 각 제품의 단가와 판매 수량을 곱한 값의 합계를 구해야 합니다. 'K 편의점 월별 판매량 및 매출액 (1분기)' 표와 같이 각 배열의 데이터를 참조하여 합계를 계산해야 할 때 SUMPRODUCT 함수를 사용하면 전체 합계를 한 번에 계산할 수 있습니다.

1 1월의 매출액 합계를 계산할 **[E18]** 셀에 다음의 함수식을 입력한 다음 Enter 를 누릅니다.

_fx_ **=SUMPRODUCT($D$7:$D$16,E7:E16)**

- **SUMPRODUCT(단가 배열, 1월 판매수량 배열)**

SUMPRODUCT 함수는 지정한 범위나 배열의 각 항목을 곱한 다음 곱한 값의 합계를 구하는 함수로, 여기서는 각 제품의 단가와 판매량을 곱한 값의 합계를 계산합니다. 이때 제품의 단가는 절대 참조([$D$7:$D:$16])로 고정했습니다.

K 편의점 월별 판매량 및 매출액 (1분기)

단위 : EA / 원

No	제품명	단가	1월	2월	3월
1	삼각김밥	900	586	920	832
2	참치 캔	1,800	171	281	158
3	초코파이	3,800	271	371	293
4	치즈스틱	2,000	347	427	514
5	어묵꼬치	2,500	350	295	184
6	바나나 우유	900	447	522	509
7	요구르트	1,000	339	402	369
8	도시락	4,800	366	784	623
9	컵라면	1,200	632	729	937
10	아이스크림	1,000	173	140	137
판매량 합계(EA)			3,682	4,871	4,556
매출액 합계(원)			=SUMPRODUCT($D$7:$D$16,E7:E16)		

입력 → Enter

2 [E18] 셀에 1월 매출액 합계가 반환됩니다. [E18] 셀의 자동 채우기 핸들을 [G18] 셀까지 드래그하여 자동 채우기를 실행하면 2월과 3월의 '매출액 합계'를 한 번에 계산할 수 있습니다.

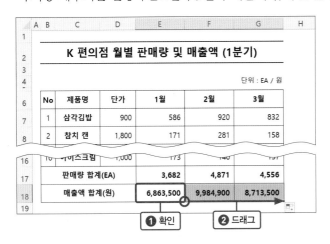

🔗 상반기 수량 및 매출액 내역 | #함수

홀수/짝수 열의 합계를 구할 수 있나요?

Q '상반기 수량 및 매출액 내역' 표에서 합계 수량과 매출액을 한 번에 구할 수 있을까요?

A SUMPRODUCT, MOD, COLUMN 함수를 중첩하면 홀수 열과 짝수 열의 합계를 구할 수 있습니다.

1 '상반기 수량 및 매출액 내역' 표의 [O8] 셀에 다음의 함수식을 입력한 다음 Enter를 누릅니다.

fx =SUMPRODUCT(--(MOD(COLUMN(C8:N8),2)=1),C8:N8)

• **SUMPRODUCT(범위 1, [범위 2], …)**

SUMPRODUCT 함수는 지정한 범위나 배열의 각 항목을 곱하고 곱한 값의 합계를 구하는 함수입니다. 여기서는 SUMPRODUCT 함수로 배열의 홀수/짝수 열을 판별하기 위해 나눗셈의 나머지 값을 반환하는 MOD 함수와 열 번호를 반환하는 COLUMN 함수를 중첩하여 사용했습니다.

• **SUMPRODUCT(열 번호를 2로 나눈 값이 1과 같은 열, [C8:N8])**

COLUMN 함수로 [C8:N8] 영역의 열 번호를 반환하고 MOD 함수로 반환된 열 번호를 2로 나눈 값이 '1'인 셀이 참이므로 결국 홀수 열은 참이 됩니다. 그리고 홀수 열의 값을 합산되는 것이죠. 짝수 열의 합계를 구할 경우 나머지가 0이므로 '=SUMPRODUCT(--(MOD(COLUMN(C8:N8),2)=0),C8:N8)'의 함수식을 사용하면 됩니다. '--'은 단항 연산자로, 논리값인 참과 거짓을 숫자(참(1), 거짓(0))로 변환하는 데 사용합니다. 단항 연산자(--)를 사용하는 이유는 'MOD(COLUMN(C8:N8),2)=0'의 함수식은 참(TRUE,1)과 거짓(FALSE,0)을 판별하는 논리값이므로 참, 거짓의 판별 결과를 숫자로 바꿔서 계산하기 위해 사용했습니다.

TIP

MOD 함수에 대한 자세한 내용은 163쪽을, COLUMN 함수에 대한 자세한 내용은 146쪽을 참고하세요.

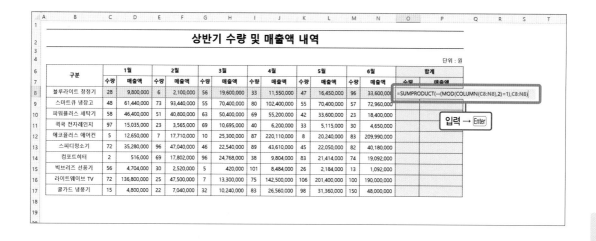

2 [O8] 셀에 홀수 열(수량)의 합계가 반환됩니다.

3 [P8] 셀에 짝수 열(매출액)의 합계를 구하기 위해 다음의 함수식을 입력한 다음 Enter를 누릅니다.

fx =SUMPRODUCT(--(MOD(COLUMN(C8:N8),2)=0),C8:N8)

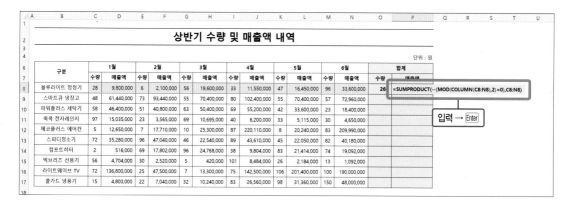

4 [P8] 셀에 짝수 열(매출액)의 합계가 반환됩니다.

5 홀수/짝수 열의 합계를 구한 [수량]과 [매출액] 항목의 범위([O8:P8])를 선택한 다음 [P8] 셀의 자동 채우기 핸들을 더블클릭하여 자동 채우기를 실행합니다.

찾기/데이터베이스 함수로
빠르게 데이터 처리하기

엑셀의 다양한 함수와 기능을 통해 특정 데이터를 신속하고 정확하게 찾고 분석할 수 있습니다. 문자열 추출 및 변환 기능은 복잡한 데이터를 쉽게 가공하며 대규모 데이터 관리에도 유용합니다. 오류가 발생했을 때 대체할 수 있는 함수를 이용하면 데이터를 더욱 안전하게 처리할 수 있습니다. 이런 엑셀 기능은 복잡한 데이터를 더욱 효율적으로 처리하고 분석하는 데 필수입니다. 적절한 함수 사용은 데이터 작업의 효율성과 정확도를 크게 높입니다.

🔗 2월 영업부 인원별 법인카드 사용내역 | #함수 #조건부 서식

법인카드 사용 금액을 초과한 임직원 수를 구할 수 있나요?

Q '2월 영업부 인원별 법인카드 사용내역' 표에서 인당 예산을 초과한 인원 수를 [E5] 셀에 구하고 초과한 인원의 행에 '녹색'을 채워서 표시할 수 있을까요?

A 조건에 맞는 개수를 구하는 **COUNTIF** 함수로 예산을 초과한 인원 수를 구할 수 있고 **[조건부 서식]** 기능으로 색을 채워서 표시할 수 있습니다.

▲ 엑셀마왕 특강

1 조건에 맞는 셀의 개수를 구할 **[E5]** 셀에 다음의 함수식을 입력하고 Enter 를 누릅니다.

 =COUNTIF(E10:E26,">"&E4)

• **=COUNTIF(찾을 범위, 찾을 조건)**

COUNTIF 함수는 지정된 범위 안에서 주어진 조건에 해당하는 셀의 수를 계산합니다. 여기서 대상 범위는 [사용액] 열이며 찾고자 하는 조건은 [E4] 셀에 입력된 금액을 초과하는 사용액입니다. 따라서 '크다'는 의미의 논리 연산자 '>'와 연결 연산자 '&'를 사용했습니다.

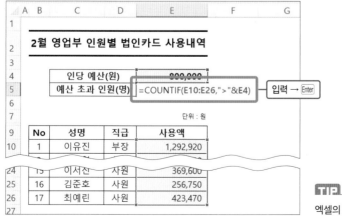

TIP

엑셀의 연산자에 대한 자세한 내용은 106쪽을 참고하세요.

2 [E5] 셀에 사용액이 '800,000'원을 초과하는 셀의 개수가 반환됩니다.

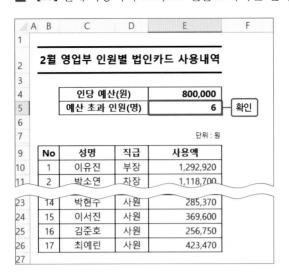

3 이번에는 사용액 800,000원을 초과한 행에 서식을 지정해 보겠습니다. 서식을 적용할 영역([B10: E26])을 선택하고 **[홈]-[조건부 서식]-[새 규칙]**을 차례대로 선택합니다. [새 서식 규칙] 창이 표시되면 **[수식을 사용하여 서식을 지정할 셀 결정]**을 선택한 다음 [다음 수식이 참인 값의 서식 지정]에 다음의 함수식을 입력하고 원하는 서식을 지정한 다음 **[확인]**을 클릭합니다.

 =$E10>$E$4

[E10] 셀 값이 [E4] 셀 값보다 큰 경우에 해당하는 조건으로, [사용액] 항목을 고정하기 위해 [E] 열을 고정하고([$E10]), 사용액의 기준인 [E4] 셀을 절대 참조([$E$4])했습니다.

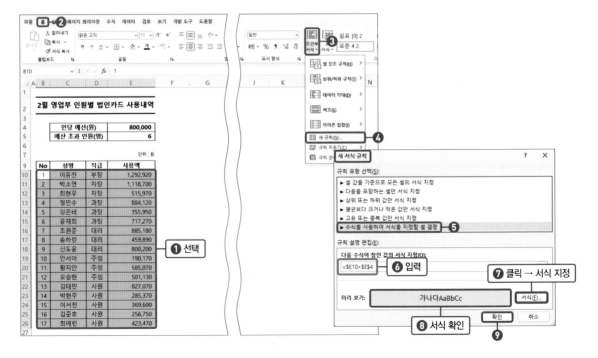

4 지정한 조건에 해당하는 행에 서식이 적용됩니다.

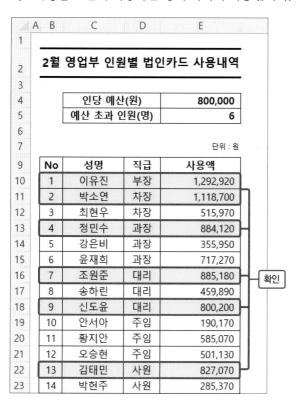

🔗 회비 납부 내역 │ #함수

비어 있는 셀의 개수가 몇 개인지 구할 수 있나요?

'회비 납부 내역' 표에서 회비를 내지 않아 '납부액(원)'이 빈 셀인 셀의 개수를 구하려면 COUNTBLANK 함수를 이용하면 됩니다. 비어 있는 셀의 개수를 표시할 [F6] 셀에 다음의 함수식을 입력한 다음 Enter를 누르면 지정한 범위 중 빈 셀의 개수가 반환됩니다.

 =COUNTBLANK(D6:D25)

• **COUNTBLANK(빈 셀의 개수를 구하려는 셀 범위)**

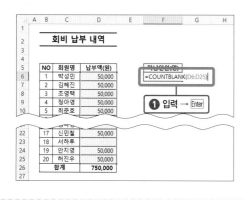

특정 텍스트가 포함되어 있는 셀의 합계를 구할 수 있나요?

Q '홈 가전제품 카테고리 주간 판매량' 표의 [판매량] 항목을 참조해서 특정 브랜드별 판매량을 구할 수 있을까요?

A 조건을 만족하는 셀의 합계를 계산하는 **SUMIF 함수**와 연결 연산자, **와일드카드**를 사용하면 특정 문구가 포함된 셀의 합계를 구할 수 있습니다.

▲ 엑셀마왕 특강

1 '브랜드별 판매량' 표에서 브랜드별 합계를 구할 **[G7]** 셀에 다음의 함수식을 입력한 다음 Enter를 누릅니다.

 =SUMIF($C$7:$C$26,"*"&F7&"*",$D$7:$D$26)

• **SUMIF(조건을 검사할 범위, 조건으로 지정할 조건 셀이나 값, 합계를 구할 범위)**

SUMIF 함수는 범위 안에서 특정 조건을 만족하는 셀의 합계를 구하는 함수입니다. '=SUMIF($C$7:$C$26,"*"&F7&"*",$D$7:$D$26)'은 조건을 검사할 범위인 [제품코드/브랜드/제품명] 항목([C7:C26])에서 [F7] 셀의 'LC'라는 텍스트가 포함된 판매량의 합계를 계산합니다. '*"&F7&"*"'는 SUMIF 함수의 조건에 해당하며 [제품코드/브랜드/제품명] 항목의 데이터 중 'LC'라는 텍스트가 포함된 셀을 찾기 위해 연결 연산자 '&'와 와일드카드 '*'를 사용했습니다. 결합 연산자 '&'는 한 개 이상의 문자열을 하나로 연결할 때, 와일드카드 '*'는 텍스트 수나 위치와 상관없이 모든 텍스트를 대체할 때 사용합니다.

홈 가전제품 카테고리 주간 판매량

단위 : EA

NO	제품코드 / 브랜드 / 제품명	판매량
1	HGA-1001 / LC / 맑은 공기 청정기	10
2	SRA-2002 / 소리바다 / 크리스탈 사운드 스피커	35
3	ECO-3003 / 삼정 / 에너지 절약형 냉장고	30
4	LVA-4004 / 필립사 / LED 테이블 램프	29
5	WMA-5005 / LC / 자동 세척식 세탁기	26
6	VCA-6006 / 삼정 / 진공 청소기	57
7	ACA-7007 / LC / AI 에어컨	34
8	MCA-8008 / 동영 / AI 전자렌지	97
9	TMA-9009 / 홈메 / 커피 메이커	89
10	PCA-1010 / 위니어 / 가습기	89
11	BDA-1101 / LC / LED TV	16
12	TCA-1202 / 애포 / 스마트 시계	44
13	DSA-1303 / 삼정 / 에너지 냉동고	16
14	HFA-1404 / 한열 / AI 선풍기	7
15	MPA-1505 / 동영 / Multi 멀티쿠커	87
16	CFA-1606 / 삼정 / 로봇 청소기	72
17	EBA-1707 / 위니어 / 공기청정기	22
18	SRA-1808 / 소리바다 / 와이파이 스피커	1
19	WWA-1909 / 한열 / 온수매트 온수매트	85
20	LLA-2010 / 필립사 / 조명등	57

브랜드별 판매량

브랜드	판매량
LC	=SUMIF($C$7:$C$26,"*"&F7&"*",$D$7:$D$26)
소리바다	
삼정	
필립사	
동영	
홈메	
위니어	
애포	
한열	
합계	0

입력 → Enter

2 [G7] 셀에 LC 브랜드의 판매량이 반환됩니다. [G7] 셀의 자동 채우기 핸들을 더블클릭하여 자동 채우기를 실행합니다.

SUMMARY!

SUMIF: 지정한 범위 안에서 특정 조건을 만족하는 셀의 합계를 계산합니다.
- SUMIF(조건을 검사할 범위, 조건으로 지정할 조건 셀이나 값, 합계를 구할 범위)

💡 **비슷한 함수**

SUMIFS: 지정한 범위 안에서 한 개 이상의 조건을 만족하는 셀의 합계를 계산합니다.

COUNTIF: 지정한 범위 안에서 특정 조건을 만족하는 셀의 개수를 반환합니다.

COUNTIFS: 지정한 범위 안에서 한 개 이상의 조건을 만족하는 셀의 개수를 반환합니다.

지정한 월까지의 누적 매출 합계를 자동으로 계산할 수 있나요?

Q '월별 매출액' 표를 참조하여 '누적 매출액' 표에서 특정 월에 해당하는 숫자를 입력하면 지정한 월까지의 누적 매출액을 자동으로 구할 수 있을까요?

A SUM 함수와 OFFSET 함수를 중첩하면 지정한 월까지의 누적 매출액을 자동으로 계산할 수 있습니다.

1 '누적 매출액' 표에서 '매출액' 항목인 **[G7]** 셀에 다음의 함수식을 입력하고 Enter를 누릅니다.

 =SUM(OFFSET(C7,,F7,1))

- **=SUM(합계를 구하려는 값이나 셀)**
- **=OFFSET(기준 셀, 행, 열, [참조할 행 수], [참조할 열 수])**

OFFSET 함수는 참조하는 기준 셀로부터 지정한 만큼 떨어진 위치에 있는 셀 또는 범위를 반환하는 함수입니다. 여기서는 SUM 함수를 중첩하여 OFFSET 함수로 반환된 범위의 모든 숫자의 합계를 반환합니다. '=SUM(OFFSET(C7,,F7,1))'은 [F7] 셀의 값에 따라 합계를 구할 범위가 결정되는데 [F7] 셀의 값이 '5'이므로 [C7] 셀부터 아래로 5행, 오른쪽으로 1열 범위의 셀 값의 합계를 반환합니다.

- **기준 셀**: 참조할 영역의 기준이 되는 셀로, 여기서는 1월 매출이 입력되어 있는 [C7] 셀을 기준으로 범위를 반환합니다.
- **행**: 기준 셀에서부터 몇 행 아래에 있는지 지정하는 인수입니다. 기준 셀의 위쪽 행을 지정하려면 음수(-), 아래쪽 행을 지정하려면 양수를 입력하면 됩니다. 여기서는 기준이 되는 [C7] 셀에서 행을 이동할 필요가 없으므로 생략했습니다.
- **열**: 기준 셀에서부터 몇 열 오른쪽에 있는지 지정하는 인수입니다. 기준 셀의 왼쪽 행을 지정하려면 음수(-), 오른쪽 행을 지정하려면 양수를 입력하면 됩니다. 여기서는 기준이 되는 [C7] 셀에서 열을 이동할 필요가 없으므로 생략했습니다.
- **참조할 행 수**: 반환할 범위의 행 수를 지정합니다. 생략할 경우 기준 셀을 그대로 반환하며 여기서는 [F7] 셀을 참조하여 [F7] 셀에 '5'가 입력되어 있으므로 기준 셀을 포함하여 아래로 5행의 범위인 [C7:C11] 영역이 범위로 지정됩니다.
- **참조할 열 수**: 반환할 범위의 열 수를 지정합니다. 열을 범위로 지정할 필요가 없을 경우 생략할 수 있습니다.

참조할 행 수와 참조할 열 수는 생략할 수 있으며 생략할 경우 기본 값이 적용됩니다.

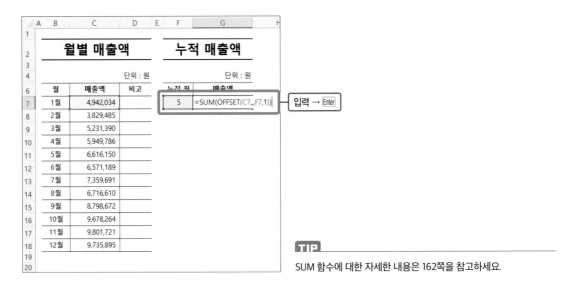

TIP

SUM 함수에 대한 자세한 내용은 162쪽을 참고하세요.

2 [G7] 셀에 1월부터 5월까지의 누적 매출액이 계산됩니다. [F7] 셀에 '7'을 입력하면 [G7] 셀에 1월부터 7월까지의 누적 매출액이 자동으로 계산됩니다.

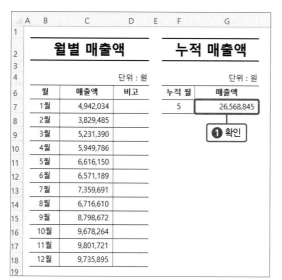

3 [F7] 셀의 입력하는 숫자를 '#월'의 형식으로 표시하려면 [F7] 셀을 선택한 상태에서 [Ctrl]+[1]을 눌러 [셀 서식] 창을 표시합니다. [표시 형식] 탭의 [사용자 지정] 범주를 선택하고 [형식]에 'G/표준"월"'을 입력한 다음 [확인]을 클릭하면 됩니다.

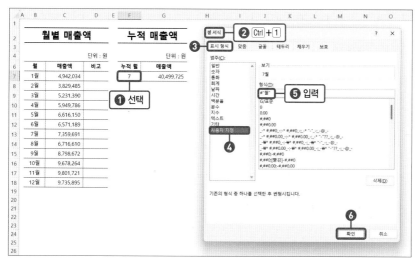
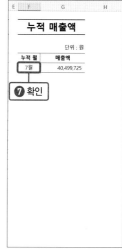

주민등록번호를 참조해서 성별을 구분할 수 있나요?

Q '경력 및 신입사원 부서 배치표'에서 [주민등록번호] 항목을 참조하여 [성별] 항목에 바로 성별을 입력할 수 있을까요?

A 텍스트를 추출하는 **MID 함수**와 지정한 인덱스 번호에 해당하는 값을 반환하는 **CHOOSE 함수**를 사용하면 주민등록번호를 참조해 성별을 구분할 수 있습니다.

▲ 엑셀마왕 특강

1 '성별'을 반환할 **[E5]** 셀에 다음의 함수식을 입력하고 Enter 를 누릅니다.

 =CHOOSE(MID(D5,8,1),"남","여","남","여")

CHOOSE 함수는 지정한 인덱스 번호에 해당하는 값을 반환하는 함수이고 MID 함수는 지정한 텍스트의 시작 위치에서부터 지정한 개수만큼의 문자를 반환하는 함수입니다.

• **CHOOSE(인덱스 번호, 반환할 값 목록)**

CHOOSE 함수는 인덱스 번호에 해당하는 값을 반환하는 함수로, 1부터 254까지의 인덱스를 지정할 수 있습니다.

• **MID(텍스트, 추출할 텍스트 중 첫 번째 텍스트 위치, 추출할 텍스트의 개수)**

MID 함수는 텍스트를 추출하는 함수로, 추출한 텍스트의 시작 위치부터 지정한 텍스트의 개수만큼 텍스트를 표시합니다.
'=CHOOSE(MID(D5,8,1),"남","여","남","여")'는 MID 함수로 주민등록번호 중 성별에 해당하는 여덟 번째 위치에서 1개의 텍스트를 추출하여 인덱스 번호로 지정한 다음 해당 인덱스 번호에 해당하는 값을 반환합니다.

MID 함수로 추출한 텍스트	인덱스 번호	인덱스 번호별 반환값
1	1	남
2	2	여
3	3	남
4	4	여

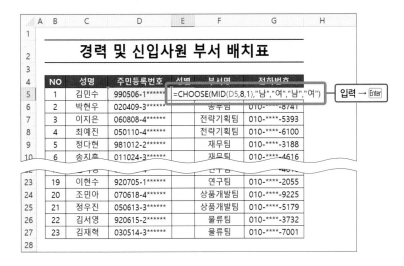

2 [D5] 셀의 여덟 번째 값이 1이므로 인덱스 번호 '1'에 해당하는 '남'이 반환됩니다. [E5] 셀의 자동 채우기 핸들을 더블클릭하여 자동 채우기를 실행합니다.

SUMMARY!

CHOOSE: 지정한 인덱스 번호에 해당하는 값을 반환합니다.
- CHOOSE(인덱스 번호, 반환할 값 1, [반환할 값 2], …)

MID: 지정한 텍스트의 시작 위치에서부터 지정한 개수만큼의 텍스트를 반환합니다.
- MID(텍스트, 추출할 텍스트 중 첫 번째 텍스트 위치, 추출할 텍스트의 개수)

💧 **비슷한 함수**

CHOOSECOLS: 지정한 범위 안에서 지정한 열을 반환합니다.

CHOOSEROWS: 지정한 범위 안에서 지정한 행을 반환합니다.

MIDB: 지정한 텍스트의 지정한 위치에서 지정한 개수만큼의 텍스트를 반환합니다.

주민등록번호의 일부를 '*'로 표시하여 추출할 수 있나요?

Q '임직원 현황' 표에서 주민등록번호 뒷자리의 여섯 자리를 비공개하기 위해 '*'를 표시할 수 있을까요?

A LEFT 함수와 연결 연산자 '&'를 활용하면 텍스트 중 일부만 추출하여 간단히 해결할 수 있습니다.

---

1 주민등록번호의 일부만 추출할 [F5] 셀에 다음의 함수식을 입력합니다.

fx =LEFT(E5,8)

• **LEFT(추출할 텍스트나 셀, 추출할 텍스트 수)**

LEFT 함수는 텍스트 함수로, 지정한 셀이나 텍스트의 시작 위치인 왼쪽부터 지정한 만큼 텍스트를 가져옵니다.

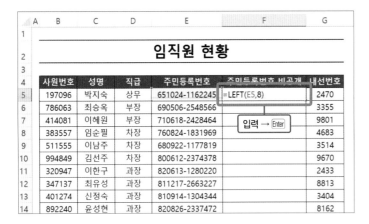

2 [F5] 셀에 [E5] 셀의 텍스트 중 왼쪽에서부터 여덟 번째까지의 텍스트가 추출되어 표시됩니다.

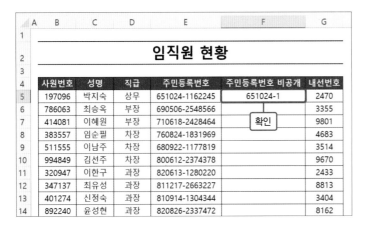

3 나머지 6개 데이터를 '*'로 표시하기 위해 [F5] 셀에 입력된 함수식 뒤에 '&"*****" '를 입력합니다.

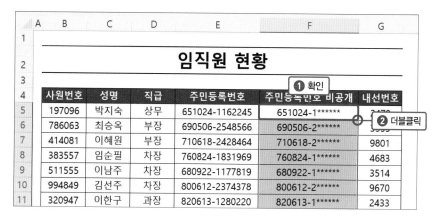

	사원번호	성명	직급	주민등록번호	주민등록번호 비공개	내선번호
5	197096	박지숙	상무	651024-1162245	=LEFT(E5,8) &"*****"	2470
6	786063	최승옥	부장	690506-2548566		3355
7	414081	이혜원	부장	710618-2428464	입력	9801
8	383557	임순필	차장	760824-1831969		4683
9	511555	이남주	차장	680922-1177819		3514
10	994849	김선주	차장	800612-2374378		9670
11	320947	이한구	과장	820613-1280220		2433

TIP

연결 연산자 '&'는 두 개 이상의 텍스트 열을 연결하여 하나의 텍스트로 만들 때 사용합니다.

4 [F5] 셀에 추출한 주민등록번호의 뒷자리가 '*'로 표시됩니다. [F5] 셀의 자동 채우기 핸들을 더블 클릭하여 자동 채우기를 실행합니다.

	사원번호	성명	직급	주민등록번호	주민등록번호 비공개	내선번호
5	197096	박지숙	상무	651024-1162245	651024-1******	2470
6	786063	최승옥	부장	690506-2548566	690506-2******	3355
7	414081	이혜원	부장	710618-2428464	710618-2******	9801
8	383557	임순필	차장	760824-1831969	760824-1******	4683
9	511555	이남주	차장	680922-1177819	680922-1******	3514
10	994849	김선주	차장	800612-2374378	800612-2******	9670
11	320947	이한구	과장	820613-1280220	820613-1******	2433

① 확인
② 더블클릭

SUMMARY!

LEFT: 텍스트의 시작 위치인 왼쪽부터 지정한 수만큼의 텍스트를 가져옵니다.
- LEFT(추출할 텍스트나 셀, 추출할 텍스트 수)

💡 **비슷한 함수**

LEFTB: 텍스트의 왼쪽에서부터 지정한 수만큼의 텍스트를 가져옵니다.
RIGHT: 텍스트의 끝인 오른쪽부터 지정한 수만큼의 텍스트를 가져옵니다.
RIGHTB: 텍스트의 오른쪽에서부터 지정한 수만큼의 텍스트를 가져옵니다.

다른 시트에 정리한 데이터를 자동으로 취합할 수 있나요?

 Q [1월], [2월], [3월] 시트의 데이터를 [1분기] 시트로 취합하고 연동할 수 있을까요?

A 여러 배열이나 범위의 데이터를 수직으로 쌓아서 하나의 범위로 만드는 **VSTACK** 함수를 사용하면 여러 시트의 데이터를 하나로 취합하고 연동할 수 있습니다.

▲ 엑셀마왕 특강

1 매출 데이터를 취합할 **[1분기]** 시트의 **[A2]** 셀에 '=VSTACK('를 입력합니다.

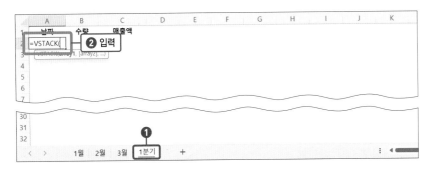

2 **1**의 '=VSTACK('에 커서를 올려놓고 취합한 시트의 영역을 선택합니다. 이때 각 시트는 쉼표(,)로 구분해야 합니다. 취합할 범위를 모두 지정하고 Enter를 누릅니다.

fx =VSTACK('1월'!A2:C32,'2월'!A2:C29,'3월'!A2:C32)

- **VSTACK(배열 1, [배열 2], [배열 3], …)**
VSTACK 함수는 지정한 배열, 범위를 수직으로 취합하는 함수로, 최대 254개의 범위를 취합할 수 있습니다.

TIP

VSTACK 함수는 M365 이상 버전에서만 사용할 수 있는 함수입니다.

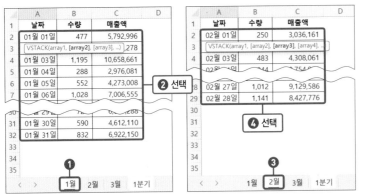

3 [1분기] 시트에 [1월], [2월], [3월] 시트의 매출액이 취합됩니다. 데이터는 취합되었지만 셀 서식까지 적용되지 않으므로 셀 서식을 수정해야 합니다.

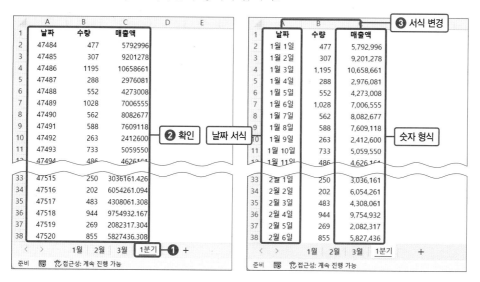

4 VSTACK 함수로 취합한 데이터는 범위로 지정한 영역과 연동하여 각 시트의 데이터를 수정할 경우 취합한 데이터에 반영됩니다.

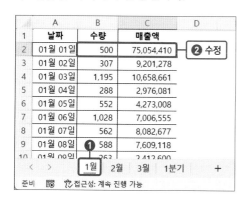 

SUMMARY!

VSTACK: '수직으로 쌓는다.'라는 의미인 'Vertical Stack'의 줄임말로, 지정한 배열이나 범위의 데이터를 수직으로 취합합니다.

- VSTACK(배열 1, [배열 2], [배열 3], …)

💬 **비슷한 함수**

CHOOSECOLS: '수평으로 쌓는다.'라는 의미인 'Horizontal Stack'의 줄임말로, 지정한 배열이나 범위의 데이터를 수평으로 취합합니다.

XLOOKUP 함수를 사용하지 않고 기준이 되는 셀 왼쪽의 값을 가져올 수 있나요?

Q '임직원 정보' 표를 참조해서 '봉사활동 인원 명단' 표를 완성하려고 합니다. [사원번호] 열과 일치하는 데이터를 [성명], [직급] 등의 열에 모두 빠르게 채울 수 있을까요?

A INDEX 함수와 MATCH 함수를 결합해서 '봉사활동 인원 명단' 표를 빠르게 완성할 수 있습니다.

1 [K5] 셀에 다음의 함수식을 입력하고 Enter 를 누릅니다.

fx =INDEX($B$5:$H$29,MATCH($J5,$F$5:$F$29,0),MATCH(K$4,$B$4:$H$4,0))

- **=INDEX(범위, 행 번호, [열 번호])**
- **=MATCH(찾을 값, 범위, [일치 유형])**

INDEX 함수는 주어진 범위에서 지정한 행과 열에 해당하는 값을 반환하는 함수이고 MATCH 함수는 지정한 값이 배열 안에서 처음 나타나는 위치를 반환하는 함수입니다. '=INDEX($B$5:$H$29,MATCH($J5,$F$5:$F$29,0),MATCH(K$4,$B$4:$H$4,0))'은 INDEX 함수와 MATCH 함수를 중첩하여 [$J5] 셀의 값을 [$F$5:$F$29] 범위에서 찾아 해당 값이 있는 행 번호를 반환하고 [K$4] 셀의 값을 [$B$4:$H$4] 범위에서 찾아 해당 값의 열 번호를 반환합니다. 그리고 이렇게 반환된 행 번호와 열 번호를 사용하여 [$B$5:$H$29] 범위에서 해당하는 값을 찾아 반환합니다. 여기서는 나머지 셀에도 한 번에 수식을 적용하기 위해 찾을 범위를 절대 참조로 고정하고, [J] 열은 상대 참조([$J5])로 고정하고 [4] 행은 절대 참조([K$4])로 고정하여 함수식을 완성했습니다.

2 [K5] 셀에 사원번호와 일치하는 성명이 반환됩니다.

3 [K5] 셀을 복사한 다음 [K5:O20] 영역에 붙여넣기하면 사원번호에 해당하는 임직원 정보가 반환됩니다.

SUMMARY! ▶

INDEX: 함수는 주어진 범위에서 지정한 행과 열에 해당하는 값을 반환합니다.
- =INDEX(범위, 행 번호, [열 번호])

MATCH: 지정한 값이 배열 안에서 처음 나타나는 위치를 반환합니다.
- =MATCH(찾을 값, 범위, [일치 유형])

함수

찾기/DB 함수

205

VLOOKUP 함수로 추출할 열 번호를 한 번에 입력할 수 있나요?

Q VLOOKUP 함수로 추출할 데이터 열이 많은데, 한 번에 많은 열을 추출할 수 있을까요?

A VLOOKUP 함수의 세 번째 인수인 **열 번호를 배열로 입력**하면 한 번에 많은 데이터를 추출할 수 있습니다.

▲ 엑셀마왕 특강

💡 **[주문서]** 시트의 '상품 주문 현황' 표는 VLOOKUP 함수를 사용하여 **[상품리스트]** 시트의 데이터를 추출합니다. 하지만 추출할 열이 많을 경우 열 번호를 일일이 수정해야 하므로 굉장히 번거롭죠. 이렇게 VLOOKUP 함수를 사용하여 많은 열을 추출해야 할 때는 배열 수식을 사용해 보세요. 일일이 추출할 열 번호를 수정하지 않고도 한 번에 많은 열 데이터를 추출할 수 있습니다. VLOOKUP 함수의 배열 수식은 M365 버전에서부터 사용할 수 있습니다.

8	7	최상급 햅쌀	67181935	논두렁	20kg	50,000	국내산, 최상급 햅쌀	156
9	8	김치볶음밥 소스	33147774	좋은제당	팩	3,000	간편식, 집에서 즐기는 볶음밥 맛	69
10	9	초코홀런볼	15320725	해영제과	팩	2,000	달달한 초코맛이 가득한 과자	675
11	10	매운라면	71688435	케이식품	EA	1,000	국민라면, 매콤한 맛	347
12	11	파이초코	98406995	오리오	팩	4,000	달콤한 초코와 마시멜로의 조화	144
13	12	야채만두	96917154	태영식품	팩	5,000	고기와 야채가 듬뿍, 간편식	133
14	13	프리미엄 오열	35957162	자연사랑	L	8,000	다양한 요리에 활용 가능, 부드러운 맛	99
15	14	블루베리 요거트	36343461	요거트랜드	개	2,000	프로바이오틱스 함유, 건강간식	202
16	15	헬스무화과	35842755	웰빙나라	팩	3,000	다이어트에 좋음, 고섬유	326
17	16	벚꽃연 도시락	14666794	벚꽃연	개	6,000	건강한 재료로 만든 도시락	760
18	17	라이트치즈케이크	28185101	데일리디저트	개	4,000	다이어트에 좋음, 저칼로리	36
19	18	비타민주스	14213307	주스벨리	병	2,500	비타민C가 풍부함, 건강음료	133
20	19	바다의 맛 갯장어	71138190	해산물천국	kg	20,000	신선한 갯장어, 영양가 풍부	730
21								

TIP
M365 버전 이하 버전이라면 207쪽의 '잠깐만요' 또는 211쪽의 DGET 함수를 활용해 보세요.

1 **[상품리스트]** 시트의 데이터를 추출하기 위해 **[주문서]** 시트의 **[E5]** 셀에 다음의 함수식을 입력합니다.

fx **=VLOOKUP(B5,상품리스트!B1:H20,{2,3,4,5,6,7},0)**

• **VLOOKUP(찾으려는 값, 데이터를 추출할 표, 추출할 열 번호, [일치 여부])**

VLOOKUP 함수는 지정한 열에서 오른쪽 행의 데이터를 반환하는 함수로, '데이터를 추출할 표'에서 '찾으려는 값'을 찾아 '추출할 열 번호'만큼 오른쪽에 있는 데이터를 반환합니다.

2 데이터가 추출된 [E5] 셀의 자동 채우기 핸들을 더블클릭하여 자동 채우기를 실행합니다.

M365 이하 버전에서는 VLOOKUP 함수에 배열 수식을 사용할 수 있나요?

아쉽게도 M365 이하 버전에서는 VLOOKUP 함수에 배열 수식을 사용할 수 없습니다. M365 이하 버전에서 VLOOKUP 함수를 사용하여 많은 열을 추출할 경우에 추출할 열 번호를 미리 입력하여 참조하는 방법을 활용해 보세요. 여기서는 [E5] 셀에 다음의 함수식을 입력했습니다.

 =VLOOKUP($B5,상품리스트!$B$1:$H$20,E$3,0)

예제의 3행에 각 열에 해당하는 열 번호를 미리 입력한 다음 추출할 열 번호의 인수로 사용했습니다. 이런 경우 찾으려는 값인 상품명은 열 고정으로, 데이터를 추출할 표는 절대 참조로, 추출할 열 번호는 행 고정으로 변경해야 합니다.

원하는 데이터가 제대로 추출된 것을 확인한 다음 자동 채우기를 실행하고 미리 입력한 열 번호는 흰색으로 변경하여 숨겨주세요.

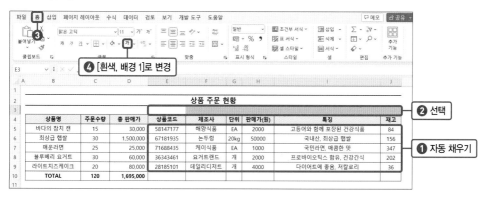

동명이인이 있을 때 VLOOKUP 함수로 정확하게 일치하는 데이터를 가져올 수 있나요?

Q VLOOKUP 함수로 '임직원 정보' 표를 참조하여 '내선번호'를 '재택 근무자' 표로 가져올 때 동명이인이 있어도 정확한 내선번호를 가져오는 방법이 있을까요?

A 동명이인을 식별하기 위해 **고유 식별값을 추가**하여 참조하면 VLOOKUP 함수로 정확한 내선번호를 가져올 수 있습니다.

▲ 엑셀마왕 특강

VLOOKUP 함수를 사용하면 참조하는 영역에서 원하는 데이터를 가져올 수 있지만, '재택 근무자' 표와 같이 동명이인인 이름이 있을 경우에는 정확하게 일치하는 데이터를 가져올 수 없습니다. 이런 경우에는 동명이인을 식별할 수 있는 고유 식별값을 추가하여 정확하게 일치하는 데이터를 가져올 수 있습니다.

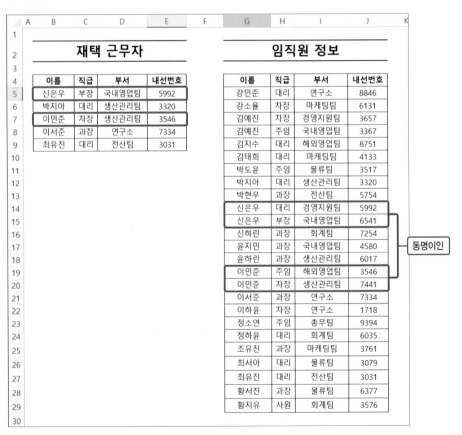

1 동명이인을 식별할 '고유 식별값'을 생성하기 위해 [J] 열을 선택하고 Ctrl+⨁를 눌러 새로운 열을 추가합니다.

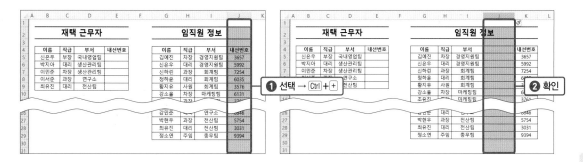

2 [J5] 셀에 '=G5&H5&I5'를 입력하고 Enter를 눌러 '이름', '직급', '부서'를 연결한 고유 식별값을 채워 넣습니다. [J5] 셀의 자동 채우기 핸들을 더블클릭하여 자동 채우기를 실행합니다.

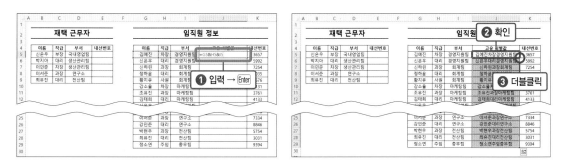

3 [E5] 셀에 다음의 함수식을 입력한 다음 Enter를 누릅니다.

 =VLOOKUP(B5&C5&D5,$J$4:$K$29,2,0)

이 함수식은 [B5] 셀, [C5] 셀, [D5] 셀을 연결 연산자 '&'로 결합하여 '임직원 정보' 표에서 정확하게 일치하는 '고유 식별값'을 찾아 해당하는 내선번호를 반환합니다.

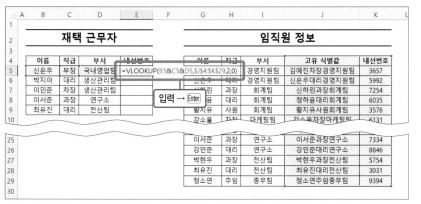

TIP

VLOOKUP 함수에 대한 자세한 내용은 206쪽을 참고하세요.

함수

찾기/DB 함수

4 [E5] 셀에 정확하게 일치하는 내선번호가 반환된 것을 확인한 다음 [E5] 셀의 자동 채우기 핸들을 더블클릭하여 자동 채우기를 실행합니다.

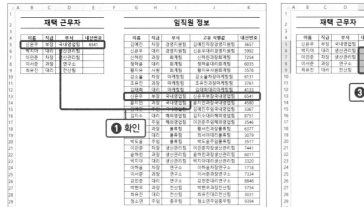

5 '임직원 정보' 표에서 [J] 열을 선택하고 Ctrl+0을 눌러 '열 숨기기'를 실행하면 데이터 중복을 방지하고 가독성을 높일 수 있습니다.

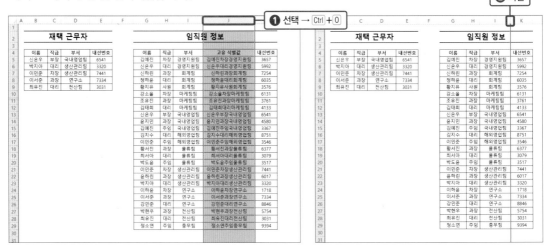

기준이 되는 셀 왼쪽의 값을 가져올 수 있나요?

 Q '상품 조회' 표에서 [상품명] 열의 왼쪽 데이터를 가져올 수 있을까요?

 A 지정된 조건에 따라 데이터베이스에서 특정 필드의 값을 반환해 주는 DGET 함수를 사용해 보세요.

▲ 엑셀마왕 특강

 '상품 조회' 표에 VLOOKUP 함수를 사용하여 [B7] 셀에 상품명을 입력하면 데이터베이스의 '상품코드', '판매가', '특징'을 반환하려고 했지만 기준 열 왼쪽의 데이터인 '상품코드'는 가져올 수 없습니다. 이 경우 지정한 열의 오른쪽 행의 데이터만 추출하는 VLOOKUP 함수를 보완할 수 있는 XLOOKUP 함수를 사용하면 지정한 열의 왼쪽 행의 데이터를 반환할 수 있지만, XLOOKUP 함수는 엑셀 2021 버전 이상부터 사용할 수 있죠. 궁여지책으로 INDEX 함수와 MATCH 함수를 중첩하면 XLOOKUP 함수와 같은 결과를 얻을 수 있지만, 중첩 함수를 사용하는 것이 어렵다면 DGET 함수를 사용하여 참조할 영역(데이터베이스)에서 원하는 값을 가져올 수 있습니다. 여기서는 DGET 함수를 사용하여 데이터베이스에서 특정 필드의 값을 가져오는 방법에 대해 알아보겠습니다.

1 '상품코드'를 반환할 [C7] 셀에 다음의 함수식을 입력한 다음 Enter를 누릅니다.

fx **=DGET(H6:K21,C6,B6:B7)**

- **DGET(데이터베이스, 필드, 조건)**

DGET 함수는 데이터베이스 함수로, 지정된 조건에 따라 데이터베이스 중 특정 필드의 값을 반환합니다.
- **데이터베이스**: 데이터베이스나 목록으로 지정할 범위로, 여기서는 머리글 항목이 반드시 포함되어야 하므로 [H6:K21] 영역을 범위로 지정했습니다.
- **필드**: 데이터베이스나 목록에서 반환할 값이 있는 열로, 여기서는 머리글로 '상품코드'를 반환할 것이므로 [C6] 셀을 지정했습니다.
- **조건**: 찾을 조건이 있는 셀이나 범위로 반드시 하나 이상의 조건을 포함해야 합니다. 여기서는 각 조건의 머리글 항목이 포함되어 있는 [B6:B7] 영역을 지정했습니다.

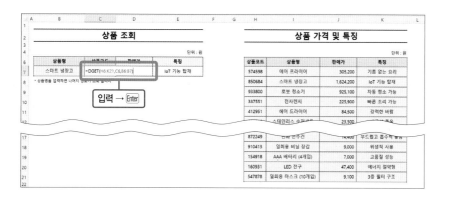

2 [C7] 셀에 상품명에 해당하는 상품 코드가 반환됩니다.

3 '상품 조회' 표의 VLOOKUP 함수를 DGET 함수로 대체해도 같은 결과를 얻을 수 있습니다. [C7] 셀에 입력한 함수식 중 데이터베이스와 조건 범위를 다음과 같이 절대 참조로 고정한 다음 [C7] 셀의 자동 채우기 핸들을 [E7] 셀까지 드래그하여 자동 채우기를 실행합니다.

fx **=DGET($H$6:$K$21,C6,$B$6:$B$7)**

4 **3**의 자동 채우기가 실행된 '상품 조회' 표의 머리글 항목 중 [판매가]를 [특징]으로 변경해도 데이터베이스의 머리글 항목과 일치한 값이 반환됩니다. 이때 머리글 항목명은 데이터베이스의 머리글 항목명과 일치해야 합니다.

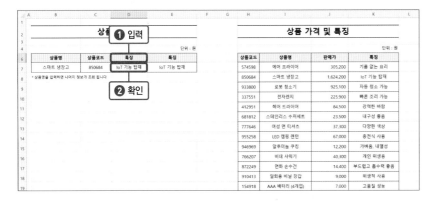

DGET 함수는 데이터베이스 표에서 원하는 정보를 찾아 반환하는 함수입니다. VLOOKUP 함수와 달리 왼쪽에서 오른쪽으로 정보를 찾는 제한이 없어 더 유연하게 사용할 수 있습니다. 그리고 여러 조건을 동시에 충족하는 정보를 찾을 때, 예를 들어 '상품 가격 및 특징' 표에서 판매가와 특징이 일치하는 상품 코드를 찾아 반환할 때 유용하게 사용할 수 있습니다.

VLOOKUP: 열 범위에서 지정한 값을 찾은 다음 지정한 열 번호에 해당하는 값을 추출합니다.
- VLOOKUP(찾을 값, 열 범위, 추출할 열 번호, [일치 여부])

DGET: 지정된 조건에 따라 데이터베이스 중 특정 필드의 값을 반환합니다.
- DGET(데이터베이스, 필드, 조건)

💡 **비슷한 함수**

LOOKUP: 지정한 범위나 배열에서 지정한 값을 찾아 해당하는 결괏값을 반환합니다. 이때 검색하는 범위의 데이터는 오름차순으로 정렬되어 있어야 정확한 결과가 반환됩니다.

HLOOKUP: 행 범위에서 지정한 값을 찾은 다음 지정한 행 번호에 해당하는 값을 추출합니다.

XLOOKUP: 지정한 검색 범위에서 값을 찾고, 일치하는 값의 위치를 기반으로 다른 범위에서 해당 값을 반환합니다. XLOOKUP 함수는 VLOOKUP 함수와 HLOOKUP 함수의 검색 방향 제약을 해소하고, INDEX 함수와 MATCH 함수를 중첩하는 것보다 간결하게 사용할 수 있어, 복잡한 데이터를 검색하는 데 효율적인 함수입니다. XLOOKUP 함수는 M365 버전에서부터 사용할 수 있습니다.

함수

찾기/DB 함수

엑셀 오류 메시지
해결하기

엑셀에서 데이터 입력이나 분석 중에 나타나는 오류 메시지는 특정한 원인을 지니고 있습니다. 오류 메시지를 통해 오류의 원인을 파악하고 해결책을 찾는 것은 데이터의 정확성을 보장하고 작업 흐름을 원활하게 유지하는 데 필수입니다.

🔗 임직원 조회 | #오류 #함수

#N/A 오류 메시지 대신 공백을 표시할 수 있나요?

Q VLOOKUP 함수를 사용하여 '임직원 조회' 표를 작성했는데 #N/A 오류가 발생했어요. 오류 메시지 대신 공백을 표시할 수 있을까요?

A 수식이 오류를 반환할 경우 특정 값으로 반환해 주는 IFERROR 함수를 사용하여 오류가 발생했을 때 공백으로 반환할 수 있습니다.

▲ 엑셀마왕 특강

'임직원 조회' 표는 **VLOOKUP** 함수를 사용하여 [성명] 항목에 검색할 임직원의 성명을 입력하면 [임직원 내선번호] 시트를 참조하여 직급, 부서명, 내선번호를 가져옵니다. 하지만 [성명] 항목에 임직원 성명을 입력되지 않은 상태에서는 참조할 값이 없으므로 [직급], [부서명], [내선번호] 항목에 '#N/A' 오류 메시지가 표시됩니다.

임직원 조회

성명	직급	부서명	내선번호
	#N/A	#N/A	#N/A

'#N/A'는 'Not Available'의 약자로, 수식이 참조하는 값을 찾을 수 없을 때 표시되는 오류 메시지입니다. 주로 **XLOOKUP, VLOOKUP, HLOOKUP, LOOKUP** 또는 **MATCH** 함수를 사용할 때 발생하는 오류로, '#N/A' 오류가 발생하면 함수식에서 참조하는 값을 확인하여 수정하면 됩니다. 하지만 지금과 같이 함수식은 제대로 동작하지만 '#N/A' 오류를 그대로 두면 데이터의 신뢰성이 떨어뜨리는 원인이 됩니다. 오류 메시지 대신 원하는 메시지를 표시하려면 **IFERROR** 함수를 사용해 보세요.

1 오류 메시지가 표시된 [C5] 셀의 함수식을 다음과 같이 수정하고 Enter 를 누릅니다.

fx **=IFERROR(VLOOKUP(B5,'임직원 내선번호'!$B$4:$E$30,2,0)**,"")

- **IFERROR(오류를 검사할 함수, 오류가 발생했을 때 표시할 메시지)**

TIP

VLOOKUP 함수에 대한 자세한 내용은 206쪽을 참고하세요.

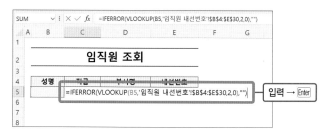

2 IFERROR 함수를 사용하여 오류 메시지가 표시되지 않습니다. [D5] 셀과 [E5] 셀도 **1**과 같은 방법으로 함수식을 수정해 보세요.

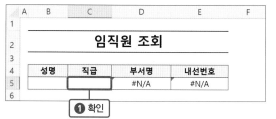 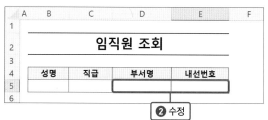

 3 IFERROR 함수의 오류 메시지 인수에 원하는 내용을 입력하면 오류가 발생했을 때 원하는 메시지를 반환할 수 있습니다.

fx **=IFERROR(VLOOKUP(B5,'임직원 내선번호'!$B$4:$E$30,2,0)**,"성명 입력")

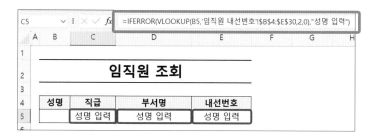

TIP

[성명] 항목에 목록을 삽입하면 오류 없이 참조하는 영역의 데이터를 입력할 수 있습니다. 목록 삽입에 대한 자세한 내용은 116쪽을 참고하세요.

SUMMARY!

#VALUE!: 계산할 수 없는 값을 계산했을 때 표시되는 오류 메시지입니다.
- 예시: SUM("엑셀")

#REF!: 참조한 셀이 없을 때 표시되는 오류 메시지입니다.
- 예시: SUM(#REF!,#REF!)

#DIV/0!: 값을 0으로 나눌 때 표시되는 오류 메시지입니다.
- 예시: 1/0

#N/A: 찾으려는 값이 없을 때 표시되는 오류 메시지로, 보통 VLOOKUP 함수를 사용할 때 발생합니다.

#NAME?: 함수명을 잘못 입력했을 때 표시되는 오류 메시지입니다.
- 예시: SOM(A1, A2)

#NULL!: 함수나 수식에 공란이 있을 때 표시되는 오류 메시지입니다.
- 예시: SUM(A1:A2 B1:B2)

#NUM!: 엑셀에서 연산할 수 있는 수치를 초과했을 때 표시되는 오류 메시지입니다.
- 예시: 5^62532545*7

🔗 9월 재고 현황 | #함수 #오류

수식의 오류를 검사할 수 있나요?

 '9월 재고현황'을 보고하기 전, 수식에 오류가 있는지 확인할 수 있을까요?

 [수식]-[오류 검사] 기능으로 오류가 있는 수식을 확인하고, 정상적인 수식으로 수정할 수 있습니다.

1 수식 오류를 검사할 시트에서 **[수식]-[오류 검사]**를 차례대로 선택하여 [오류 검사] 창을 표시합니다. [오류 검사] 창에는 현재 시트에서 발생한 오류를 확인할 수 있는데, '9월 재고현황' 표의 경우 **[F11]** 셀에 오류가 있는 것을 확인할 수 있습니다. 오류 내용을 확인하려면 **[이 오류에 대한 도움말]**을 클릭하세요.

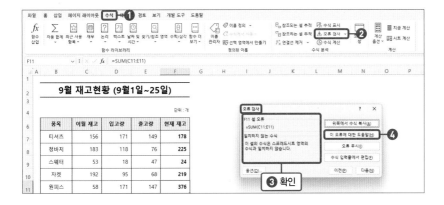

2 마이크로소프트 공식 지원 페이지가 표시되면서 해당 오류에 대한 구체적인 내용을 확인할 수 있습니다.

3 [F11] 셀의 오류는 함수식 자체는 문제가 없지만 다른 셀들과 일관성이 없어 표시되는 오류입니다. 다른 셀의 함수식은 '=SUM(이월재고:입고량)-출고량'이지만 [F11] 셀의 함수식은 '=SUM(이월재고:출고량)'으로 일관성의 오류가 있는 것이죠.

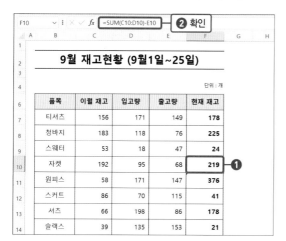

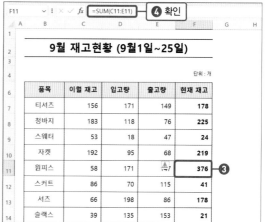

4 이런 경우 [오류 검사] 창에서 **[위쪽에서 수식 복사]**를 클릭하면 오류가 발생한 셀의 위쪽 셀에서 수식을 복사하여 오류를 없앨 수 있습니다. 오류 검사 작업 창에서 **[확인]**을 클릭하면 오류 수정이 완료됩니다.

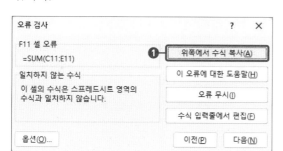

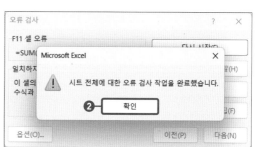

셀에 결괏값이 아닌 함수식을 직접 표시할 수 있나요?

함수식을 활용해서 계산 작업을 하는 중 함수식의 결괏값이 아닌 함수식을 표시할 수 있습니다. 함수식을 표시하면 입력한 함수식을 바로 확인할 수 있죠. 그래서 함수식을 활용한 계산 작업 중 발생한 오류도 즉시 확인할 수 있으므로 편리합니다. Ctrl + ~를 누르면 함수식의 결괏값이 아닌 함수식이 바로 표시됩니다. 오류 검사 기능과 함수식 표시 기능(Ctrl + ~)을 함께 사용하면 작업 중 발생할 수 있는 오류를 바로잡는 데 많은 도움이 됩니다. 수식은 [수식]-[수식 표시]를 차례대로 선택해도 표시할 수 있습니다.

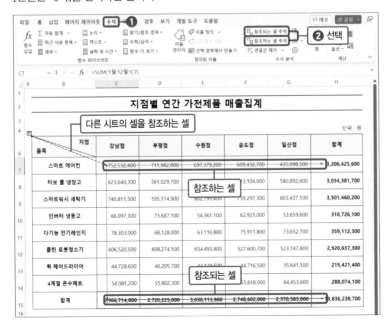

비교적 간단한 엑셀 작업이라면 [수식 표시] 기능으로 함수식을 확인할 수 있지만, 참조하는 셀이 많거나 다른 시트를 참조했다면 [수식 표시] 기능만으로 함수식을 확인하는 것이 어렵습니다. 이런 경우에는 참조하는 셀이나 시트를 시각적으로 확인할 수도 있습니다. 참조되는 셀이나 참조하는 셀을 선택한 상태에서 [수식]-[참조되는 셀 추적], [참조하는 셀 추적]을 차례대로 선택해 보세요. 참조되는 셀은 굵은 화살표가, 참조하는 셀은 얇은 화살표가 표시되고 선택된 셀이 다른 시트의 셀을 참조하고 있다면 점선으로 표시됩니다. 화면에 표시된 화살표를 삭제하려면 [연결선 제거]를 선택하면 됩니다.

SUMMARY!

[오류 검사] 창에서는 함수나 데이터 입력 중 발생한 오류를 검토하고 수정하는 데 유용한 옵션을 제공하여 실수로 인한 계산의 오류나 참조 오류, 형식 불일치 등 다양한 유형의 오류를 자동으로 확인할 수 있을 뿐만 아니라 적절한 수정 제안을 받을 수 있습니다. 특히 복잡한 데이터 시트에서 작업할 때 데이터의 정확성과 신뢰도를 높이는 데 매우 유용합니다.

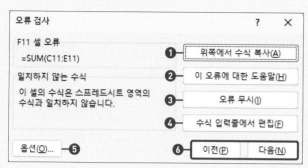

❶ **위쪽에서 수식 복사**: 현재 셀의 바로 위에 있는 셀의 수식을 현재 셀로 복사합니다. 일반적으로 이 옵션은 위쪽 셀의 수식이 정확하고 현재 셀의 수식이 잘못된 경우에 사용합니다.

❷ **이 오류에 대한 도움말**: 오류에 대한 설명과 해결 방법을 제공하는 도움말 창을 엽니다. 현재 셀의 수식에서 발생한 오류를 이해하고 어떻게 수정해야 하는지를 확인할 수 있습니다.

❸ **오류 무시**: 현재 셀의 오류를 무시하고 다음 셀로 이동합니다. 현재 셀의 오류가 실제로는 문제가 아닌 경우, 또는 나중에 수정할 계획인 경우에 사용합니다.

❹ **수식 입력줄에서 편집**: 수식 입력줄로 이동하여 현재 셀의 수식을 직접 수정할 수 있습니다. 오류를 바로 잡기 위해 수식을 바꿔야 하는 경우에 사용합니다.

❺ **옵션**: [Excel 옵션]-[수식]-[오류 검사 규칙]에서 오류 검사 기능의 동작 방식을 사용자가 원하는 대로 설정할 수 있습니다.

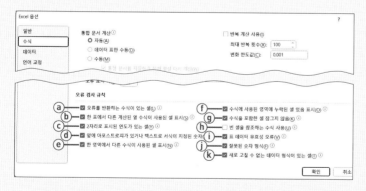

ⓐ **오류를 반환하는 수식이 있는 셀**: 수식의 결과가 오류를 반환하는 셀을 찾아냅니다.

ⓑ **한 표에서 다른 계산된 열 수식이 사용된 셀 표시**: 하나의 표 안에서 다른 계산된 열 수식이 사용된 셀을 찾아냅니다. 즉 일관성이 없는 수식이 사용된 셀을 찾아줍니다.

ⓒ **2자리로 표시된 연도가 있는 셀**: 연도를 두 자리로만 표시한 셀을 찾아냅니다. 예를 들어 '30'이라고 입력된 셀이 있으면 이것이 1930년을 의미하는 건지, 아니면 2030년을 의미하는 것인지 명확하지 않습니다. 이렇게 연도를 두 자리로만 표시하면 데이터의 정확성이 떨어질 수 있는데, 이런 경우에 두 자리

함수

엑셀 오류 메시지

로 된 연도를 찾아줍니다.

ⓓ **앞에 아포스트로피가 있거나 텍스트로 서식이 지정된 숫자**: 숫자 앞에 아포스트로피(')가 붙어 있거나 숫자가 텍스트로 서식이 지정된 셀을 찾아냅니다. 숫자가 실제로는 수식에서 사용할 수 없는 텍스트로 인식되는 경우를 찾아줍니다.

ⓔ **한 영역에서 다른 수식이 사용된 셀 표시**: 영역 안에서 다른 수식이 사용된 셀을 찾아냅니다. 즉 일관성이 없는 수식이 사용된 셀을 찾아줍니다.

ⓕ **수식에 사용된 영역에 누락된 셀 있음 표시**: 수식에 사용된 영역에서 누락된 셀을 표시합니다. 즉 수식이 참조해야 하는 셀 중 일부가 누락된 경우를 찾아줍니다.

ⓖ **수식을 포함한 셀 잠그지 않음**: 수식이 포함된 셀이 잠기지 않은 경우를 찾아냅니다. 왜냐하면 실수로 수식을 변경하거나 삭제하는 것을 방지하기 위해 수식이 포함된 셀을 일반적으로 잠그기 때문입니다

ⓗ **빈 셀을 참조하는 수식 사용**: 수식이 빈 셀을 참조하고 있을 때 알려줍니다. 예를 들어 '=A1+B1'이라는 수식이 있을 때 [A1] 셀이나 [B1] 셀이 비어 있으면 오류를 반환합니다. 빈 셀을 참조하는 수식은 예상치 못한 결과를 반환할 수 있으므로 이를 수정해야 합니다

ⓘ **표 데이터 유효성 오류**: 표 안에 데이터가 유효하지 않은 경우에 사용합니다. 예를 들어 숫자가 들어가야 하는 곳에 텍스트가 입력되어 있거나 날짜 형식이 잘못된 경우에 해당합니다.

ⓙ **잘못된 숫자 형식**: 숫자가 잘못된 형식으로 입력된 셀을 찾아줍니다. 예를 들어 소수점이 두 번 이상 포함된 숫자나, 숫자와 문자가 섞여 있는 경우 등이 해당합니다.

ⓚ **새로 고칠 수 없는 데이터 형식이 있는 셀**: 셀에 있는 데이터 형식이 잘못되어 엑셀이 이를 올바른 형식으로 바꾸지 못하는 경우를 찾아줍니다. 예를 들어 날짜나 시간이 잘못된 형식으로 입력되어 있어서 이를 올바른 형식으로 바꿀 수 없는 경우 등이 해당합니다

❻ **이전/다음**: [이전]을 클릭하면 현재 선택된 셀보다 이전에 위치한 셀로 이동하는데, 입력된 오류를 역순으로 탐색하면서 이전에 발견된 오류를 다시 확인하거나 유용합니다. [다음]을 클릭하면 현재 선택된 셀보다 다음에 위치한 셀로 이동하는데, 순차적으로 탐색하면서 오류를 찾아낼 때 사용합니다.

실무 함수 사전

▶ 날짜/시간 함수

함수(엑셀 버전)	설명	인수([생략할 수 있는 인수])
NOW	현재 날짜와 시간 반환	=NOW()
TODAY	현재 날짜를 반환	=TODAY()
DAY	지정한 날짜 데이터의 일을 숫자로 반환	=DAY(날짜)
DAYS360	두 날짜 사이의 일 수를 360일 기준 연도로 계산하여 반환	=DAYS360(시작 날짜, 종료 날짜, [계산 방법])
DATE	지정한 연도, 월, 일을 날짜 일련번호로 반환	=DATE(연, 월, 일)
DATEDIF	두 날짜 사이의 일, 월, 연도 수를 계산하여 반환	=DATEDIF(시작일, 종료일, 단위 옵션)
TIME	지정한 시간, 분, 초를 일련번호로 반환	=TIME(시, 분, 초)
HOUR	지정한 시간을 0에서 23 사이의 정수로 반환	=HOUR(시간)
MINUTE	지정한 시간을 0에서 59 사이의 정수로 반환	=MINUTE(시간)
SECOND	지정한 시간을 0에서 59 사이의 정수로 반환	=SECOND(시간)
MONTH	지정한 날짜의 월을 1에서 12 사이의 정수로 반환	=MONTH(날짜)
YEAR	지정한 날짜에 해당하는 연도를 1900에서 9999 사이의 정수로 반환	=YEAR(날짜)
EDATE	지정한 날짜 전후의 개월 수를 날짜 일련번호로 반환	=EDATE(날짜, 개월 수)
EOMONTH	지정된 달 수 이전이나 이후의 달에서 마지막 날의 날짜 일련번호를 반환	=EOMONTH(날짜, 개월 수)
NETWORKDAYS	지정한 시작 날짜와 종료 날짜 사이의 영업일 수를 반환	=NETWORKDAYS(시작 날짜, 종료 날짜, [사용자 정의 휴일])
WEEKDAY	지정한 날짜의 요일을 1(일요일)에서 7(토요일) 사이의 정수로 반환	=WEEKDAY(날짜, [옵션])
WEEKNUM	지정한 날짜가 포함된 연도의 주 번호를 정수로 반환	=WEEKNUM(날짜, [옵션])
WORKDAY	지정한 시작 날짜로부터 지정한 영업일 수 후의 날짜를 날짜 일련번호로 반환	=WORKDAY(시작 날짜, 일 수, [사용자 정의 휴일])
YEARFRAC	시작일과 종료일 사이의 날짜 수가 일 년 중 차지하는 비율을 반환	=YEARFRAC(시작일, 종료일, [계산 방법])

▶ 논리 함수

함수(엑셀 버전)	설명	인수([생략할 수 있는 인수])
AND	인수가 모두 참(TRUE)이면 참(TRUE)을 반환하고, 인수 중 하나라도 거짓(FALSE)이면 거짓(FALSE)을 반환	=AND(수식 1, [수식 2], …)
OR	인수 중 하나라도 참(TRUE)이면 참(TRUE)를 반환하고, 모든 인수가 거짓(FALSE)이면 FALSE를 반환	=OR(수식 1, [수식 2], …)
IF	지정한 조건의 논리 검사를 수행하여 참(TRUE)이나 거짓(FALSE)에 해당하는 값을 반환	=IF(논리식, 참일 때의 값, 거짓일 때의 값)
IFERROR	수식의 결과에 오류가 있을 경우 지정한 값을 반환	=IFERROR(수식, 오류일 때 반환 값)
IFS(엑셀 2019 이상)	하나 이상의 논리 검사를 수행하여 첫 번째 참(TRUE)인 조건에 해당하는 결괏값을 반환	=IFS(조건 1, 결괏값 1, [조건 2], [결괏값 2], … ,[참일 때의 값], [그 외 결과])
SWITCH(엑셀 2019 이상)	조건 식의 결과에 따라 여러 경우 중 첫 번째 일치하는 값에 해당하는 결괏값을 반환	=SWITCH(조건식, 결괏값 1, 반환값 1, [결괏값 2], [반환값 2], … , [기본값])

▶ 찾기/데이터베이스 함수

함수(엑셀 버전)	설명	인수([생략할 수 있는 인수])
CHOOSE	인수값 목록에서 값을 반환	=CHOOSE(인덱스 번호, 값 1, [값 2], [값 3], …)
CHOOSECOLS(M365 이상)	배열에서 지정된 열을 반환	=CHOOSECOLS(범위, 열 번호1, 열 번호2, …)
COLUMN	참조하는 셀의 열 번호를 반환	=COLUMN(셀)
COLUMNS	참조나 배열에 있는 열의 개수를 반환	=COLUMNS(범위)
ROW	참조하는 셀의 행 번호를 반환	=ROW(셀)
ROWS	참조나 배열에 있는 행의 수를 반환	=ROWS(범위)
DCOUNT	목록이나 데이터베이스의 열에서 지정한 조건을 충족하는 셀 중 숫자가 있는 셀의 개수를 반환	=DCOUNT(범위, 열 번호, 조건이 있는 셀)
DCOUNTA	목록이나 데이터베이스의 열에서 지정한 조건을 충족하는 셀 중 비어 있지 않은 셀의 개수를 반환	=DCOUNTA(범위, 열 번호, 조건이 있는 셀)
DGET	목록이나 데이터베이스의 열에서 지정한 조건을 충족하는 하나의 값을 반환	=DGET(범위, 열 번호, 조건이 있는 셀)

함수(엑셀 버전)	설명	인수([생략할 수 있는 인수])
DMAX	목록이나 데이터베이스의 열에서 지정한 조건을 충족하는 가장 큰 값을 반환	=DMAX(범위, 열 번호, 조건이 있는 셀)
DMIN	목록이나 데이터베이스의 열에서 지정한 조건을 충족하는 가장 작은 값을 반환	=DMIN(범위, 열 번호, 조건이 있는 셀)
DSUM	목록이나 데이터베이스의 열에서 지정한 조건을 충족하는 숫자의 합계를 반환	=DSUM(범위, 열 번호, 조건이 있는 셀)
FILTER(엑셀 2021 이상)	데이터를 필터링하여 특정 조건을 충족하는 행만 반환	=FILTER(필터링할 범위, 필터링 조건, [찾는 값이 없을 때 표시할 값])
GETPIVOTDATA	피벗 테이블에서 표시되는 데이터를 반환	=GETPIVOTDATA(필드명, 피벗 테이블 시작 셀, [조건 필드 1], [조건 1], [조건 필드 2], [조건 2], …)
HSTACK(M365 이상)	배열을 가로 및 순서대로 추가하여 더 큰 배열을 반환	=HSTACK(범위 1 [범위 2], …)
HYPERLINK	현재 통합 문서의 다른 위치로 이동하는 바로 가기를 만들거나 네트워크 서버, 인트라넷 또는 인터넷에 저장된 문서를 표시	=HYPERLINK(URL, [표시값])
IMAGE(M365 이상)	지정한 URL의 이미지를 지정한 셀에 삽입	=IMAGE(URL, [대체 텍스트], [크기 조정], [높이], [너비])
INDEX	테이블이나 범위에서 값 또는 값에 대한 참조를 반환	=INDEX(참조 범위, 행 번호, [열 번호])
INDIRECT	텍스트 문자열로 지정된 참조를 반환	=INDIRECT(참조 범위, [참조 방식])
LOOKUP	배열이나 한 행 또는 한 열 범위에서 특정 값과 일치하는 값을 찾아 반환	=LOOKUP(찾을 값, 찾을 범위, [결과 범위])
HLOOKUP	표의 첫 행에 있는 값 또는 값의 배열을 검색한 다음 표나 배열에서 지정한 행으로부터 같은 열에 있는 값을 반환	=HLOOKUP(찾을 값, 찾을 범위, 행 번호, [일치 옵션])
VLOOKUP	배열의 첫 열에서 값을 검색하여 지정한 열의 같은 행에서 데이터를 반환	=VLOOKUP(찾을 값, 참조 범위, 열 번호, [일치 옵션])
XLOOKUP(엑셀 2021 이상)	테이블 또는 행 범위에서 검색하여 지정한 데이터를 반환	=VLOOKUP(찾을 값, 검색 범위, 반환 범위, [N/A 값], [일치 옵션], 검색 방향], [배열 반환 여부])
MATCH	지정한 범위에서 지정된 항목을 검색하고 범위에서 해당 항목이 차지하는 상대 위치를 반환	=MATCH(찾을 값, 범위, [일치 옵션])

함수(엑셀 버전)	설명	인수([생략할 수 있는 인수])
OFFSET	참조하는 기준 셀로부터 지정한 만큼 떨어진 위치에 있는 셀 또는 범위를 반환	=OFFSET(시작 지점, 행 이동, 열 이동, [높이], [너비])
SORT(엑셀 2021 이상)	지정한 배열이나 범위의 값을 오름차순/내림차순으로 정렬하여 반환	=SORT(범위, [기준 열], [정렬 순서], [정렬 방향])
SORTBY(엑셀 2021 이상)	하나의 배열이나 범위를 기준 배열이나 범위에 따라 오름차순/내림차순으로 정렬하여 배열로 반환	=SORTBY(범위, 기준 범위 1, [순서 1], [기준 범위 2], [순서 2], …)
TAKE(M365 이상)	배열의 시작 또는 끝에서 지정된 수의 연속 행 또는 열을 반환	=TAKE(범위, 행 번호, [열 번호])
TOCOL(M365 이상)	지정된 참조 셀의 열 번호를 반환	=TOCOL(열로 반환할 범위, [특정 형식의 값을 무시할지 여부], [배열을 열별로 검색])
TRANSPOSE	배열이나 범위의 행과 열을 전환	=TRANSPOSE(행과 열을 전환할 범위)
UNIQUE(엑셀 2021 이상)	주어진 배열이나 범위에서 중복되지 않는 고유한 값만 추출하여 배열로 반환	=UNIQUE(범위, [가로 방향 조회], [단독 발생])
VSTACK(M365 이상)	배열을 세로 및 순서대로 추가하여 더 큰 배열을 반환	=VSTACK(범위 1 [범위 2], …)

▶ 수학 함수

함수(엑셀 버전)	설명	인수([생략할 수 있는 인수])
AGGREGATE	집계 방법과 범위를 지정하여 집계된 값을 반환	=AGGREGATE(집계 번호, 집계 옵션, 집계 범위 1, [집계 범위 2], …)
INT	숫자를 가장 가까운 정수로 내림	=INT(숫자)
MOD	나눗셈의 나머지 값을 반환	=MOD(나머지를 구하려는 값, 나누는 값)
MROUND	원하는 배수로 반올림한 숫자를 반환	=MROUND(숫자, 배수)
RANDBETWEEN	지정한 두 수 사이에서 임의의 정수를 반환	=RANDBETWEEN(숫자 1, 숫자 2)
ROMAN	아라비아 숫자를 텍스트 형식인 로마 숫자로 변환	=ROMAN(아라비아 숫자, [로마 숫자 타입 옵션])
ROUND	숫자를 지정한 자릿수로 반올림하여 반환	=ROUND(숫자, 자릿수)
ROUNDDOWN	숫자를 지정한 소수점 자릿수로 내림하여 반환	=ROUNDDOWN(숫자, 자릿수)

함수(엑셀 버전)	설명	인수([생략할 수 있는 인수])
ROUNDUP	숫자를 지정한 소수점 자릿수로 올림하여 반환	=ROUNDUP(숫자, 자릿수)
SEQUENCE(엑셀 2021 이상)	지정한 크기와 간격의 숫자나 열을 반환	=SEQUENCE(행, 열, [시작], [증가])
SUM	인수의 합계를 반환	=SUM(숫자 1, [숫자 2], …)
SUMIF	조건을 충족하는 인수의 합계를 반환	=SUMIF(범위, 조건, [합계 구할 범위])
SUMIFS	여러 조건을 충족하는 인수의 합계를 반환	=SUMIFS(합계 구할 셀 범위, 조건 1, 조건 범위 1, 조건 2, [조건 범위 2], [조건 3], …)
SUBTOTAL	연산 방법과 범위를 지정하여 계산된 값을 반환	=SUBTOTAL(연산 번호, 범위 1, [범위 2], …)
SUMPRODUCT	지정한 범위나 배열의 각 항목을 곱한 다음 곱한 값의 합계를 반환	=SUMPRODUCT(범위 1, [범위 2], …)

▶ 정보 함수

함수(엑셀 버전)	설명	인수([생략할 수 있는 인수])
INFO	현재 사용하고 있는 엑셀 환경 정보를 텍스트 형태로 반환	=INFO(정보 번호)
ISBLANK	빈 셀을 참조하는 경우 참(TRUE)을 반환	=ISBLANK(셀)
ISERROR	수식에 오류가 있는 경우 참(TRUE)을 반환	=ISERROR(셀)
ISEVEN	지정한 숫자가 짝수이면 참(TRUE)을 반환하고 홀수이면 거짓(FALSE)을 반환	=ISEVEN(숫자)
ISODD	지정한 숫자가 홀수이면 참(TRUE)을 반환하고 짝수이면 거짓(FALSE)을 반환	=ISODD(숫자)
PHONETIC	한자/일본어의 윗주(후리가나)	=PHONETIC(셀)

▶ 텍스트 함수

함수(엑셀 버전)	설명	인수([생략할 수 있는 인수])
CHAR	다른 시스템의 파일에서 가져온 코드 페이지 번호를 문자로 변환	=CHAR(번호)
CLEAN	인쇄할 수 없는 모든 텍스트를 제거	=CLEAN(텍스트)
CONCAT(엑셀 2019 이상)	텍스트 목록 또는 범위를 연결하여 반환	=CONCAT(범위 1, [범위 2], …)
FIND	지정한 텍스트를 다른 텍스트 안에서 찾아 해당 텍스트의 시작 위치를 반환	=FIND(텍스트, 찾을 텍스트, [시작 위치])

함수(엑셀 버전)	설명	인수([생략할 수 있는 인수])
LEFT	지정한 텍스트의 처음부터 지정한 수만큼 텍스트를 반환	=LEFT(텍스트, [숫자])
RIGHT	지정한 텍스트에서 오른쪽 끝에서부터 지정한 수만큼 텍스트를 반환	=RIGHT(텍스트, [숫자])
MID	지정한 텍스트에서 지정한 위치부터 지정한 수만큼 텍스트를 반환	=MID(추출할 텍스트, 시작 위치, 추출할 텍스트 수)
LEN	텍스트의 개수를 반환	=LEN(텍스트)
LOWER	지정한 텍스트를 모두 소문자로 변환	=LOWER(텍스트)
UPPER	지정한 텍스트를 모두 대문자로 변환	=UPPER(텍스트)
PROPER	지정한 텍스트에서 각 단어의 첫 글자를 대문자로 변환	=PROPER(텍스트)
REPLACE	지정한 텍스트에서 특정 위치의 텍스트를 다른 텍스트로 변환하여 반환	=REPLACE(텍스트, 시작 지점, 텍스트 수, 변환할 텍스트)
REPT	텍스트를 지정된 횟수만큼 반복하여 반환	=REPT(반복할 텍스트, 반복 횟수)
SEARCH	지정한 텍스트에서 특정 텍스트가 처음 등장하는 위치를 반환	=SEARCH(텍스트, 찾을 텍스트, [시작 위치])
SUBSTITUTE	지정한 텍스트의 특정 텍스트를 다른 텍스트로 변환	=SUBSTITUTE(텍스트, 찾을 텍스트, 변환할 텍스트, [바꿀 지점])
TEXT	숫자 형식을 특정 형식의 텍스트로 변환	=TEXT(수, 셀 서식)
TEXTJOIN(엑셀 2019 이상)	지정한 구분 기호를 사용하여 텍스트를 하나로 결합하여 반환	=TEXTJOIN(구분 기호, 빈 칸 무시 여부, 범위 1, [범위 2], …)
TEXTSPLIT(M365 이상)	열과 행 구분 기호를 사용하여 텍스트를 분할	=TEXTSPLIT(분할하려는 텍스트, 열 구분 기호, [행 구분 기호], [빈 칸 무시 여부], [일치 옵션], [N/A 오류 대체 텍스트])
TRIM	지정한 텍스트에서 단어 사이의 불필요한 공백을 제거하여 반환	=TRIM(텍스트)
UNICHAR(엑셀 2013 이상)	지정한 숫자를 유니코드로 변환하여 반환	=UNICHAR(숫자)
VALUE	텍스트 형식의 숫자를 숫자 형식으로 변환	=VALUE(텍스트)

▶ 통계 함수

함수(엑셀 버전)	설명	인수([생략할 수 있는 인수])
AVERAGE	인수의 평균을 반환	=AVERAGE(숫자 1, [숫자 2], …)
AVERAGEIF	지정한 조건을 충족하는 모든 셀의 평균을 반환	=AVERAGEIF(조건 범위, 조건, [평균을 구할 범위])
COUNT	지정한 범위에서 숫자값이 있는 셀의 개수를 반환	=COUNT(범위 1, [범위 2], …)
COUNTA	지정한 범위에서 비어 있지 않은 셀의 개수를 반환	=COUNTA(범위)
COUNTBLANK	지정한 범위에서 비어 있는 셀의 개수를 반환	=COUNTBLANK(범위)
COUNTIF	지정한 기준을 충족하는 셀의 개수를 계산하여 반환	=COUNTIF(범위, 조건)
COUNTIFS	여러 조건을 모두 충족하는 셀의 개수를 계산하여 반환	=COUNTIFS(첫 번째 조건 범위, 첫 번째 조건값, 두 번째 조건 범위, 두 번째 조건값, …)
FREQUENCY	지정한 데이터 배열 안에서 값이 각 범위에 속하는 빈도수를 계산하여 배열로 반환	=FREQUENCY(집합 범위, 간격 범위)
MAX	지정한 범위 안에서 최댓값을 반환	=MAX(범위 1, [범위 2], …)
MAXIFS(엑셀 2019 이상)	지정한 조건을 충족하는 셀 중 최댓값을 반환	=MAXIFS(최댓값 범위, 조건 범위 1, 조건 1, [조건 범위 2], [조건 2], …)
MIN	지정한 범위 안에서 최솟값을 반환	=MIN(범위 1, [범위 2], …)
MINIFS(엑셀 2019 이상)	지정한 조건을 충족하는 셀 중 최솟값을 반환	=MINIFS(최솟값 범위, 조건 범위 1, 조건 1, [조건 범위 2], [조건 2], …)
RANK.AVG	지정한 숫자가 데이터 범위 안에서 차지하는 순위를 반환하며 같은 값이 있을 경우 평균 순위를 반환	=RANK.AVG(숫자, 범위, [오름차순/내림차순 옵션])
RANK.EQ	지정한 숫자가 데이터 범위 안에서 차지하는 순위를 반환하며 같은 값이 있을 경우 같은 순위를 부여하여 반환	=RANK.EQ(수, 범위, [오름차순/내림차순 옵션])
SMALL	지정한 범위에서 n번째로 작은 값을 반환	=SMALL(범위, 순번)
RANK	지정한 숫자가 데이터 범위에서 차지하는 상대적인 순위를 반환하며 같은 값이 있을 경우 같은 순위를 부여하여 반환	=RANK(값, 범위, [정렬 방향])

3장

실무
이럴 땐, 이렇게!

엑셀의 [차트] 기능은 방대하고 복잡한 데이터를 시각적으로 표현하여, 데이터의 패턴과 트렌드를 쉽게 파악할 수 있게 만들며 정보를 효과적으로 전달할 수 있습니다. [피벗 테이블] 기능은 데이터를 요약하고 분석하는 데 유용하며, 다양한 관점에서 데이터를 이해할 수 있게 해주는 엑셀의 가장 강력하고 유용한 기능 중 하나입니다. 인쇄 설정을 변경하면 차트와 피벗 테이블을 활용해 분석한 보고서를 보기 좋게 인쇄할 수 있습니다. 이번 장에서는 엑셀의 이미지 활용 기능을 포함해 실무에서 작업 시간을 절약하고 데이터의 정확성을 높이는 데 유용한 실무 기능에 대해 알아보겠습니다.

EXCEL. IN THIS CASE, LIKE THIS! ▼

차트로 데이터 시각화하기

데이터는 단순한 숫자의 나열에 불과하지 않고, 그 안에는 반복되는 패턴, 변화하는 트렌드, 깊은 인사이트가 숨어 있습니다. 엑셀 차트를 활용하면 이러한 복잡한 데이터를 한눈에 파악할 수 있도록 도와주며, 다양한 숫자의 해석을 더욱 이해하기 쉽고 직관적으로 만드는 데 매우 유용하게 사용할 수 있습니다.

🔗 6월 예산 및 지출내역 | #차트

차트를 빠르게 삽입하는 방법이 있나요?

Q '6월 예산 및 지출 내역' 표를 차트로 만들고 삽입된 차트 제목을 표 제목과 연동할 수 있을까요?

A Alt + F1 로 현재 워크시트 또는 새로운 워크시트에 **차트를 생성**하고, 표 제목의 셀 주소를 지정하여 연동할 수 있습니다.

1 차트로 삽입할 데이터 범위([B6:D19])를 선택하고 Alt + F1 을 누르면 선택한 데이터를 기반으로 막대형 차트나 꺾은선형 차트가 현재 작업 중인 시트에 삽입됩니다.

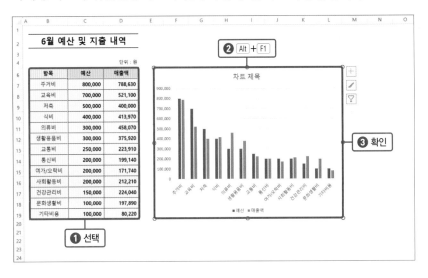

2 차트를 다른 시트에 삽입하려면 데이터 범위가 선택된 상태에서 [F11]을 눌러 보세요. 자동으로 새 시트가 생성되면서 차트가 삽입됩니다.

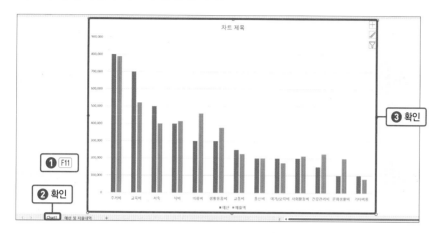

3 삽입된 차트의 제목을 선택한 다음 수식 입력줄에 '='를 입력하고 차트 제목으로 연동할 [B2] 셀을 선택하면 차트 제목을 특정 셀과 연동할 수 있습니다.

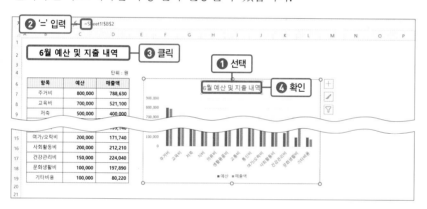

4 3과 같은 방법으로 특정 셀과 차트 제목이 연동된 상태라면 연동된 셀의 내용이 변경될 경우 바로 차트 제목에 반영됩니다. 연동된 셀의 내용은 반영되지만, 글꼴 크기나 색상 등의 서식은 반영되지 않습니다.

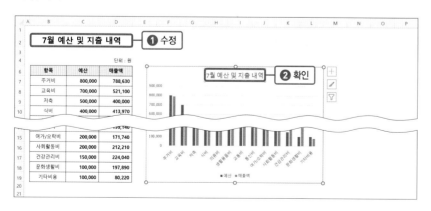

차트 배경에 원하는 이미지를 삽입할 수 있나요?

Q 'K 골프장 연도별 입장객 현황' 차트에 이미지를 삽입할 수 있을까요?

A [차트 영역 서식] 창의 [채우기]에서 골프장 이미지를 배경으로 삽입할 수 있습니다.

1 이미지를 삽입할 차트를 마우스 오른쪽 버튼으로 클릭한 다음 [차트 영역 서식]을 선택합니다.

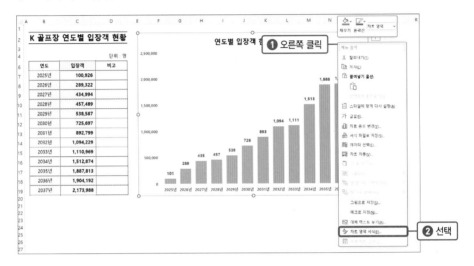

2 화면의 오른쪽에 [차트 영역 서식] 창이 표시되면 [차트 옵션]의 [채우기]에서 [그림 또는 질감 채우기]를 선택한 다음 [삽입]을 클릭합니다.

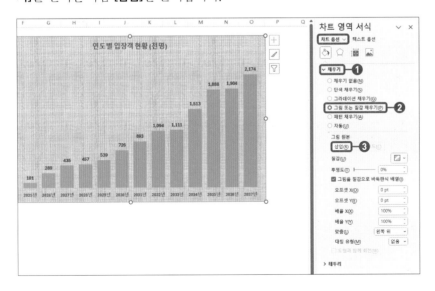

3 [그림 삽입] 창이 표시되면 **[파일에서]**를 클릭한 다음 [그림 삽입] 창에서 삽입할 이미지를 선택하고 **[삽입]**을 클릭합니다.

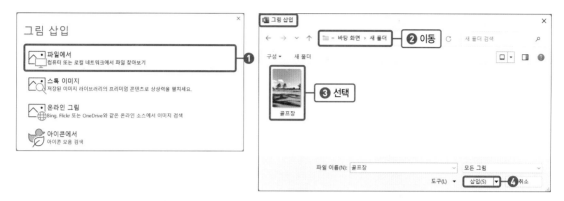

4 **3**에서 선택한 이미지가 삽입됩니다.

5 차트를 강조하기 위해 [차트 영역 서식] 창의 [그림 원본]에서 **[투명도]**를 적절하게 조절합니다. 여기서는 이미지의 투명도를 **[70%]**로 조절하여 완성했습니다.

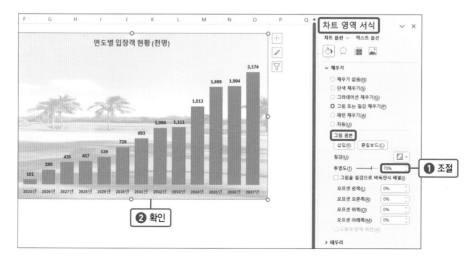

막대형 차트의 각 계열 위에 이미지를 삽입할 수 있나요?

Q '국내 도시락 시장 규모' 표를 참조해서 삽입한 세로 막대형 차트에 크기가 균등한 이미지나 아이콘을 한 번에 삽입할 수 있을까요?

A 원본 데이터에 새로운 열을 추가하면 원하는 아이콘이나 이미지를 한번에 삽입할 수 있습니다.

1 세로 막대형 차트에 이미지를 삽입하기 위해 다음 그림과 같이 머리글과 값을 입력합니다.

- [D4] 셀: '이미지'
- [D5:D10] 영역: '3,000'

TIP

[D5:D10] 영역에 입력한 값은 이어지는 과정에서 삽입할 이미지의 높이를 결정하는 값으로, 이미지나 차트 데이터에 맞추어 적절한 값을 입력하여 조절하면 됩니다.

2 삽입되어 있는 차트를 마우스 오른쪽 버튼으로 클릭한 다음 [데이터 선택]을 선택합니다.

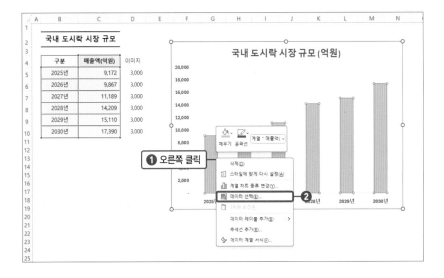

3 [데이터 원본 선택] 창이 표시되면 [차트 데이터 범위]에 있는 ⬆를 누릅니다. **1**에서 추가한 [B4:D10] 영역을 선택하여 차트 데이터 범위로 지정하고 [확인]을 클릭합니다.

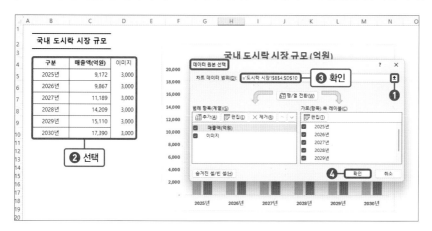

4 차트를 마우스 오른쪽 버튼으로 클릭하고 [계열 차트 종류 변경]을 선택합니다. [차트 종류 변경] 창이 표시되면 [모든 차트] 탭에서 차트 종류를 [세로 막대형]-[누적 세로 막대형]으로 변경하고 [확인]을 클릭합니다.

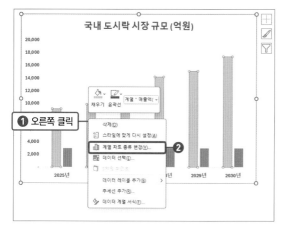
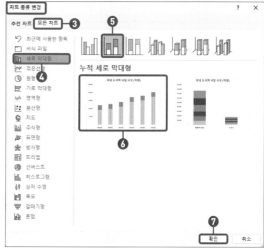

5 추가한 범위의 데이터가 누적 세로 막대형 차트로 표시됩니다.

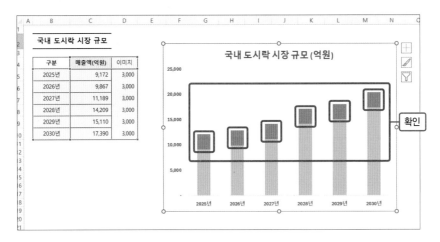

6 [삽입]-[그림]-[셀 위에 배치]-[이 디바이스]를 차례대로 선택하여 차트에 삽입할 이미지를 불러옵니다.

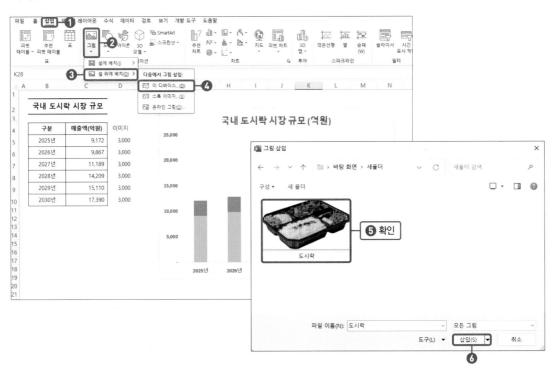

7 삽입한 이미지를 선택하고 Ctrl+C를 눌러 복사한 다음 차트에 추가된 [이미지] 항목의 계열을 클릭하여 선택합니다. [이미지] 항목의 계열을 선택한 상태에서 Ctrl+V를 눌러 복사한 이미지를 붙여 넣으면 막대 위에 이미지가 추가됩니다.

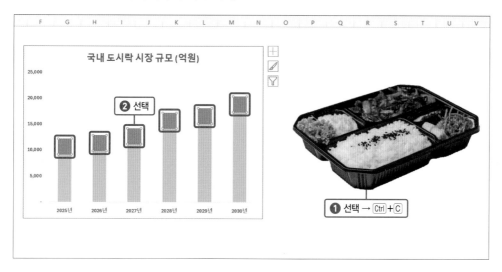

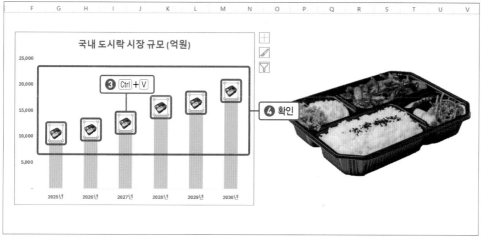

8 삽입한 이미지를 삭제하고 데이터 범위의 [이미지] 항목에 데이터를 숨기기 위해 **[D4:D10]** 영역을 선택한 다음 Ctrl+1을 누릅니다. [셀 서식] 창이 표시되면 **[표시 형식]** 탭에서 **[사용자 지정]** 범주의 [형식]에 ';;;'을 입력한 다음 **[확인]**을 클릭합니다.

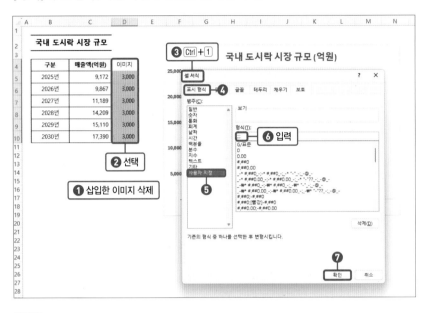

TIP

[이미지] 항목을 숨길 경우 차트에 반영되므로 주의해야 합니다. 사용자 표시 형식 ';;;'에 대한 자세한 내용은 239쪽의 '잠깐만요'를 참고하세요.

9 이렇게 새로운 데이터 열을 추가하여 누적 세로 막대형 차트를 삽입하면 이미지뿐만 아니라 도형, 아이콘도 삽입할 수 있습니다.

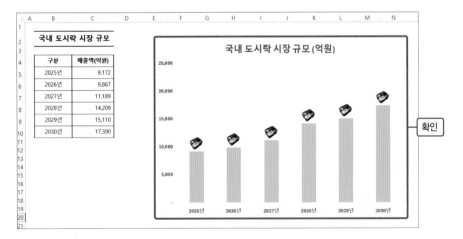

내용이 있는 특정 셀을 보이지 않도록 설정할 수 있나요?

셀 서식을 변경하여 셀을 엑셀 화면에 보이지 않게 하거나 출력할 때도 표시하지 않을 수 있습니다. 하지만 셀 서식을 변경한 셀을 선택하면 수식 입력줄에 내용이 표시되므로 복잡한 계산식이나 특정 사용자만 확인해야 하는 프로젝트의 현황 등을 표시할 때 유용합니다. 작업 화면에 특정 영역을 표시하지 않으려면 숨길 셀을 선택한 상태에서 Ctrl + 1 을 눌러 [셀 서식] 창을 표시한 다음 [표시 형식] 탭의 [사용자 지정] 범주를 선택하여 [형식]에 ';;;'을 입력하고 [확인]을 클릭하면 됩니다.

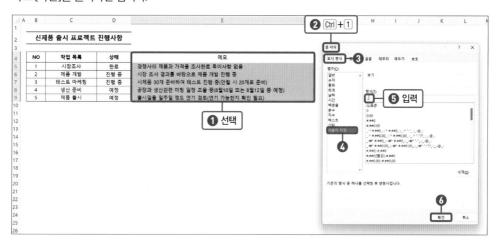

실무

셀 서식을 변경한 셀에는 내용이 화면에 표시되지 않지만 수식 입력줄에는 해당 셀의 내용을 확인할 수 있습니다.

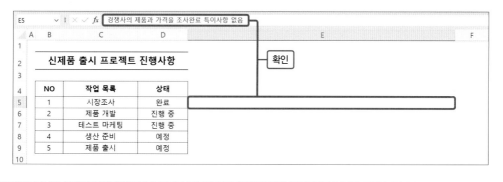

셀 안에 미니 차트를 만들 수 있나요?

Q '2030년 상반기 매출 현황' 표에서 각 사업부의 월별 매출 트렌드를 보기 위해 [매출 차트] 항목의 셀 안에 꺾은선형 차트를 삽입할 수 있을 까요?

A [삽입]-[스파크라인] 기능으로 셀 안에 미니 차트를 삽입할 수 있습니다.

▲ 엑셀마왕 특강

💡 스파크라인은 엑셀에서 제공하는 일반 차트와는 달리 셀 안에 삽입하는 작은 차트 형태로, 데이터를 시각적으로 간결하고 트렌디하게 표현하는 데 유용합니다.

1 스파크라인을 삽입할 [J7:J10] 영역을 선택한 다음 [삽입]-[스파크라인]-[꺾은선형]을 차례대로 선택합니다.

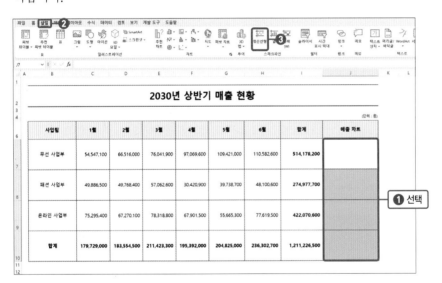

2 [스파크라인 만들기] 창이 표시되면 [데이터 범위]에 스파크라인으로 삽입할 데이터 영역([C7:H10])을 지정하고 [확인]을 클릭합니다.

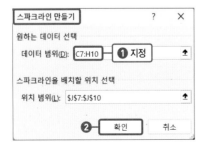

3 [J7:J10] 영역에 스파크라인이 삽입됩니다. 삽입된 스파크라인을 선택하고 [스파크라인]-[스파크라인 색]과 [표식 색]을 차례대로 선택하면 삽입된 스파크라인의 두께나 선 색을 변경하고 표식을 삽입할 수 있습니다.

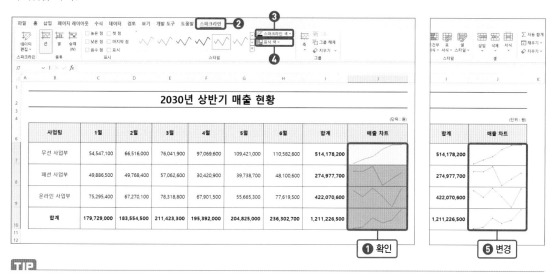

TIP

[스파크라인]은 셀 안에 추세를 간략하게 표현하는 데 유용하며, 엑셀 2010 버전부터 사용할 수 있습니다.

잠깐만요   🖉 주요 품목 공급가 인상인하 내역   #조건부 서식 #차트

셀 안에 막대형 차트를 삽입할 수 있나요?

[데이터 막대]는 [조건부 서식]의 한 기능으로, 셀에 있는 데이터의 증감을 막대형 차트 형태로 보여주어 스파크라인과는 다른 시각적 방식으로 데이터를 효과적으로 표현할 수 있습니다. 여기서는 '주요 품목 공급가 인상/인하 내역' 표에서 [공급가 인상/인하율] 항목에 데이터 막대를 추가하여 품목별 가격 변동을 시각적으로 쉽게 확인해 보겠습니다.

데이터 막대를 삽입할 [G7:G23] 영역을 선택한 다음 [홈]-[조건부 서식]-[데이터 막대]에서 원하는 데이터 막대 스타일을 선택하면 입력되어 있는 데이터에 비례하는 그래프가 바로 삽입됩니다.

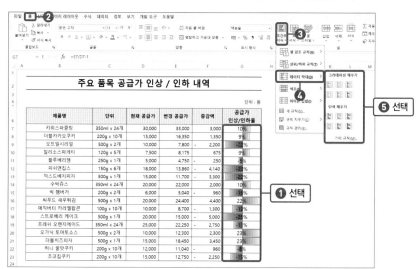

[홈]-[조건부 서식]-[데이터 막대]의 [기타 규칙]을 선택하면 삽입한 데이터 막대를 원하는 형태로 수정할 수도 있습니다.

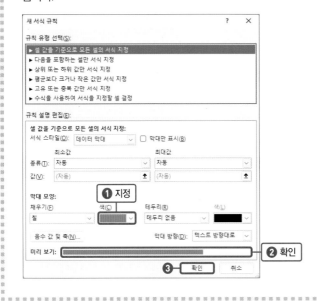

SUMMARY! ▼

스파크라인은 여러 데이터의 추세나 패턴을 시각화하는 데 유용하고 데이터 막대는 개별 셀의 데이터를 시각화할 때 유용합니다. 스파크라인은 다음의 세 가지 유형 중 하나를 선택하여 삽입할 수 있습니다.

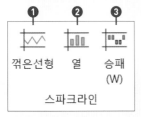

❶ **꺾은선형 스파크라인**: 시간의 흐름에 따른 데이터 변화를 나타내는 데 적합합니다. 예를 들어 시간 경과에 따른 주가 변동이나 매출, 온도 변화 등을 효과적으로 보여줍니다.

❷ **열 스파크라인**: 각 데이터 포인트를 열 형태로 나타내어 값의 상대적 크기를 비교하는 데 유용합니다. 열 스파크라인은 월별 판매량이나 시험 점수 비교 등에 적합합니다.

❸ **승패 스파크라인**: 데이터가 양수인지, 음수인지만을 표시하며, 값의 크기는 나타내지 않습니다. 승패 스파크라인은 스포츠팀의 연속된 승패 기록이나 월별 이익 및 손실을 시각화하는 데 사용됩니다.

데이터가 없어 끊긴 꺾은선형 차트를 이어서 표현할 수 있나요?

Q 'K마트 일일 매출 데이터 (7월)' 표를 꺾은선형 차트로 삽입하면 휴무일은 데이터가 없어서 차트가 끊어지는데, 연결해서 표현할 수 있을까요?

A [숨겨진 셀/빈 셀 설정] 창에서 [빈 셀 표시 형식] 옵션을 변경하면 데이터가 없는 선을 이어서 표현할 수 있습니다.

1 데이터가 없어 꺾은선이 끊어진 차트를 마우스 오른쪽 버튼으로 클릭한 다음 [데이터 선택]을 선택합니다.

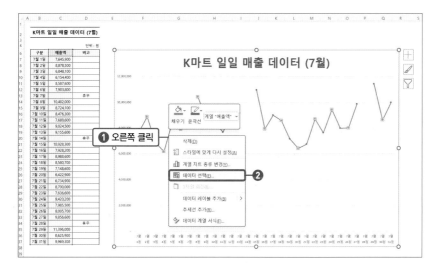

2 [데이터 원본 선택] 창이 표시되면 [숨겨진 셀/빈 셀]을 클릭합니다. [숨겨진 셀/빈 셀 설정] 창이 표시되면 [빈 셀 표시 형식]에서 [선으로 데이터 요소 연결]을 선택하고 [확인]을 클릭합니다. [데이터 원본 선택] 창으로 되돌아오면 [확인]을 클릭합니다.

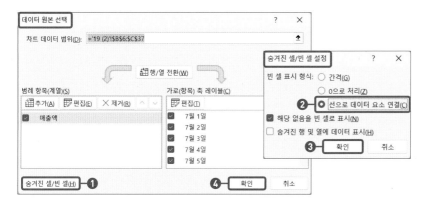

243

3 꺾은선형 차트의 선을 이어서 표현할 수 있습니다.

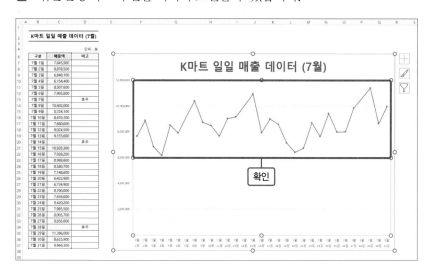

🔗 K마트 일일 매출 데이터 | #차트

꺾은선형 차트의 가독성을 높일 수 있나요?

꺾은선형 차트의 가독성을 높이려면 세로 축의 최솟값을 차트의 데이터 중 가장 작은 데이터에 가깝게 변경해 보세요. 세로 축의 최솟값을 변경하려면 차트의 세로 축을 마우스 오른쪽 버튼으로 클릭하고 [축 서식]을 선택하면됩니다. 엑셀 창의 오른쪽에 [축 서식] 창이 표시되면 [축 옵션]의 [최소값]에 원하는 값을 입력하세요. 여기서는 최소값을 '6000000'으로 변경했습니다.

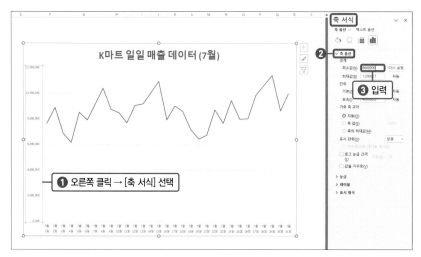

세로 축의 최솟값을 변경하면 차트에 표시되는 데이터 범위를 좁힐 수 있으므로 데이터의 변화를 더욱 세밀하고 직관적으로 표현할 수 있습니다. 이 외에 [데이터 계열 서식] 창에서 선 색을 변경하고 표식을 추가하면 더욱 가독성 높은 차트를 완성할 수 있습니다.

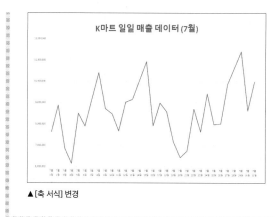

▲ [축 서식] 변경

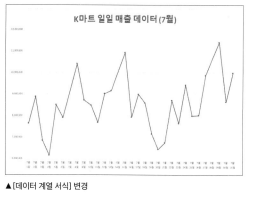

▲ [데이터 계열 서식] 변경

세로 막대형 차트에서 막대의 간격과 크기를 조절할 수 있나요?

Q '연간 목표대비 달성률' 세로 막대형 차트에서 [목표액] 계열과 [매출액] 계열의 너비와 간격을 조절할 수 있을까요?

A [데이터 계열 서식] 창의 [계열 옵션]에서 [계열 겹치기]와 [간격 너비]를 조절할 수 있습니다.

▲ 엑셀마왕 특강

1 '연간 목표대비 달성률' 차트에서 [목표액] 막대 계열을 마우스 오른쪽 버튼으로 클릭한 다음 **[데이터 계열 서식]**을 선택합니다.

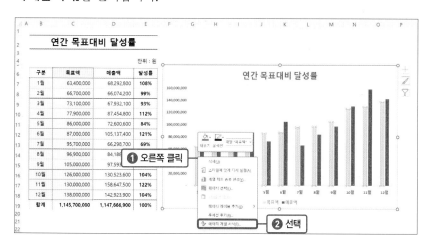

2 화면의 오른쪽에 [데이터 계열 서식] 창이 표시됩니다. 여기서는 [목표액] 계열과 [매출액] 계열이 겹쳐진 막대형 차트를 표현해 보겠습니다. [데이터 계열 서식] 창에서 [계열 겹치기]의 값은 '100%'에 가까울수록 계열이 겹쳐지고 [간격 너비]의 값은 '0%'에 가까울수록 너비가 넓어지므로 **[계열 겹치기]** 와 **[간격 너비]**를 조절해 막대 차트의 가독성을 높여보세요. 여기서는 [계열 겹치기]는 **[30%]**, [간격 너 비]는 **[90%]** 정도로 설정했습니다.

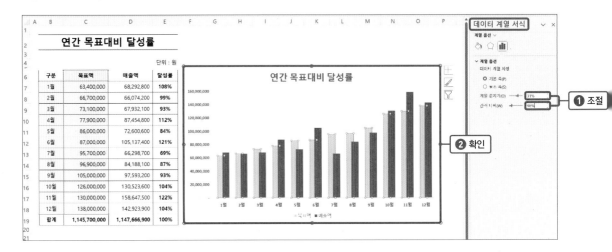

3 겹쳐진 세로 막대형 차트에서 데이터 계열의 순서를 변경할 수 있습니다. [목표액] 막대 계열을 마우스 오른쪽 버튼으로 클릭한 다음 **[데이터 선택]**을 선택합니다.

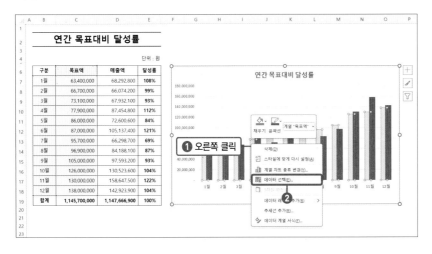

4 [데이터 원본 선택] 창이 표시되면 [범례 항목(계열)]에서 순서를 변경할 데이터 계열을 선택하고
⌃, ⌄를 클릭하여 막대 계열의 순서를 변경한 다음 **[확인]**을 클릭합니다.

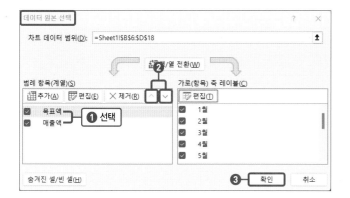

5 차트에서 [매출액] 계열과 [목표액] 계열의 막대 순서가 변경됩니다.

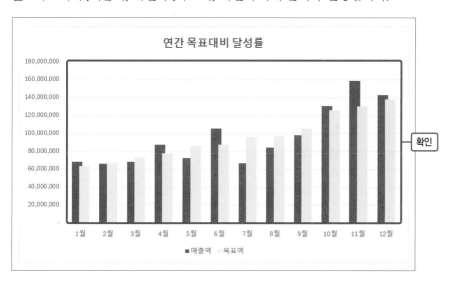

막대형 차트와 꺾은선형 차트를 혼합할 수 있나요?

Q '매출액 및 영업이익' 표에서 [매출액] 항목은 막대형 차트로, [영업이익] 항목은 꺾은선형 차트로 표현할 수 있을까요?

A [영업이익] 항목의 데이터 값을 차트에 적용하기 위해 범위를 추가하고 세로 막대형 차트와 꺾은선형 차트로 혼합형 차트를 만들 수 있습니다.

▲ 엑셀마왕 특강

1 '매출액 및 영업이익' 표에 있는 [영업이익] 항목의 데이터 범위를 차트에 추가해 볼게요. '매출액 및 영업이익' 차트를 마우스 오른쪽 버튼으로 클릭한 다음 **[데이터 선택]**을 선택합니다.

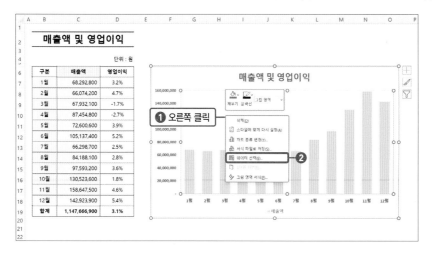

2 [데이터 원본 선택] 창이 표시되면 [차트 데이터 범위]에 있는 ⬆를 클릭한 다음 **[B6:D18]** 영역을 선택하여 데이터 범위에 추가하고 **[확인]**을 클릭합니다.

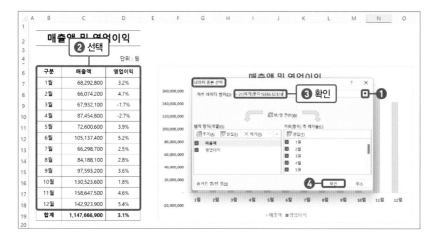

3 차트에 [영업 이익] 항목의 데이터가 추가됐지만 [매출액] 항목의 데이터에 비해 값이 작아 차트에 제대로 표시되지 않습니다.

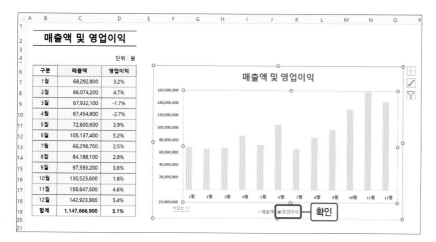

4 [영업이익] 항목의 데이터를 꺾은선형 차트로 표현하기 위해 차트를 마우스 오른쪽 버튼으로 클릭한 다음 **[차트 종류 변경]**을 선택합니다.

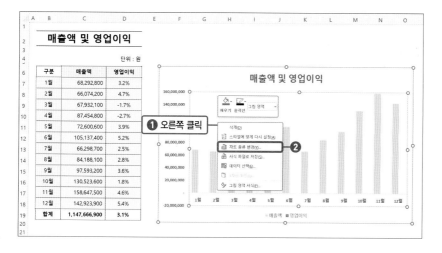

5 [차트 종류 변경] 창이 표시되면 [모든 차트] 탭에서 [혼합] 범주를 선택한 다음 [영업이익] 계열의 [차트 종류]를 [꺾은선형]으로 변경하고 [보조 축]에 체크 표시한 후 [확인]을 클릭합니다.

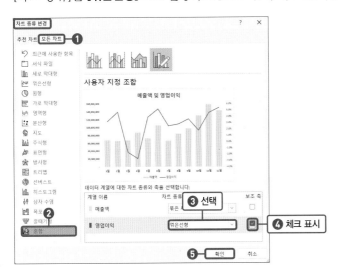

6 [매출액] 계열은 막대형 차트로, [영업이익] 계열은 꺾은선형 차트로 표현한 혼합형 차트를 완성했습니다. 혼합형 차트는 두 개의 계열 값과 범위가 서로 다르므로 보조 축으로 차이가 큰 데이터를 두 개의 축으로 표시할 수 있습니다.

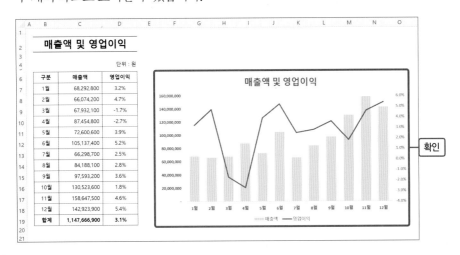

혼합 차트의 가독성을 높일 수 있나요?

혼합 차트의 가독성을 높이려면 데이터 레이블을 표시해 보세요. 데이터 레이블을 표시하려면 레이블을 표시할 계열을 마우스 오른쪽 버튼으로 클릭하여 [데이터 레이블 추가]-[데이터 레이블 추가]를 선택하면 됩니다.

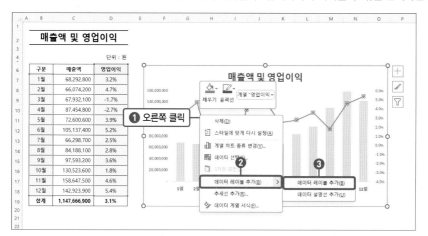

혼합 차트는 두 개의 계열값과 범위가 다르므로 차트에 데이터 레이블을 추가하면 특정 계열의 값을 차트와 함께 시각화할 수 있습니다.

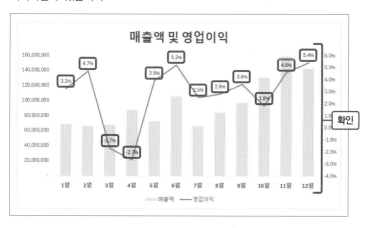

피벗 테이블로 데이터 활용하기

피벗 테이블은 엑셀에서 제공하는 강력한 기능 중 하나로, 방대한 데이터를 신속하게 정리하고 분석하여 가치 있는 인사이트를 도출하는 데 매우 유용합니다. 이는 특정한 패턴이나 트렌드를 찾는 데도 큰 도움을 주며 데이터를 쉽게 재구성하고 필터링할 수 있어서 사용자가 필요한 정보를 손쉽게 얻을 수 있습니다. 피벗 테이블의 이러한 기능은 데이터를 효과적으로 관리하고 분석하는 데 중요한 역할을 합니다.

⟋ 주문 수량 및 주문액 │ #피벗 테이블 #그룹화

월별 데이터를 분기별로 확인할 수 있나요?

Q 일자별로 정리한 '주문 수량 및 주문액 (일자별)' 표를 분기별 데이터로 만들 수 있을까요?

A [피벗 테이블]의 [그룹화] 기능으로 분기별로 그룹화할 수 있습니다.

▲ 엑셀마왕 특강

1 '주문 수량 및 주문액 (일자별)'의 데이터 영역에 있는 하나의 셀을 선택하고 [삽입]-[피벗 테이블]을 차례대로 선택하여 [표 또는 범위의 피벗 테이블] 창을 표시합니다. 여기서는 기존 워크시트에 피벗 테이블을 삽입할 것이므로 [기존 워크시트]의 [위치]에 있는 ⬆를 클릭하고 [G6] 셀을 선택한 다음 [확인]을 클릭합니다.

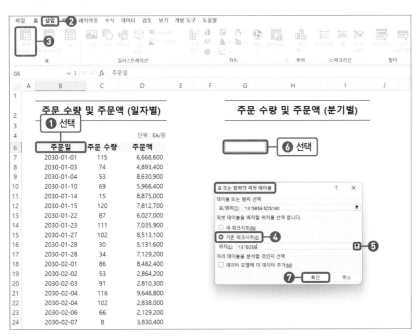

TIP

데이터 영역을 선택한 상태에서 Alt → N → V → T를 차례대로 눌러도 [표 또는 범위의 피벗 테이블] 창을 표시할 수 있습니다.

2 [피벗 테이블 필드] 창에서 [**주문일**]은 [**행**] 필드로, [**주문 수량**]과 [**주문액**]은 [**값**] 필드로 드래그합니다.

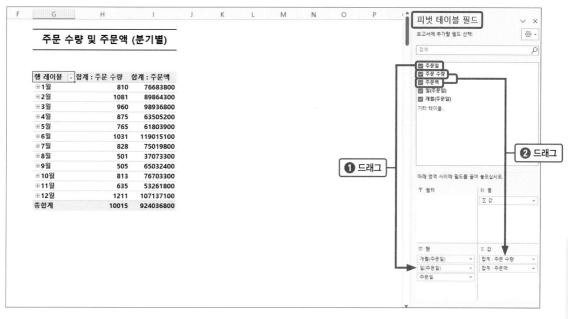

3 [G7] 셀을 마우스 오른쪽 버튼으로 클릭한 다음 [**그룹**]을 선택합니다. [그룹화] 창을 표시되면 [단위]에서 [**분기**]만 선택한 다음 [**확인**]을 클릭합니다.

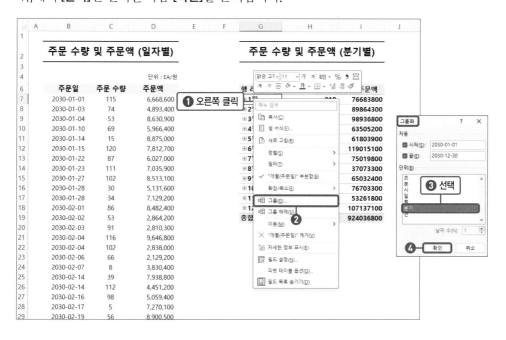

4 전체 주문 수량이 분기별로 표시됩니다.

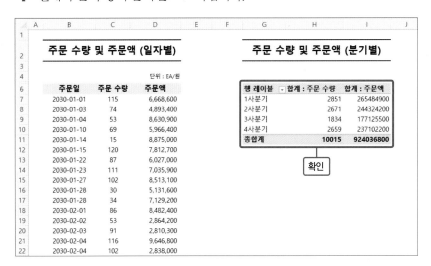

행 레이블이 한 개 이상인 피벗 테이블을 원하는 형태로 정렬할 수 있나요?

Q '5월 매출 내역' 피벗 테이블 보고서에서 영업팀과 담당자를 분리하고 '서울', '경기', '인천', '지방' 영업팀 순으로 정렬할 수 있을까요?

A [피벗 테이블 디자인]의 [보고서 레이아웃]에서 행 레이블을 분리할 수 있고 [사용자 지정 목록] 창에서 원하는 순서대로 정렬할 수 있습니다.

1 피벗 테이블 보고서에서 [G5] 셀을 선택하고 [디자인]-[보고서 레이아웃]-[테이블 형식으로 표시]를 선택하여 [영업팀]의 레이블과 [담당자]의 레이블을 분리합니다.

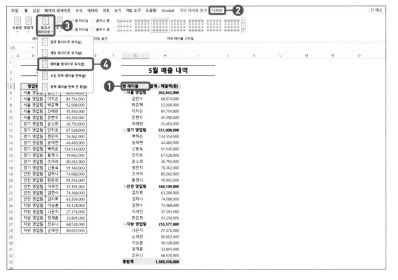

2 가독성을 높이기 위해 각 '영업팀'이 셀 가운데 위치하도록 셀을 병합해 볼게요. 피벗 테이블 보고서의 **[G5]** 셀을 클릭하고 **[피벗 테이블 분석]-[옵션]**을 클릭합니다. [피벗 테이블 옵션] 창이 표시되면 **[레이아웃 및 서식]** 탭의 [레이아웃]에서 **[레이블이 있는 셀 병합 및 가운데 맞춤]**에 체크 표시하고 **[확인]**을 클릭합니다.

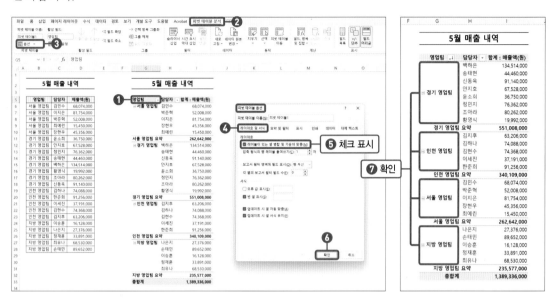

3 영업팀을 '서울 영업팀, 경기 영업팀, 인천 영업팀, 지방 영업팀' 순으로 정렬하기 위해 **[파일]-[옵션]** 또는 Alt → F → T 를 차례대로 눌러 [Excel 옵션] 창을 표시하고 **[고급]** 범주의 [일반]에서 **[사용자 지정 목록 편집]**을 클릭합니다.

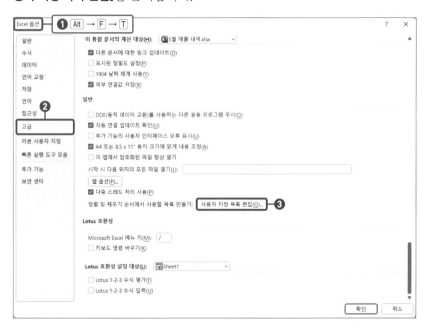

4 [사용자 지정 목록] 창이 표시되면 [목록 항목]에 '서울 영업팀, 경기 영업팀, 인천 영업팀, 지방 영업팀'을 입력하고 **[추가]**를 클릭하여 [사용자 지정 목록]에 추가한 다음 **[확인]**을 클릭합니다.

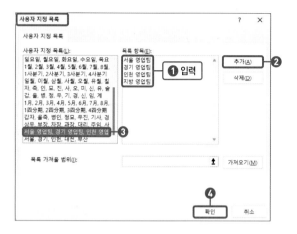

5 [영업팀] 항목인 [G5] 셀에서 필터 버튼 ▼을 클릭하고 **[텍스트 오름차순 정렬]**을 선택하여 사용자 지정 목록에 지정한 순서대로 정렬합니다.

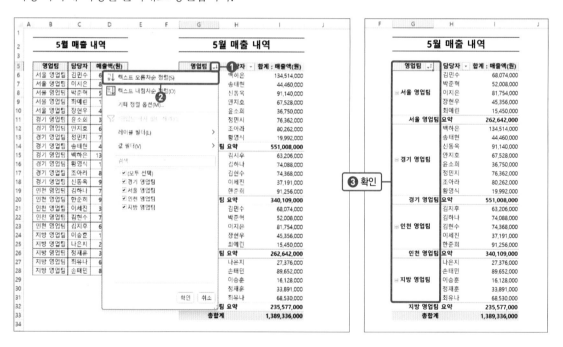

엑셀의 피벗 테이블에 있는 [보고서 레이아웃] 기능은 데이터를 어떻게 표시할지 결정하는 피벗 테이블의 디자인 도구입니다. [보고서 레이아웃]은 다양한 옵션을 통해 데이터 분석의 목적 등에 따라 적절한 레이아웃을 선택할 수 있습니다.

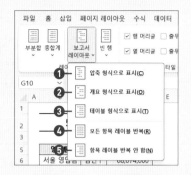

❶ 압축 형식으로 표시: 행 레이블이 하나의 열에 표시되는 기본 형식으로, 여러 레벨의 레이블이 있을 경우 상위 레벨의 레이블 아래에 하위 레벨의 레이블이 들여쓰기되어 표시됩니다. 예를 들어 '영업팀'과 '담당자'라는 두 가지 레벨의 레이블이 있다면 '영업팀' 아래에 '담당자'가 들여쓰기되어 표시됩니다.

행 레이블 ▼	합계 : 매출액(원)
⊟서울 영업팀	201,836,000
김민수	68,074,000
박준혁	52,008,000
이지은	81,754,000
⊟경기 영업팀	180,640,000
안지호	67,528,000
윤소희	36,750,000
정민지	76,362,000
⊟인천 영업팀	137,294,000
김지후	63,206,000
김하나	74,088,000
총합계	**519,770,000**

❷ 개요 형식으로 표시: 각 레벨의 레이블이 별도의 열에 표시됩니다. 예를 들어 '영업팀'과 '담당자'라는 두 가지 레벨의 레이블이 있다면 '영업팀'과 '담당자' 레벨이 각각 별도의 열에 표시됩니다.

영업팀 ▼	담당자 ▼	합계 : 매출액(원)
⊟서울 영업팀		201,836,000
	김민수	68,074,000
	박준혁	52,008,000
	이지은	81,754,000
⊟경기 영업팀		180,640,000
	안지호	67,528,000
	윤소희	36,750,000
	정민지	76,362,000
⊟인천 영업팀		137,294,000
	김지후	63,206,000
	김하나	74,088,000
총합계		**519,770,000**

❸ 테이블 형식으로 표시: '개요 형식으로 표시'와 유사하게 각 레벨의 레이블이 별도의 열에 표시되지만, 그룹 항목은 별도의 행이 만들어지지 않고 하위 항목과 같은 행에 표시됩니다. 따라서 공간을 절약할 수 있고 다른 형식보다 가독성이 비교적 좋습니다.

영업팀 ▼	담당자 ▼	합계 : 매출액(원)
⊟서울 영업팀	김민수	68,074,000
	박준혁	52,008,000
	이지은	81,754,000
서울 영업팀 요약		**201,836,000**
⊟경기 영업팀	안지호	67,528,000
	윤교희	36,750,000
	정민지	76,362,000
경기 영업팀 요약		**180,640,000**
⊟인천 영업팀	김지후	63,206,000
	김하나	74,088,000
인천 영업팀 요약		**137,294,000**
총합계		**519,770,000**

실무

피벗 테이블

❹ 모든 항목 레이블 반복: 모든 레벨의 레이블이 각 행에 반복해서 표시되어 각 행이 독립된 정보를 가집니다. 각 행에 반복된 값을 복사하여 다른 셀에 붙여넣기한 후 정렬 등의 작업를 할 때 유용합니다.

영업팀	담당자	합계 : 매출액(원)
⊟서울 영업팀	김민수	68,074,000
서울 영업팀	박준혁	52,008,000
서울 영업팀	이지은	81,754,000
⊟경기 영업팀	안지호	67,528,000
경기 영업팀	윤소희	36,750,000
경기 영업팀	정민지	76,362,000
⊟인천 영업팀	김지후	63,206,000
인천 영업팀	김하나	74,088,000
총합계		519,770,000

❺ 항목 레이블 반복 안 함: 같은 레이블의 항목은 한 번만 표시되고 다음 행부터는 빈 칸으로 남겨집니다. 즉 [모든 항목 레이블 반복] 옵션을 비활성화하는 것을 의미합니다.

영업팀	담당자	합계 : 매출액(원)
⊟서울 영업팀	김민수	68,074,000
	박준혁	52,008,000
	이지은	81,754,000
⊟경기 영업팀	안지호	67,528,000
	윤소희	36,750,000
	정민지	76,362,000
⊟인천 영업팀	김지후	63,206,000
	김하나	74,088,000
총합계		519,770,000

🖉 분기별 지점 매출액 | #피벗 테이블 #차트

표와 연동되는 대시보드형 차트를 삽입할 수 있나요?

Q '분기별 지점 매출액' 표를 활용하여 원하는 데이터를 필터링할 수 있는 대시보드형 차트를 삽입할 수 있을까요?

A [피벗 차트]와 [슬라이서] 기능을 활용하면 원하는 데이터를 필터링할 수 있는 대시보드형 차트를 생성할 수 있습니다.

💡 피벗 차트를 삽입하면 상호작용하는 대화형 차트를 삽입할 수 있습니다. 피벗 차트는 대용량 데이터를 시각적으로 분석하고 요약하는 데 매우 효과적입니다. 이를 통해 사용자는 데이터의 다양한 관점을 쉽게 탐색하고 복잡한 데이터 세트에서 중요한 패턴과 트렌드를 빠르게 식별할 수 있습니다. 그리고 피벗 차트를 이용해 사용자가 다양한 필터링 방법과 정렬 및 표시 방법을 손쉽게 적용하여 맞춤형으로 데이터를 분석할 수 있어요.

1 피벗 테이블 보고서가 생성된 [F4] 셀을 선택하고 [삽입]-[피벗 차트]를 차례대로 선택합니다. [차트 삽입] 창이 표시되면 [모든 차트] 탭에서 [세로 막대형] 범주의 [묶은 세로 막대형] 차트를 선택하고 [확인]을 클릭합니다.

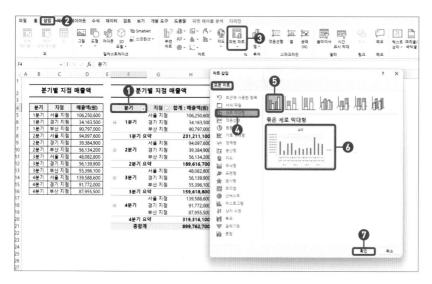

2 묶은 세로 막대형 피벗 차트가 삽입되면 적당한 위치로 옮겨 크기를 조절합니다.

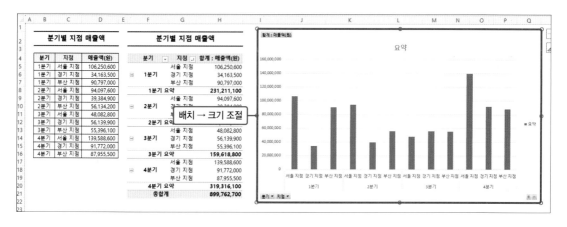

3 피벗 차트는 기존 차트와 달리 차트의 버튼을 클릭하여 차트에 포함할 데이터를 사용자가 직접 선택할 수 있습니다.

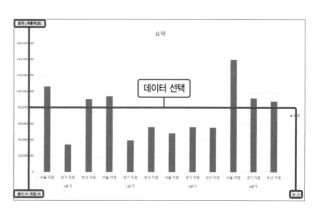

4 가독성을 높이기 위해 삽입한 피벗 차트를 수정하겠습니다. 먼저 차트 제목과 주 눈금선을 삭제한 다음 막대 계열을 마우스 오른쪽 버튼으로 클릭하고 **[데이터 계열 서식]**을 선택합니다.

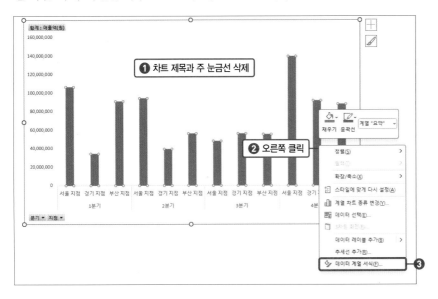

5 화면의 오른쪽에 [데이터 계열 서식] 창이 표시되면 **[계열 옵션]**의 **[간격 너비]**를 적절하게 조절하여 막대 계열의 간격을 좁힙니다. [간격 너비]의 값이 0%에 가까울수록 막대 계열의 간격이 좁아집니다.

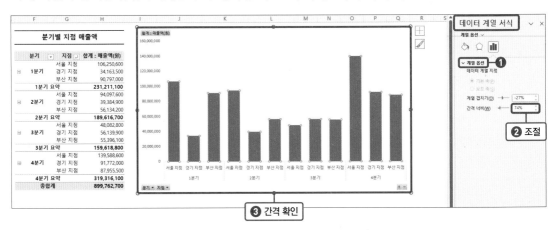

6 피벗 차트를 필터링할 수 있는 슬라이서를 삽입하겠습니다. 슬라이서는 사용자가 원하는 데이터를 빠르게 필터링하고 시각적으로 확인할 수 있는 도구로, 피벗 테이블의 데이터를 더욱 동적이고 직관적으로 이해하고 분석하는 데 도움이 됩니다. 피벗 보고서에 있는 하나의 셀을 선택하고 **[삽입]-[슬라이서]**를 차례대로 선택하여 [슬라이서 삽입] 창을 표시한 다음 **[분기]**와 **[지점]**에 체크 표시하고 **[확인]**을 클릭합니다.

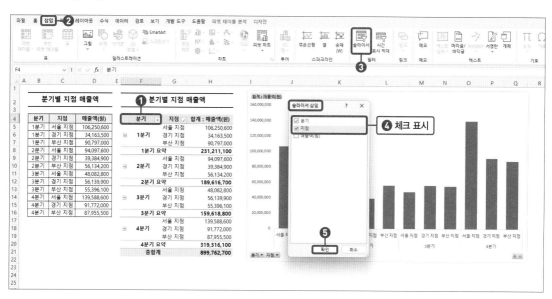

> **TIP**
> 피벗 테이블의 슬라이서 기능은 엑셀 2010 버전부터 사용할 수 있습니다.

7 [분기]와 [지점] 슬라이서가 삽입되면 크기와 위치를 적절하게 조절합니다.

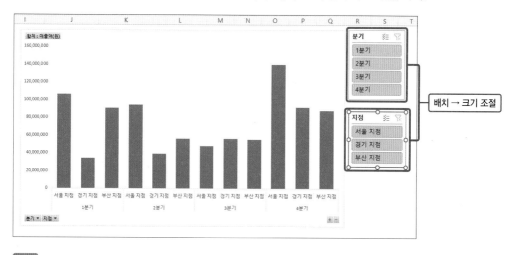

> **TIP**
> 슬라이서를 선택하면 표시되는 조절점을 드래그하여 크기를 조절할 수 있습니다.

8 삽입한 슬라이서를 선택하면 [슬라이서] 탭이 표시됩니다. [분기] 슬라이서를 선택한 다음 **[슬라이서]-[슬라이서 스타일]**에서 원하는 스타일로 변경하고 [단추]의 **[열]**에 '2'를 입력하여 슬라이서를 2열로 표시합니다.

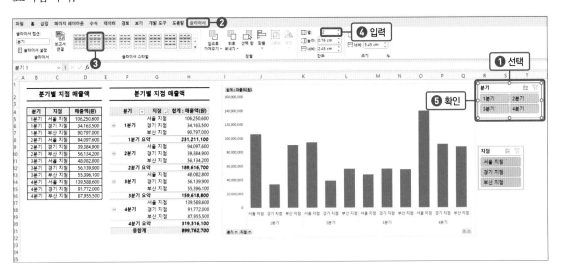

9 **8**과 같은 방법으로 [지점] 슬라이서도 원하는 스타일로 변경해 보세요.

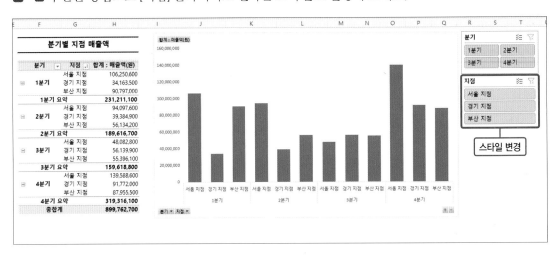

10 이제 [지점] 슬라이서와 [분기] 슬라이서에서 원하는 항목을 선택하면 삽입된 피벗 차트가 변형됩니다. 각 슬라이서의 [다중 선택] ☷을 클릭하여 여러 항목을 선택할 수도 있습니다.

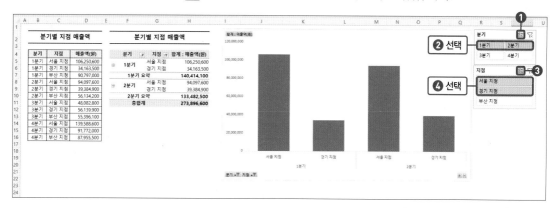

SUMMARY!

일반 차트와 달리 피벗 테이블과 연동된 피벗 차트는 슬라이서를 이용해 동적으로 필터링하고 값 필드를 설정해 합계 및 평균 등을 계산할 수 있습니다. 이를 통해 사용자는 데이터를 신속하게 선택하고 차트를 즉시 업데이트할 수 있을 뿐만 아니라 더욱 효율적으로 데이터를 분석하고 시각화할 수 있습니다.

	일반 차트	피벗 차트
슬라이서	슬라이서를 통한 필터링 불가능	피벗 테이블과 연동되며 슬라이서를 활용해 필터링 가능
필터링	일반적인 데이터 범위를 직접 지정해야 함	피벗 차트의 필터 기능을 활용해 차트의 필터링 가능
계산	직접 계산하여 차트 생성	값 필드를 설정해 차트 안에서 합계, 평균 등 계산 가능

CHAPTER 16

이면지 없이 인쇄하기

엑셀의 인쇄 기능을 잘 이해하고 활용하면 완성한 데이터를 인쇄 혹은 PDF 형태로 효과적으로 전달할 수 있습니다. 페이지 구성, 데이터 범위, 머리글 및 바닥글 설정 등 인쇄 옵션을 조절해서 보고서 작성, 회의 자료 준비, 데이터 공유와 같은 분야에서 엑셀 데이터를 보다 효과적으로 활용하고 사용자의 요구에 맞게 조정해 원활하게 커뮤니케이션하는 등 인쇄는 엑셀에서 중요한 역할을 합니다.

삼정전자 월별 거래내역 | #인쇄 #페이지 레이아웃

특정 영역만 출력할 수 있나요?

Q '삼정전자 월별 거래내역' 표에서 제목을 포함한 상반기 합계액만 출력할 수 있을까요?

A [페이지 레이아웃]-[인쇄 영역]-[인쇄 영역 설정] 기능을 활용하면 사용자가 지정한 특정 영역만 출력할 수 있습니다.

1 '삼정전자 월별 거래내역' 표에서 출력하고 싶은 영역([B2:E13])을 선택한 다음 **[페이지 레이아웃]-[인쇄 영역]-[인쇄 영역 설정]**을 차례대로 선택하여 인쇄 영역으로 선택합니다.

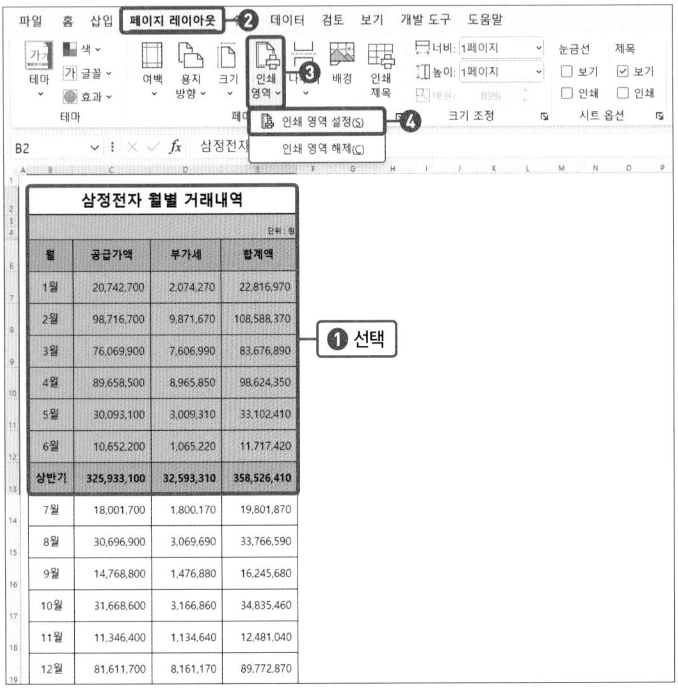

2 인쇄 영역을 설정한 상태에서 [파일]-[인쇄]를 선택하거나 Ctrl + P 를 눌러 [인쇄] 창을 표시하면 **1**에서 선택한 영역만 인쇄 미리 보기에 표시됩니다.

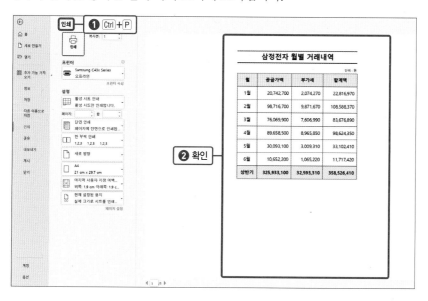

3 페이지 여백을 설정하면 선택한 영역을 인쇄 용지에 보기 좋게 배치하여 출력할 수 있습니다. [인쇄] 창에서 **[페이지 설정]**을 클릭하여 [페이지 설정] 창을 표시한 다음 **[여백]** 탭에서 **[페이지 가운데 맞춤]**의 **[가로]**에 체크 표시하고 **[확인]**을 클릭합니다.

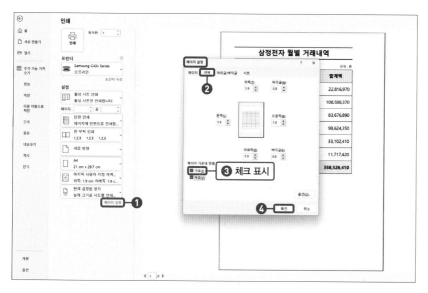

TIP

선택한 영역을 인쇄 용지의 가운데에 배치하려면 [페이지 가운데 맞춤]의 [가로]와 [세로]에 모두 체크 표시한 상태에서 출력하면 됩니다. 출력하려는 문서의 크기와 중요도에 따라 여백과 페이지 맞춤을 다르게 설정하면 출력한 문서의 가독성을 높일 수 있습니다.

4 페이지를 설정한 상태에서 출력하면 다음 그림과 같이 선택한 영역만 보기 좋게 출력할 수 있습니다. 설정한 인쇄 영역을 해제하려면 [페이지 레이아웃]-[인쇄 영역]-[인쇄 영역 해제]를 차례대로 선택합니다.

삼정전자 월별 거래내역

단위 : 원

월	공급가액	부가세	합계액
1월	20,742,700	2,074,270	22,816,970
2월	98,716,700	9,871,670	108,588,370
3월	76,069,900	7,606,990	83,676,890
4월	89,658,500	8,965,850	98,624,350
5월	30,093,100	3,009,310	33,102,410
6월	10,652,200	1,065,220	11,717,420
상반기	325,933,100	32,593,310	358,526,410
7월	18,001,700	1,800,170	19,801,870
8월	30,696,900	3,069,690	33,766,590
9월	14,768,800	1,476,880	16,245,680
10월	31,668,600	3,166,860	34,835,460
11월	11,346,400	1,134,640	12,481,040
12월	81,611,700	8,161,170	89,772,870
하반기	188,094,100	18,809,410	206,903,510
합계	514,027,200	51,402,720	565,429,920

페이지 번호를 원하는 형식으로 삽입할 수 있나요?

Q '지점별 1분기 일자별 매출내역' 표를 출력할 때 전체 페이지 수와 해당 페이지 번호를 원하는 형식으로 설정할 수 있을까요?

A [인쇄] - [페이지 설정] 창의 [머리글/바닥글] 탭 - [바닥글 편집]에서 '전체 페이지 번호 – 현재 페이지 번호'로 설정할 수 있습니다.

▲ 엑셀마왕 특강

1 인쇄할 통합 문서 파일의 [인쇄] 창을 표시한 다음 **[페이지 설정]**을 클릭합니다. [페이지 설정] 창이 표시되면 **[머리글/바닥글]** 탭에서 **[바닥글 편집]**을 클릭합니다.

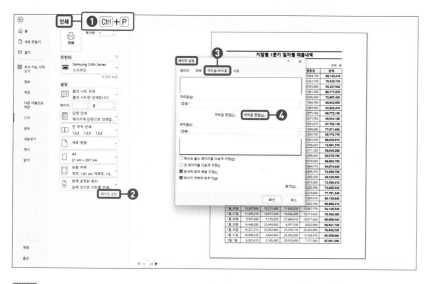

TIP

[파일]-[인쇄]를 선택하거나 Ctrl + P를 눌러 [인쇄] 창을 표시할 수 있습니다.

2 [바닥글] 창의 [가운데 구역]이 선택된 상태에서 [전체 페이지 수 삽입] 🔢을 클릭하면 [가운데 구역]에 '&[전체 페이지 수]'가 자동으로 입력됩니다. '&[전체 페이지 수]' 뒤에 '-'을 입력하고 [페이지 번호] 🔢를 클릭하여 '&[전체 페이지 수] - [&페이지 번호]'의 형식을 완성한 다음 [확인]을 클릭합니다.

TIP

하이픈(-)을 입력하지 않으면 전체 페이지 수와 페이지 번호가 합쳐져서 '31', '32'와 같이 표시되므로, 전체 페이지 수와 페이지 번호를 구분하기 위해 하이픈을 입력해야 합니다.

3 바닥글 편집을 완료하면 [페이지 설정] 창의 바닥글 미리 보기에서 설정한 페이지 번호를 확인할 수 있습니다. 인쇄하면 실제 출력물에 전체 페이지와 해당 페이지가 출력됩니다.

지점별 1분기 일자별 매출내역

단위 : 원

일자	종로점	강남점	여의도점	명동점	합계
1월 1일	16,928,650	17,600,970	6,009,640	27,604,150	68,143,410
1월 2일	12,831,080	18,554,290	13,492,250	25,652,100	70,529,720
1월 3일	6,486,340	23,883,890	10,463,830	18,393,880	59,227,940
1월 4일	16,705,130	26,197,110	24,854,140	21,961,290	89,717,670
1월 5일	10,795,550	24,695,380	21,110,120	19,296,350	75,897,400
1월 6일	17,104,780	10,056,510	28,214,930	11,566,780	66,943,000
1월 7일	17,810,910	6,252,710	21,671,950	7,089,900	52,825,470
1월 8일	10,111,280	20,044,190	23,641,520	12,975,160	66,772,150
1월 9일	5,486,190	15,547,130	8,727,080	10,673,780	39,934,180
1월 10일	8,117,430	29,245,100	5,346,130	5,053,470	47,762,130
1월 11일	17,688,100	18,641,300	19,294,270	21,948,280	77,571,950
1월 12일	6,434,000	14,279,320	6,007,660	13,054,790	39,775,770
1월 13일	15,134,840	27,430,620	27,012,220	18,463,230	88,040,910
1월 14일	12,522,450	28,092,230	19,120,470	12,356,420	72,091,570
1월 15일	15,845,900	21,903,800	7,779,460	13,111,120	58,640,280
1월 16일	14,799,820	24,680,200	18,600,280	22,498,460	80,578,760
1월 17일	9,803,020	20,523,260	10,462,450	28,016,060	68,804,790
1월 18일	6,568,390	20,671,880	17,769,000	19,664,770	64,674,040
1월 19일	12,632,850	10,212,110	22,253,390	28,905,370	74,003,720
1월 20일	6,635,250	7,546,520	13,055,540	22,092,250	49,329,560
1월 21일	15,347,360	13,654,010	27,092,120	16,415,920	72,509,410
1월 22일	10,092,140	16,961,860	27,768,550	19,202,990	74,025,540
1월 23일	8,187,480	28,123,610	16,266,210	25,214,040	77,791,340
1월 24일	15,230,570	12,227,150	25,075,710	7,597,410	60,130,840
1월 25일	5,574,760	29,296,470	23,574,820	11,452,360	69,898,410
1월 26일	10,247,860	16,131,460	11,842,250	15,927,770	54,149,340
1월 27일	17,005,210	16,977,340	16,546,200	19,773,830	70,302,580
1월 28일	9,557,660	5,135,250	27,644,010	18,271,620	60,608,540
1월 29일	14,448,200	25,494,000	8,977,530	8,022,000	56,941,730
1월 30일	16,221,210	20,452,060	23,078,170	20,205,090	79,956,530
1월 31일	18,008,520	9,954,940	24,925,830	12,169,570	65,058,860
2월 1일	6,925,610	5,185,690	28,618,450	7,171,540	47,901,290

3 - 1 **②** 확인

SUMMARY!

[머리글] 창과 [바닥글] 창에서는 인쇄할 때 추가 정보를 삽입하는 데 유용하게 사용할 수 있습니다.

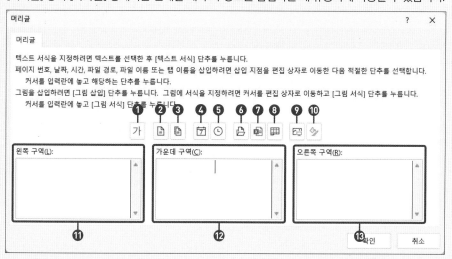

❶ 텍스트 서식: 머리글이나 바닥글에 입력하는 텍스트의 서식(글꼴, 크기, 스타일 등)을 변경할 수 있습니다.

❷ 페이지 번호 삽입: 현재 페이지 번호를 머리글이나 바닥글에 삽입할 수 있습니다.

❸ 전체 페이지 수 삽입: 인쇄할 전체 페이지 수를 머리글이나 바닥글에 삽입할 수 있습니다.

❹ 날짜 삽입: 현재 날짜를 머리글이나 바닥글에 삽입할 수 있습니다.

❺ 시간 삽입: 현재 시간을 머리글이나 바닥글에 삽입할 수 있습니다.

❻ 파일 경로 삽입: 엑셀 파일의 저장 위치를 머리글이나 바닥글에 삽입할 수 있습니다.

❼ 파일 이름 삽입: 엑셀 파일의 이름을 머리글이나 바닥글에 삽입할 수 있습니다.

❽ 시트 이름 삽입: 현재 워크시트의 이름을 머리글이나 바닥글에 삽입할 수 있습니다.

❾ 그림 삽입: 로고나 다른 이미지를 머리글이나 바닥글에 삽입할 수 있습니다.

❿ 그림 서식: 삽입된 그림의 크기나 배치를 조정할 수 있습니다.

⓫ 왼쪽 구역: 입력한 텍스트 또는 데이터를 페이지의 왼쪽에 정렬할 수 있습니다.

⓬ 가운데 구역: 입력한 텍스트 또는 데이터를 페이지의 가운데에 정렬할 수 있습니다.

⓭ 오른쪽 구역: 입력한 텍스트 또는 데이터를 페이지의 오른쪽에 정렬할 수 있습니다.

특정 행을 고정하여 반복 출력할 수 있나요?

Q '지점별 1분기 일자별 매출내역' 표가 3페이지로 출력되는데, 머리글 행이 계속 보이게 고정할 수 있을까요?

A [페이지 레이아웃]-[페이지 설정] 창의 [시트] 탭에서 머리글 행을 지정하여 페이지가 넘어가도 계속 보이게 고정할 수 있습니다.

▲ 엑셀마왕 특강

1 반복 출력할 영역을 지정하기 위해 **[페이지 레이아웃]**의 **[페이지 설정]** ⬜을 클릭하여 [페이지 설정] 창을 표시한 다음 **[시트]** 탭을 선택합니다.

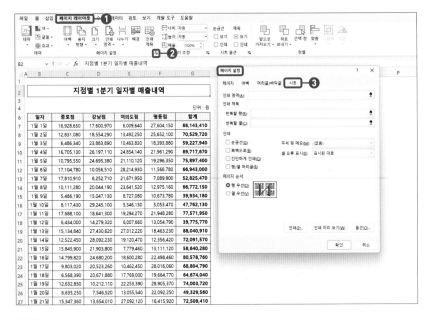

TIP

리본 메뉴의 각 탭에 있는 화살표 버튼 ⬜을 클릭하면 더 많은 옵션이 표시됩니다.

2 [반복할 행]에 머리글 영역([6행])을 지정하면 자동으로 수식 '$6:$6'이 입력됩니다. 영역이 지정된 것을 확인하고 [확인]을 클릭합니다.

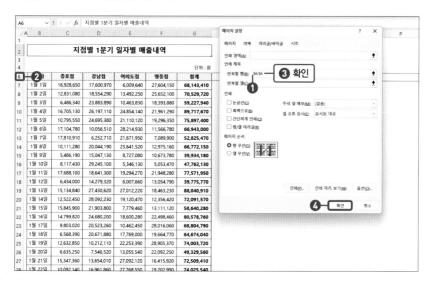

3 Ctrl+P를 눌러 [인쇄] 창을 표시하면 인쇄 미리 보기에 6행이 반복되는 것을 확인할 수 있습니다. 실제 출력물에도 6행이 고정되어 출력됩니다.

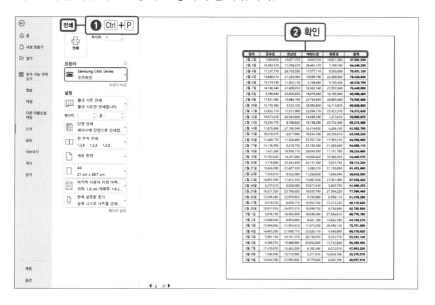

전체 시트를 한 번에 출력할 수 있나요?

한 개의 엑셀 파일에 포함된 전체 시트를 출력하려면 [인쇄] 창의 [설정]에서 [전체 통합 문서 인쇄]를 선택하면 됩니다. 이렇게 엑셀의 인쇄 미리 보기는 다양한 인쇄 옵션을 제공하여 사용자가 원하는 정보를 원하는 방식으로 인쇄할 수 있도록 도와줍니다.

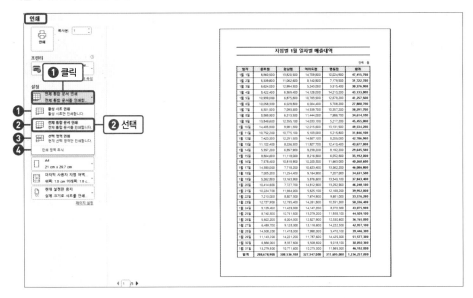

❶ **활성 시트 인쇄**: 현재 활성화된 워크시트(시트)만 인쇄하고 다른 시트의 내용은 인쇄되지 않습니다.

❷ **전체 통합 문서 인쇄**: 엑셀 파일에 있는 모든 워크시트를 인쇄합니다. 이 옵션은 여러 시트에 정보가 있는 경우에 유용합니다.

❸ **선택 영역 인쇄**: 특정 셀이나 범위를 선택하고 이 옵션을 선택하면 선택한 범위만 인쇄됩니다. 이는 워크시트의 일부분만 인쇄할 때 유용합니다.

❹ **인쇄 영역 무시**: 워크시트에 설정된 인쇄 영역을 무시하고 워크시트의 모든 내용을 인쇄합니다. 이 옵션은 워크시트에 인쇄 영역이 설정되어 있지만, 그 외의 내용도 인쇄하고 싶을 때 사용합니다.

엑셀 시트에 회사 로고를 삽입해서 출력할 수 있나요?

Q '재직증명서'를 출력할 때 회사 로고 이미지를 삽입해서 출력할 수 있을까요?

A 머리글/바닥글에 회사 로고 이미지를 삽입할 수 있습니다.

엑셀에서 회사 로고와 같은 이미지를 삽입하는 방법은 크게 두 가지가 있습니다. 하나는 문서 페이지에 직접 이미지를 삽입하는 방법이고, 다른 하나는 [페이지 레이아웃] 옵션의 머리글에 이미지를 삽입하는 방법입니다.

방법1 문서 페이지에 직접 이미지 삽입

이미지를 워크시트의 셀에 직접 배치하는 방법으로, 이미지의 위치와 크기를 자유롭게 조절할 수 있습니다. 그러나 이 방법의 경우 이미지가 특정 셀에 연결되므로 페이지의 크기나 방향을 변경하거나 셀의 크기를 조정할 때 이미지의 위치와 크기도 함께 변경될 수 있습니다.

방법2 [페이지 레이아웃] 옵션의 머리글에 이미지 삽입

머리글에 이미지를 삽입하는 방법으로, 이 경우 이미지는 모든 페이지의 머리글에 동일하게 나타납니다. 이미지의 크기는 조절할 수 있지만, 위치는 머리글 영역에 제한됩니다. 이 방법은 문서의 페이지 설정을 변경하거나 셀의 크기를 조정해도 이미지의 위치가 변하지 않아 회사 로고와 같은 이미지를 문서에 삽입할 때 유용합니다.

이미지의 위치와 크기를 자유롭게 조절하려면 문서 페이지에 직접 이미지를 삽입하는 방법으로 작업하고, 이미지의 위치를 일정하게 유지하려면 [페이지 레이아웃] 옵션의 머리글에 이미지를 삽입하는 방법을 사용하는 것이 좋습니다.

실무

인쇄

1 출력할 시트에서 [보기]-[페이지 레이아웃]을 선택합니다.

2 여기서는 [머리글]에 회사 로고를 삽입할 것입니다. 시트에서 [머리글 추가]를 클릭하면 표시되는 [머리글/바닥글]에서 [그림]을 클릭한 다음 [그림 삽입] 창에서 [파일에서]를 선택합니다.

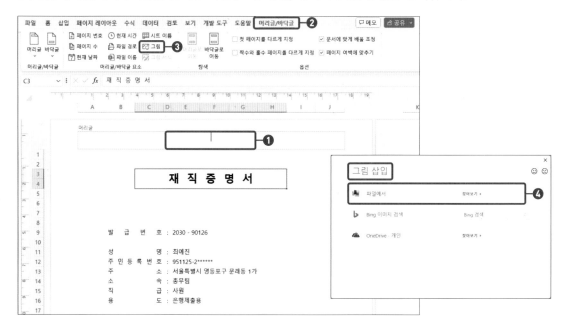

3 [그림 삽입] 창이 표시되면 삽입할 회사 로고 이미지를 선택하고 **[삽입]**을 클릭합니다.

4 삽입된 로고는 [머리글]에 '&[그림]'의 형식으로 표시되고 머리글이 아닌 다른 셀을 선택해야 화면에 표시됩니다.

5 삽입한 회사 로고를 출력할 시트 중 원하는 위치에 배치하기 위해 **[머리글]**을 선택한 다음 '&[그림]' 앞에 커서를 올려놓고 [Enter]를 여러 번 눌러 화면의 가운데에 배치합니다.

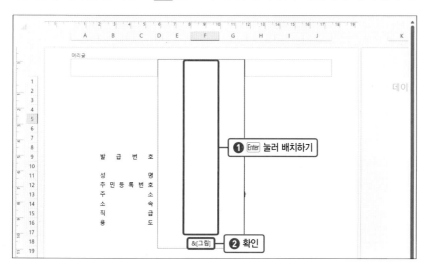

6 회사 로고가 원하는 위치에 배치된 것을 확인한 다음 다시 **[머리글]**을 선택하고 **[머리글/바닥글]-[그림 서식]**을 선택합니다.

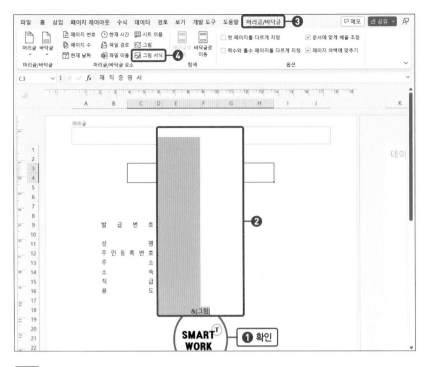

TIP

[보기]를 [페이지 레이아웃]으로 변경하면 작업 중인 시트를 실제 인쇄한 것과 같은 형태로 확인할 수 있습니다. 하지만 실제 인쇄 결과와 완벽하게 일치하지 않으므로 [인쇄 미리 보기]에서 한 번 더 확인하는 것이 좋습니다.

7 [그림 서식] 창에서는 삽입한 이미지의 서식을 변경할 수 있습니다. 여기서는 **[그림]** 탭을 선택하고 **[이미지 조절]**의 **[색]**에서 **[희미하게]**를 선택하여 삽입한 회사 로고를 희미하게 처리하고 **[확인]**을 클릭합니다.

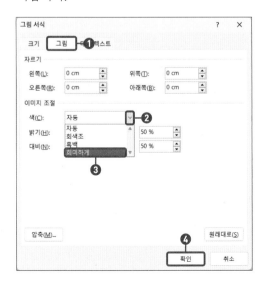

8 Ctrl + P 를 눌러 [인쇄] 창을 표시하면 삽입된 로고와 출력할 시트의 형태를 확인할 수 있습니다.

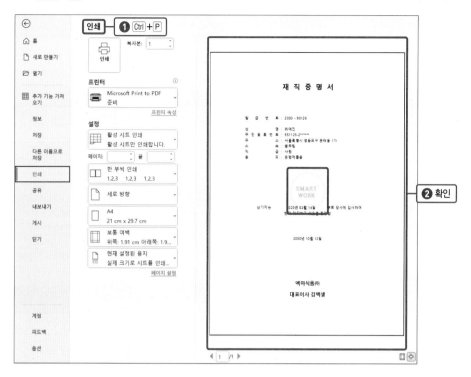

실
무

인쇄

엑셀 이미지 활용 마스터하기

엑셀에서 제공하는 이미지 관련 기능은 복잡한 데이터를 시각적으로 표현하는 데 큰 도움을 줍니다. 엑셀 시트에 삽입한 이미지의 배경을 제거하거나 데이터와 함께 정리된 이미지에 필터를 적용하는 것은 물론 이미지의 간격을 일정하게 조절하는 등 엑셀의 이미지 관련 기능을 제대로 활용하면 엑셀 문서의 일관성을 유지하고 복잡한 데이터를 간단하게 해석할 수 있습니다.

📎 이미지 필터링 #이미지 # 필터

이미지도 필터링할 수 있나요?

Q 메뉴명과 함께 메뉴의 이미지를 삽입했는데 이미지는 필터링이 안 돼요. 이미지도 필터링할 수 있을까요?

A [그림 서식] 창의 [크기 및 속성]에서 이미지 필터링을 설정할 수 있습니다.

▲ 엑셀마왕 특강

1 삽입된 이미지 중 아무 이미지나 선택한 다음 Ctrl+A를 눌러 전체 이미지를 선택하고 이미지를 마우스 오른쪽 버튼으로 클릭한 다음 **[개체 서식]**을 선택합니다.

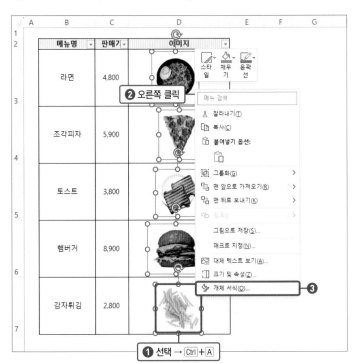

TIP

삽입한 이미지의 배경을 제거하는 방법은 280쪽을, 삽입한 이미지를 한 번에 정렬하는 방법은 283쪽을 참고하세요.

2 화면의 오른쪽에 표시되는 [그림 서식] 창에서 **[크기 및 속성]**을 선택한 다음 **[속성]**에서 **[위치와 크기 변함]**을 선택합니다.

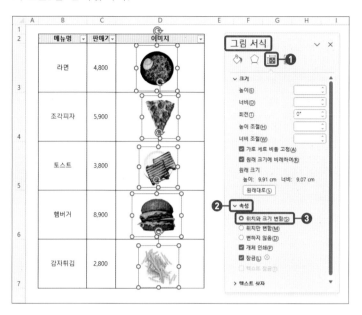

3 설정을 변경한 다음 필터를 적용하면 이미지도 필터링할 수 있습니다.

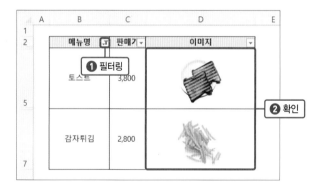

이미지의 배경을 제거할 수 있나요?

Q '케이 카페 메뉴' 표에 삽입한 이미지의 배경을 제거할 수 있을까요?

A [그림 서식]-[배경 제거]로 이미지의 배경을 제거할 수 있습니다.

1 배경을 제거할 이미지를 선택한 다음 **[그림 서식]-[배경 제거]**를 선택하면 선택한 이미지의 배경 영역에 자동으로 색이 채워집니다.

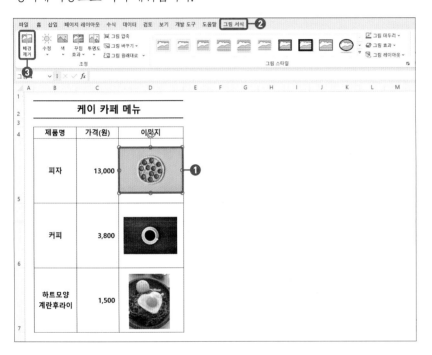

TIP

엑셀의 [배경 제거] 기능은 엑셀 2010 버전 이상부터 사용할 수 있습니다. 이미지의 배경을 제거할 때는 이미지의 품질이 중요한 요소에서 고화질의 이미지일수록 배경을 더욱 정확하게 제거할 수 있습니다.

2 배경 영역에 색이 채워진 것을 확인한 다음 **[배경 제거]-[변경 내용 유지]**를 클릭하면 색이 채워진 영역이 제거됩니다. 이와 같은 방법으로 [D6] 셀의 커피 이미지도 배경을 제거해 보세요.

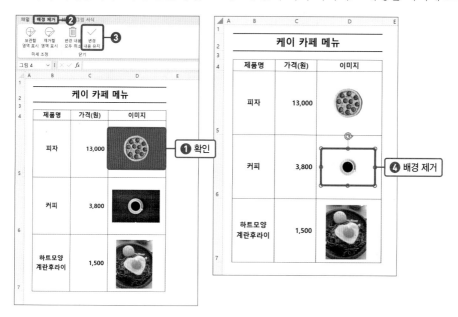

3 [D7] 셀의 이미지를 선택한 다음 **[그림 서식]-[배경 제거]**를 선택하면 음식 영역까지 색이 채워집니다. 이렇게 남기고 싶은 영역까지 색이 채워진다면 **[배경 제거]-[보관할 영역 표시]**와 **[제거할 영역 표시]**를 선택하여 남길 영역이나 제거할 영역을 직접 선택할 수 있습니다.

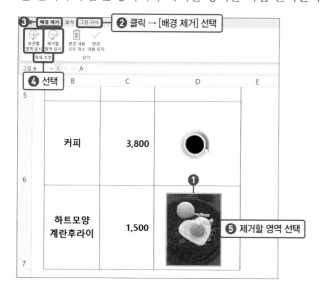

TIP

여러 개의 이미지를 삽입할 경우 이미지를 삽입할 첫 번째 셀을 선택한 상태에서 [삽입]-[그림]-[셀에 배치]-[이 디바이스]를 차례대로 선택하여 여러 개의 이미지를 삽입하면 셀 크기에 맞춰 한 번에 삽입할 수 있습니다.

4 [배경 제거]-[보관할 영역 표시]를 선택한 상태에서 이미지를 클릭하거나 드래그하면 이미지 중 비슷한 색상 영역에 채워진 색을 제거하여 남길 수 있고 [배경 제거]-[제거할 영역 표시]를 선택한 상태에서 이미지를 클릭하거나 드래그하면 이미지 중 비슷한 색상 영역에 색을 채워 제거할 수 있습니다. [보관할 영역 표시]와 [제거할 영역 표시]를 교대로 선택하여 이미지 중 남기고 싶은 영역에만 색을 채우면 됩니다. 제거할 영역에 색을 모두 채웠다면 [변경 내용 유지]를 선택하여 색이 채워진 영역을 제거합니다.

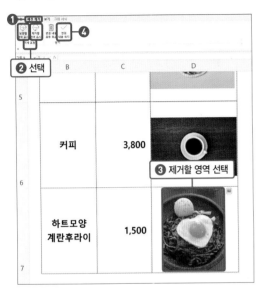
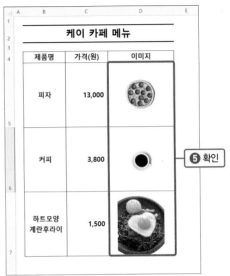

TIP

[보관할 영역 표시]와 [제거할 영역 표시]로 제거할 영역에 색을 채우는 것이 어렵다면 Ctrl을 누른 상태에서 마우스 휠을 위아래로 움직여 화면을 확대/축소해 보세요. 좀 더 쉽게 제거할 영역을 선택할 수 있습니다.

5 이미지를 마우스 오른쪽 버튼으로 클릭한 다음 [자르기]를 선택하여 셀 크기에 맞춰 자르고 적절하게 배치합니다.

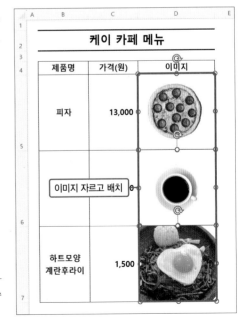

TIP

Alt를 누른 상태에서 이미지를 자르거나 배치하면 셀 크기에 맞춰 조절할 수 있습니다.

이미지의 간격을 한 번에 정확하게 정렬할 수 있나요?

Q 'K 카페 메뉴' 표에 이미지의 크기를 셀에 맞춰서 한 번에 똑같이 삽입할 수 있을 까요?

A [그림 서식] – [맞춤] 기능을 활용하면 많은 이미지를 한 번에 정렬할 수 있습니다.

1 커피 이미지를 선택한 다음 [D7] 셀로 옮기고 셀의 크기에 맞춰 조절합니다. Alt 를 누른 상태에 서 조절점을 드래그하면 셀 크기에 맞춰 이미지를 조절할 수 있습니다.

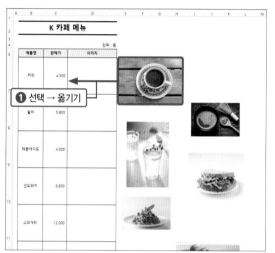
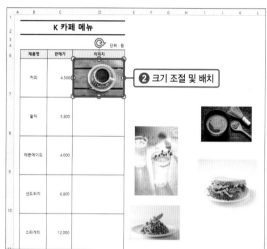

2 [D7] 셀에 배치한 이미지를 마우스 오른쪽 버튼으로 클릭한 다음 **[크기 및 속성]**을 선택합니다. 화 면의 오른쪽에 [그림 서식] 창이 표시되면 배치된 이미지의 크기([높이]와 [너비])를 확인합니다

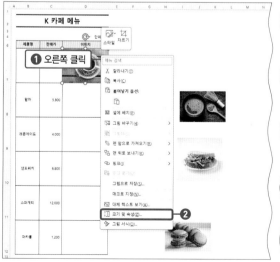
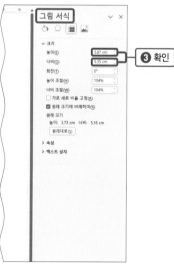

3 커피 이미지를 선택한 상태에서 Ctrl+A를 눌러 시트의 모든 이미지를 선택합니다. [그림 서식] 창의 [크기]에 있는 [가로 세로 비율 고정]의 체크 표시를 해제하고 **2**에서 확인한 [높이]와 [너비]를 입력 하세요.

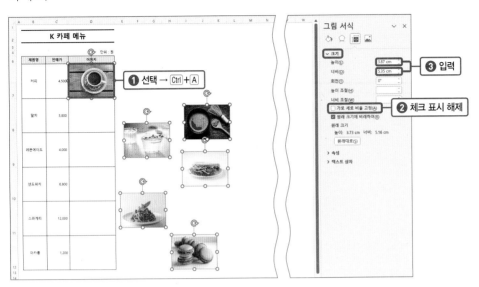

4 셀에 배치할 이미지 중 가장 아래쪽 셀에 배치할 마카롱 이미지를 선택한 다음 [D12] 셀에 배치합 니다. Alt를 누른 상태에서 [D12] 셀로 드래그하면 셀 크기에 맞춰 배치할 수 있습니다.

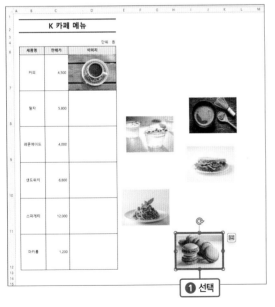

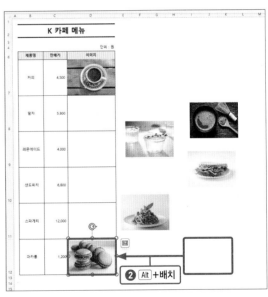

5 마카롱 이미지를 선택한 상태에서 Ctrl+A를 눌러 모든 이미지를 선택하고 **[그림 서식]-[맞춤]-[왼쪽 맞춤]**을 차례대로 선택합니다.

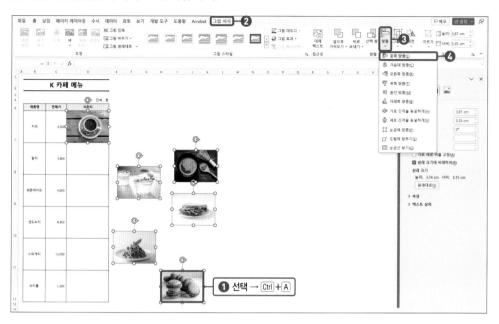

6 모든 이미지를 왼쪽 맞춤으로 정렬했으면 다시 **[그림 서식]-[맞춤]-[세로 간격을 동일하게]**를 선택하여 이미지를 한 번에 정렬할 수 있습니다.

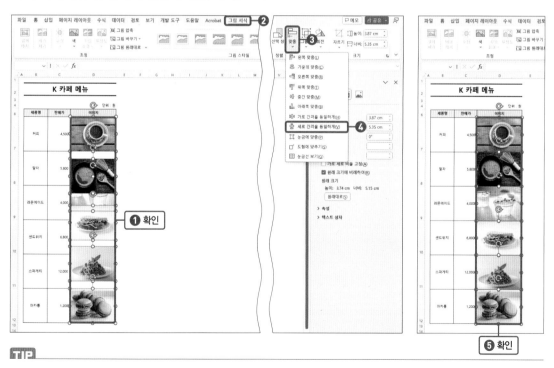

TIP

실습한 내용과 같은 방법으로 이미지를 정렬하려면 첫 번째 이미지([D7] 셀)와 마지막 이미지([D12] 셀) 사이에 이미지를 배치해야 하고 이미지가 배치하려는 셀에 인접해 있어야 합니다.

여러 이미지의 크기를 셀 크기에 맞게 조절할 수 있나요?

Q '과일의 특징 및 보관 방법' 표에서 셀 크기에 맞게 이미지를 삽입할 수 있을까요?

A [삽입]-[도형] 기능을 사용해서 셀 크기에 맞게 이미지를 삽입할 수 있습니다.

1 [삽입]-[도형]에서 [사각형]의 [직사각형]을 선택한 다음 [C7] 셀의 크기에 맞춰 드래그해 삽입합니다.

 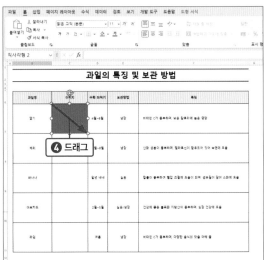

TIP

Alt 를 누른 상태에서 이미지의 조절점을 드래그하면 셀의 크기에 맞추어 이미지를 삽입할 수 있습니다.

2 Ctrl + Alt 를 누른 상태에서 [C7] 셀에 삽입한 도형을 다른 셀에 차례대로 드래그하여 복제합니다.

TIP

이미지나 도형을 정렬하는 자세한 방법은 283쪽을 참고하세요.

3 [C7] 셀에 삽입한 도형을 마우스 오른쪽 버튼으로 클릭한 다음 [채우기]-[그림]을 선택합니다. [그림 삽입] 창이 표시되면 [파일에서]를 클릭하여 원하는 이미지를 삽입합니다.

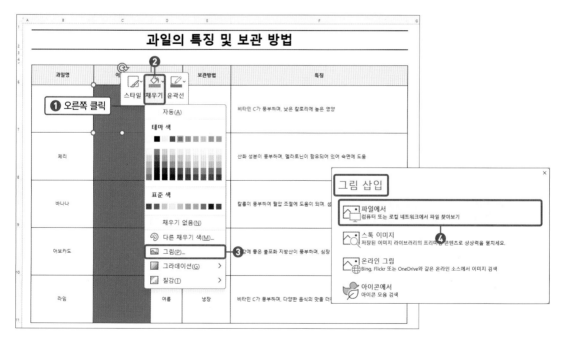

4 **3**과 같은 방법으로 도형에 이미지를 차례대로 삽입합니다.

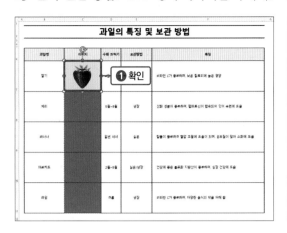 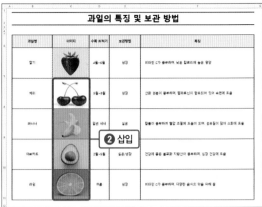

5 도형에 이미지를 삽입하면 셀 크기에 맞추어 이미지를 삽입할 수 있으며 **[그림 서식]-[그림 효과]** 에서 다양한 효과를 적용할 수 있습니다.

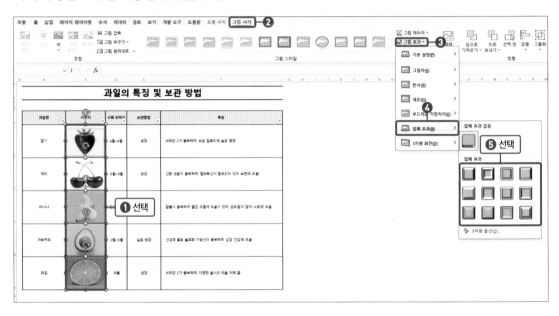

엑셀 시트에 삽입한 이미지를 파일로 추출할 수 있나요?

엑셀 시트에 이미지를 삽입할 수도 있고 반대로 엑셀 시트에 삽입한 이미지를 별도의 파일로 추출할 수도 있습니다. 엑셀 시트에 삽입한 이미지를 추출하려면 이미지를 추출할 엑셀 파일을 복제한 다음 확장자명을 'zip'으로 변경해 보세요.

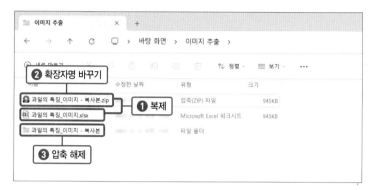

확장자명을 변경한 압축 파일의 압축을 해제한 다음 'xl\media' 폴더를 확인해 보면 엑셀 파일에 삽입되어 있던 모든 이미지가 추출된 것을 확인할 수 있습니다. 이렇게 엑셀 파일(*.xlsx)을 압축 파일(*.zip)로 변경하면 해당 엑셀 파일에 포함되어 있던 모든 이미지를 추출할 수 있습니다. 이 방법은 마이크로소프트 엑셀 2007 이후 버전에서만 활용할 수 있으며 확장자명을 변경하면 엑셀에서 불러올 수 없으므로 꼭 엑셀 파일을 복제한 다음 확장자명을 변경하는 것이 좋습니다. 만약 확장자명이 표시되지 않는다면 폴더 메뉴에서 [보기]-[표시]-[파일 확장명]을 선택하여 표시할 수 있습니다.

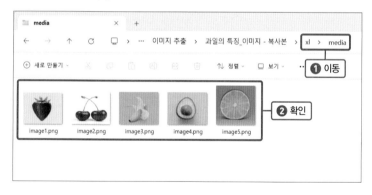

웹페이지에 있는 이미지를 엑셀 시트로 가져올 수 있나요?

Q 엑셀 시트에 웹페이지에 있는 이미지를 가져올 수 있을까요?

A IMAGE 함수로 웹에 있는 이미지를 가져올 수 있습니다.

엑셀의 **IMAGE** 함수를 사용하면 웹페이지에 있는 이미지의 URL을 활용하여 셀 안에 이미지를 삽입할 수 있습니다. 이렇게 삽입한 이미지는 웹페이지의 이미지가 업데이트될 때마다 자동으로 갱신되므로, 실시간으로 업데이트되는 정보를 반영해야 할 때 유용합니다. 하지만 인터넷을 사용할 수 없는 환경에서는 이미지가 표시되지 않으며, 이미지를 직접 편집할 수 없다는 단점이 있습니다. 그러나 이미지를 직접 삽입하는 것이 아니기 때문에, 엑셀 파일의 크기에 영향을 주지 않아 많은 이미지를 간편하게 관리할 수 있습니다.

1 웹페이지에서 가져오고 싶은 이미지를 마우스 오른쪽 버튼으로 클릭하고 **[이미지 링크 복사]**를 선택한 다음 이미지를 삽입할 셀 옆에 복사한 이미지의 URL을 붙여넣기합니다.

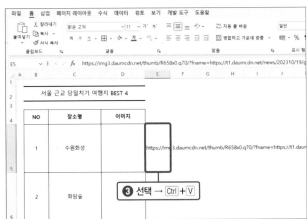

TIP

예제의 웹페이지로 이동하려면 웹 브라우저의 주소 표시줄에 'https://v.daum.net/v/BYZVwc2mfy'를 입력하거나 QR 코드를 스캔하면 됩니다.

2 1과 같은 방법으로 엑셀 시트로 가져올 이미지 URL을 [E6:E8] 영역에 붙여넣기합니다.

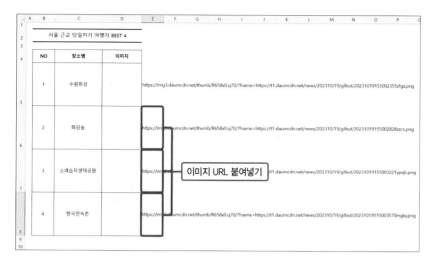

TIP

엑셀 시트에 설정된 하이퍼링크를 제거하는 자세한 방법은 26쪽을 참고하세요.

3 이미지를 표시할 [D5] 셀에 다음의 함수식을 입력한 다음 Enter 를 누릅니다.

 =IMAGE(E5,C5,1)

- **=IMAGE(원본 URL, [대체 텍스트], [크기 조정], [높이], [너비])**

IMAGE 함수는 지정한 원본 URL(이미지 주소)의 이미지를 반환하는 함수로, 가져올 URL이 있는 [E5] 셀을 참조하여 이미지를 셀 크기에 맞춰 표시합니다. 두 번째 인수인 [대체 텍스트]는 선택 사항으로, 웹페이지의 이미지를 가져올 수 없을 때 표시되는 텍스트로, 여기서는 장소명이 있는 [C5] 셀을 지정했습니다.

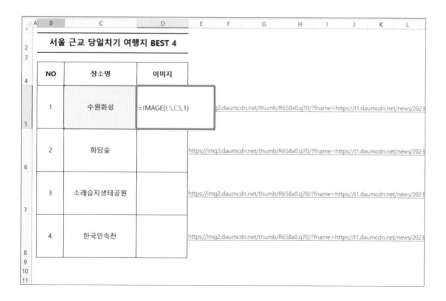

4 [E5] 셀의 이미지 URL을 참조하여 해당 이미지가 [D5] 셀에 표시됩니다. [D5] 셀의 자동 채우기 핸들을 더블클릭하여 자동 채우기를 실행하면 [D6:D8] 영역에 이미지가 표시됩니다.

 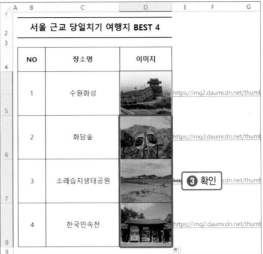

5 원본 이미지의 URL이 있는 [E] 열을 마우스 오른쪽 버튼으로 클릭하고 [숨기기]를 선택하거나 Ctrl + 0 을 눌러 숨기고 '서울 근교 당일치기 여행지 BEST 4' 표를 완성합니다.

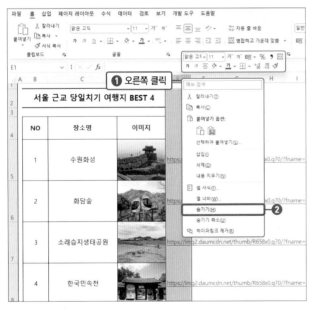 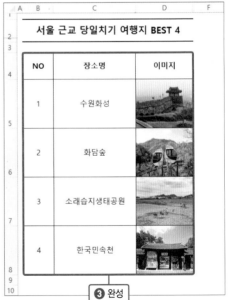

SUMMARY!

IMAGE 함수는 M365 버전에서 사용할 수 있고 'https' 프로토콜을 사용하는 URL을 지원합니다. IMAGE 함수가 지원하는 파일 형식은 BMP, JPG/JPEG, GIF, TIFF, PNG, ICO 및 WEBP 등이 있습니다.

IMAGE: 원본 URL의 이미지를 반환합니다.

- =IMAGE(원본 URL, [대체 텍스트], [크기 조정], [높이], [너비])

- **원본 URL**: 가져올 이미지의 URL, 필수 인수
- **대체 텍스트**: URL의 이미지를 가져올 수 없을 때 표시할 텍스트, 생략 가능
- **크기 조정**: 0, 1, 2, 3, 생략 가능

인수값	설명
0	기본값으로 원본 이미지의 비율을 유지한 상태에서 셀의 크기에 맞춰 이미지 채웁니다.
1	원본 이미지의 비율을 무시하고 셀의 크기에 맞춰 이미지를 채웁니다.
2	원본 이미지의 크기를 유지한 상태에서 셀의 경계를 초과하여 이미지를 표시합니다.
3	원본 이미지의 크기(높이, 너비)를 직접 설정합니다.
높이	이미지의 높이를 직접 설정합니다.
너비	이미지의 너비를 직접 설정합니다.

일잘러의 문서 관리법

엑셀의 문서 관리 기능은 데이터의 안전성, 일관성, 그리고 작업 효율성을 보장하는 데 유용하게 활용됩니다. 예를 들어 [시트 보호] 기능을 통해 중요한 데이터를 실수로 변경하거나 삭제되는 것을 예방하고 [통합 문서 암호 설정] 기능을 통해 문서의 접근을 제한하여 정보의 보안을 확보할 수 있습니다. 또한 여러 시트를 한 번에 편집하는 기능을 활용하면 대량의 데이터를 효율적으로 관리하며 동일한 변경 사항을 여러 시트에 일관성 있게 적용할 수 있습니다. 이런 기능은 엑셀 문서를 효과적으로 관리하고 작업의 효율성을 향상시키는 데 큰 도움이 됩니다.

📎 온라인몰 운영상품 현황 | #설정

특정 시트를 다른 사람이 수정할 수 없게 보호할 수 있나요?

Q '온라인몰 운영상품 현황' 표를 다른 사람이 수정할 수 없게 설정할 수 있을까요?

A [검토]-[시트 보호] 기능으로 시트를 수정할 수 없도록 제한할 수 있습니다.

1 수정을 제한할 시트에서 [검토]-[시트 보호]를 차례대로 선택하여 [시트 보호] 창을 표시합니다.

2 [시트 보호 해제 암호]에 원하는 암호를 입력한 다음 [이 워크시트의 모든 사용자에게 다음 사항을 허용]에서 원하는 항목에 체크 표시하고 **[확인]**을 클릭합니다. [암호 확인] 창이 표시되면 입력한 암호를 입력하고 **[확인]**을 클릭합니다.

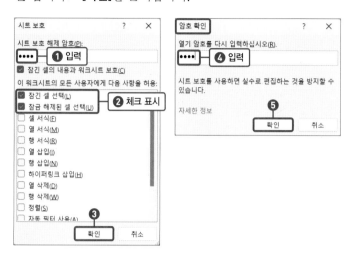

3 시트 보호가 설정된 상태에서는 **[시트 보호]**가 **[시트 보호 해제]**로 표시되며 시트 보호가 설정된 시트를 수정할 경우 다음 그림과 같은 경고 창이 표시됩니다. 시트 보호 기능은 중요한 데이터가 있는 시트의 수정을 제한하여 데이터가 변경되거나 삭제되는 것을 방지해야 할 때 매우 유용합니다

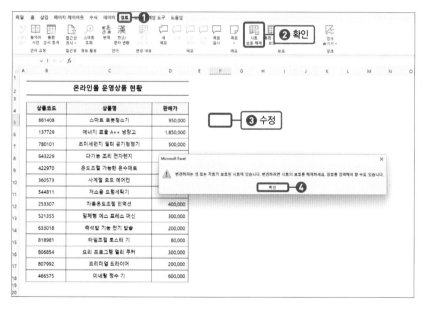

TIP

시트 보호가 설정된 시트에 데이터를 입력/수정할 경우 입력 제한 창이 표시됩니다. 시트 보호를 해제하려면 [검토]-[시트 보호 해제]를 선택하여 시트 보호를 설정할 때 입력한 암호를 입력하면 됩니다.

[시트 보호] 창의 다양한 옵션을 이동해서 워크시트의 특정 부분에 대한 작업을 허용하거나 제한할 수 있습니다. 이러한 설정은 워크시트를 보호하면서도 필요에 따라 특정 작업을 허용해서 엑셀을 더욱 유연하게 사용할 수 있게 도와줍니다.

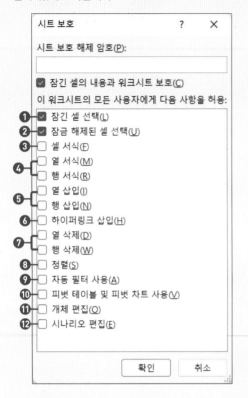

❶ **잠긴 셀 선택**: 사용자는 잠긴 셀을 선택할 수 있지만, 그 내용을 편집하거나 변경할 수 없습니다.

❷ **잠금 해제된 셀 선택**: 사용자가 잠금이 해제된 셀을 선택하고 편집할 수 있도록 허용합니다.

❸ **셀 서식**: 사용자가 셀의 서식(글꼴, 색상, 테두리 등)을 변경할 수 있습니다.

❹ **열/행 서식**: 열이나 행의 서식을 변경할 수 있습니다.

❺ **열/행 삽입**: 새로운 열이나 행을 삽입할 수 있습니다.

❻ **하이퍼링크 삽입**: 셀에 하이퍼링크를 추가할 수 있습니다.

❼ **열/행 삭제**: 열이나 행을 삭제할 수 있습니다.

❽ **정렬**: 데이터를 정렬할 수 있습니다.

❾ **자동 필터 사용**: 자동 필터를 사용하여 데이터를 필터링할 수 있습니다.

❿ **피벗 테이블 및 피벗 차트 사용**: 피벗 테이블이나 피벗 차트를 생성하거나 수정할 수 있습니다.

⓫ **개체 편집**: 삽입된 개체(예: 이미지, 도형 등)를 편집할 수 있습니다.

⓬ **시나리오 편집**: 시트에 설정된 시나리오를 편집할 수 있습니다.

통합 문서를 암호로 보호할 수 있나요?

Q 고객의 신상 정보가 정리된 '고객정보리스트' 엑셀 통합 문서 파일을 암호로 보호할
수 있을까요?

A [파일]-[정보]-[통합 문서 보호]에서 암호를 설정할 수 있습니다.

1 암호를 설정할 '고객정보리스트' 엑셀 통합 문서에서 **[파일]-[정보]**를 선택하고 **[통합 문서 보호]-[암호 설정]**을 선택합니다.

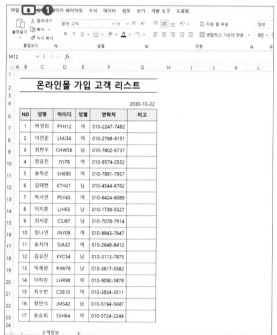 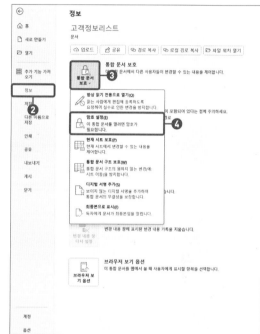

2 [문서 암호화] 창이 표시되면 **[암호]**에 원하는 암호를 입력하고 **[확인]**을 클릭합니다. 입력한 암호를 확인하기 위한 [암호 확인] 창이 표시되면 **[암호 다시 입력]**에 다시 암호를 입력하고 **[확인]**을 클릭합니다.

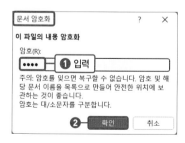 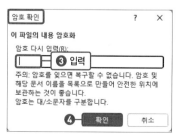

3 암호를 설정한 통합 문서를 저장한 다음 다시 파일을 실행해 보세요. [암호] 확인 창이 표시되면 **2**에서 입력한 암호를 입력하고 **[확인]**을 클릭해야 해당 통합 문서의 내용을 확인할 수 있습니다.

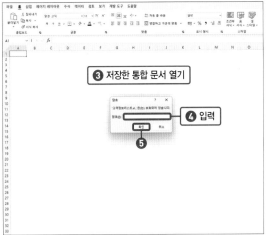

4 설정된 암호를 해제하려면 **[파일]-[정보]**를 선택하고 **[통합 문서 보호]-[암호 설정]**을 선택하여 [암호 확인] 창을 표시한 다음 설정되어 있는 암호를 제거하고 **[확인]**을 클릭합니다.

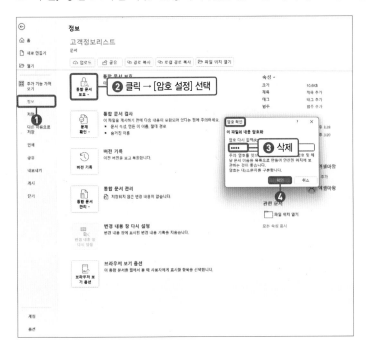

하나의 통합 문서에 포함된 시트를 동시에 편집할 수 있나요?

Q '연간 매출 데이터' 통합 문서에 포함된 [2029] 시트와 [2030] 시트를 동시에 화면에 표시하여 비교하면서 작업할 수 있을까요?

A [보기]-[새 창]을 차례대로 선택하면 동일한 통합 문서의 시트를 한 화면에서 비교하며 작업할 수 있습니다.

1 [2029] 시트를 선택하고 **[보기]-[새 창]**을 차례대로 선택합니다.

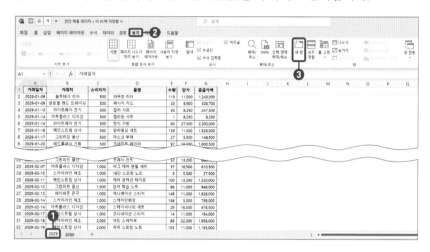

2 화면에 새 창이 열리면서 '연간 매출 데이터' 파일이 표시됩니다. **[보기]-[모두 정렬]**을 차례대로 선택하면 화면에 표시된 창을 원하는 형태로 정렬할 수 있습니다. 여기서는 [창 정렬] 창에서 **[세로]**를 선택하고 **[확인]**을 클릭하세요.

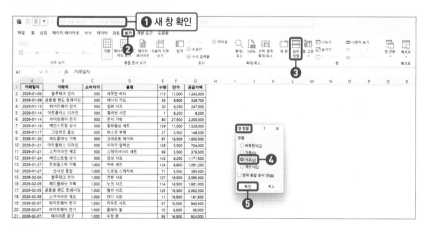

TIP

새 창으로 열린 새 복사본은 통합 문서의 제목 표시줄에 파일명이 '- 2'라고 표시됩니다.

3 이제부터 화면에 표시된 두 개의 창에서 원하는 시트를 선택하여 비교하면서 작업할 수 있습니다. 새 창에 표시된 모든 변경은 실시간으로 동일하게 반영되므로 한 화면에서 여러 시트를 동시에 살펴보면서 작업할 때 매우 유용합니다.

SUMMARY!

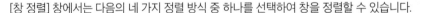

[창 정렬] 창에서는 다음의 네 가지 정렬 방식 중 하나를 선택하여 창을 정렬할 수 있습니다.

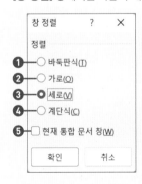

❶ **바둑판식**: 여러 개의 창을 동시에 보고 비교하는 경우에 유용합니다.

❷ **가로**: 가로 방향으로 데이터가 긴 창을 비교하는 경우에 유용합니다.

❸ **세로**: 세로 방향으로 데이터가 긴 창을 비교하는 경우에 유용합니다.

❹ **계단식**: 여러 개의 창을 동시에 열어놓고 각각의 창을 하나씩 전환하면서 작업하는 경우에 유용합니다.

❺ **현재 통합 문서 창**: 현재 활성화되어 있는 통합 문서만 화면에 표시하고 다른 통합 문서 창은 최소화합니다.

엑셀을 활용해서 여러 개의 폴더를 한 번에 생성할 수 있나요?

Q '부서별 공유 폴더' 표를 참고하여 각 부서에 포함된 직원의 폴더를 한 번에 생성할 수 있을까요?

A 윈도우 명령어와 연결 연산자를 활용하면 메모장으로 자동 실행 파일을 만들 수 있습니다.

1 [D5] 셀에 다음의 수식을 입력하고 Enter를 누릅니다.

fx ="MD "&B5&"₩"&C5

="윈도우 명령어 "&[상위 폴더명]&"₩"&[하위 폴더명]

MD는 'Make Directory'의 약자로 지정된 경로에 디렉터리(폴더)를 생성하는 윈도우 명령어입니다. 'cmd.exe' 또는 'Windows PowerShell'과 같은 명령 프롬프트에서 윈도우 명령어를 사용할 수 있으며 여기서는 폴더를 생성하는 윈도우 명령어와 폴더를 생성할 절대 경로의 상위 폴더명과 하위 폴더명을 연결 연산자(&)로 결합하였습니다. [D5] 셀에 '="MD "&B5&"₩"&C5'를 입력하면 반환되는 'MD 경영지원팀₩이준호'를 명령 프롬프트에서 실행하면 '경영지원팀' 폴더 안에 '이준호' 폴더가 생성됩니다. 이어지는 과정에서 반환된 텍스트를 윈도우 명령어로 사용할 것이므로 '"MD "'와 같이 반드시 공백을 입력해야 합니다.

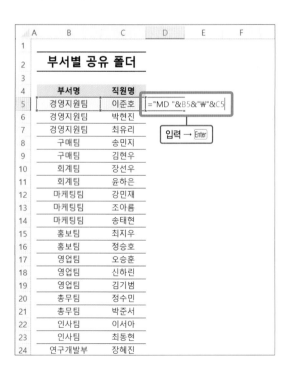

실무 / 편집

301

2 [D5] 셀에 윈도우 명령어가 반환된 것을 확인한 다음 [D5] 셀의 자동 채우기 핸들을 더블클릭하여 자동 채우기를 실행합니다.

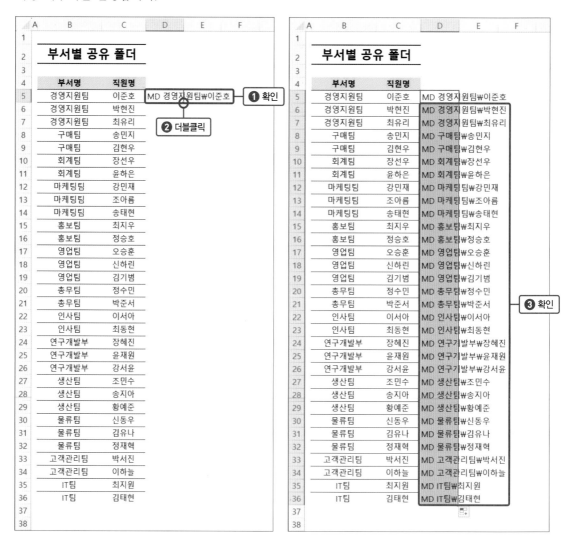

3 메모장을 실행한 다음 [D5:D36] 영역의 윈도우 명령어를 복사하여 메모장에 붙여넣기합니다.

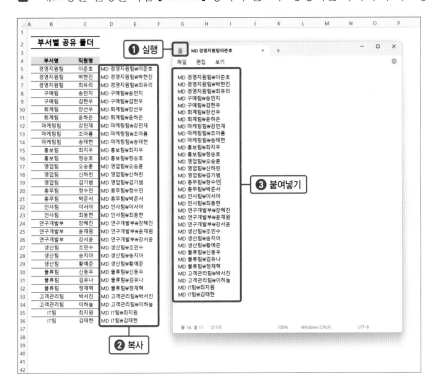

4 메모장의 [파일]-[다른 이름으로 저장]을 차례대로 선택합니다. [다른 이름으로 저장] 창이 표시되면 메모장 파일의 확장자를 '파일 이름.BAT'로 지정하고 [인코딩]에서 [ANSI]를 선택한 다음 [저장]을 클릭합니다.

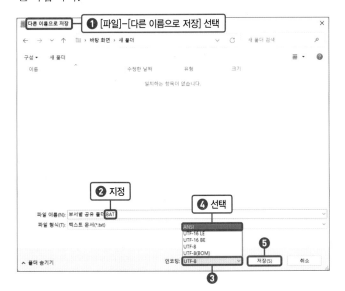

5 **4**에서 저장한 BAT 파일을 더블클릭하여 실행하면 같은 폴더에 자동으로 폴더가 생성됩니다.

 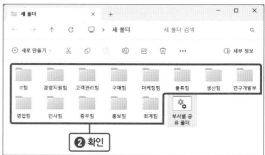

6 생성된 각 부서명의 폴더를 열어보면 해당 부서에 속한 하위 폴더가 생성된 것을 확인할 수 있습니다.

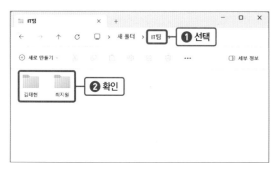 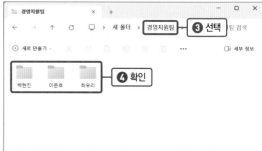

잠 깐 만 요

BAT 파일과 ANSI는 무엇인가요?

메모장의 확장자명을 '.BAT'로 지정하여 저장하면 윈도우 명령어를 자동으로 실행하는 배치 파일로 저장할 수 있습니다. 이때 [다른 이름으로 저장] 창의 [인코딩]에서 [ANSI]를 선택해야 윈도우 운영체제에서 배치 파일을 제대로 실행할 수 있습니다. ANSI는 'American Standard Code for Information Interchange(미국 국가 표준 협회)'의 약자로, [다른 이름으로 저장] 창의 [인코딩]에서 선택할 수 있는 [UTF(Unicode Transformation Format, 유니코드 변환 형식)]와 [ANSI]는 모두 텍스트 파일을 인코딩하는 방식 중 하나입니다. 인코딩은 데이터를 특정 형식으로 변환하는 것으로 실습의 배치 파일은 윈도우 운영체제에서 실행하기 위해 ANSI 형식으로 인코딩한 것입니다.

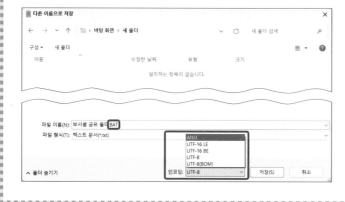